GOLDMANN RATGEBER

Über das Buch

Die von Dr. Moshe Feldenkrais entwickelte Methode der Funktionalen Integration ziehlt auf eine Verbesserung der motorischen Funktionen, um damit eine Grundlage für körperliche Gesundheit und eine Schärfung der Selbstwahrnehmung zu schaffen.
Die Darstellung führt den Leser Schritt für Schritt in die Techniken ein, mit denen die Grenzen eingefahrener Bewegungsabläufe überschritten und Alternativen entwickelt werden können, die es ermöglichen, das motorische Potential voll auszuschöpfen.
Neben der praxisorientierten Unterweisung vermittelt das Buch den theoretischen Rahmen dieser Technik der Bewußtseinsveränderung: das Konzept des „Manipulon", der Basiseinheit der nonverbalen Kommunikation. Diese durch ihre Klarheit und ihren Scharfsinn verblüffenden Ausführungen über das Zusammenwirken von Gehirn und Zentralnervensystem helfen, die Strukturen und Abläufe der Behandlungssitzungen besser zu verstehen. Sie werden ergänzt von zahlreichen Beschreibungen von Modell-Sitzungen. Daneben enthält das Buch eine Reihe von Fallgeschichten, unter denen die wohl spektakulärste die eines bekannten israelischen Flötisten ist, der nach einer Schußverletzung am rechten Arm nach Aussage der behandelnden Ärzte für immer das Flötenspiel aufgeben mußte, der dann aber mit Hilfe der Feldenkrais-Methode soweit gebracht werden konnte, daß er heute wieder Konzerte gibt.

Der Autor

Yochanan Rywerant hat mit Moshe Feldenkrais seit 1952 gearbeitet. Funktionale Integration praktiziert er nun schon über dreizehn Jahre. Vorher lehrte er Physik. Er lebt mit seiner Frau, der Komponistin Yardena Alotin, in Tel Aviv.

Yochanan Rywerant

DIE FELDENKRAIS METHODE

Die neue Bewegungstherapie

Mit einem Vorwort
von Moshe Feldenkrais

Illustrationen von
Daniela Mohor

GOLDMANN VERLAG

Aus dem Amerikanischen übertragen von Gregor Pott
Vom Autor durchgesehene und autorisierte Übersetzung
Originaltitel: The Feldenkrais method
Originalverlag: The K. S. Giniger Company, Inc. Publishers,
235 Park Avenue South,
New York City, N. Y., USA and Harper & Row

Made in Germany · 8/87 · 1. Auflage
Genehmigte Taschenbuchausgabe

Umschlaggestaltung: Design Team München
Umschlagillustration: Design Team München
Druck: Presse-Druck Augsburg
Verlagsnummer: 10382
JJ · Herstellung: Heidrun Nawrot
ISBN 3-442-10382-7

Inhalt

TEIL V: EINIGE ERLÄUTERNDE FALLGESCHICHTEN

Vorwort

Yochanan unterrichtete an einer der besten Schulen Israels als Physiklehrer. Er war dort insgesamt achtundzwanzig Jahre beschäftigt.

Später schloß er sich der Feldenkrais-Schule an. Dreizehneinhalb Jahre lang arbeitete er Seite an Seite mit mir im gleichen Zimmer. Wie alle anderen zeichnete ihn seine ureigene „Handschrift" aus. Jeder erlernt die Methode, ohne dabei den Lehrer zu imitieren. Bei Yochanan verhält es sich so, daß er niemanden imitiert.

Das Buch, das Sie in Händen halten, sollten Sie einige Male wieder heranziehen und erneut lesen. So dürften Ihnen die Qualitäten dieses Werks am ehesten zugute kommen. Viel Glück!

Moshe Feldenkrais
Tel Aviv, Israel

Vorrede

Die Feldenkrais-Methode – Lehren durch Behandeln ist eine höchst bedeutende Publikation, macht sie uns doch eine einzigartige Form menschlicher Erziehung zugänglich. Das Buch stellt das System Funktionaler Integration vor, das von dem israelischen Wissenschaftler Moshe Feldenkrais entwickelt wurde. Das Feldenkrais-System ist eine Art, den Körper zu behandeln, die dem Zentralnervensystem spezifische Gefühle beibringt, so daß motorische Funktionen verbessert werden.

Die Einzigartigkeit der Funktionalen Integration besteht darin, daß sie im menschlichen Gehirn Veränderungen hervorruft, und zwar auf einer Ebene, von der man bislang angenommen hatte, sie sei mittels erziehungsmäßiger Techniken nicht zu erreichen: muskulärer Tonus – und sogar Spastizität – werden tatsächlich verändert. Der Bewegungsumfang wird erweitert, die Bewegung selbst koordinierter, außerdem werden umfassende Effizienz und Bequemlichkeit muskulärer Funktionsweise vergrößert.

In seinem Buch *Die Feldenkrais-Methode – Lehren durch Behandeln* entwirft Yochanan Rywerant einen Rahmen zum Verständnis dieser äußerst subtilen und nicht so leicht faßbaren Technik für menschlichen Wandel. Erfolgreich schuf Rywerant ein Modell zum Verständnis eines der herausragenden Bereiche menschlicher kybernetischer Funktionsweise. Er hat somit auf wirksame Weise das Vokabular eines neuen Bereichs im Feld nonverbaler Kommunikation geschaffen. Feldenkrais, der Erfinder dieses neuen Bereichs Funktionaler Integration, ist gleichzeitig derjenige, der diese Technik am vollkommensten beherrscht. Gleichermaßen ist er auf diesem Gebiet der inspirierteste und einfühlsamste Lehrer. Das Verdienst von Rywerant besteht darin, diese intuitive Klarheit aufgenommen und in einen sinnvollen intellektuellen Rahmen eingearbeitet zu haben, in dem sich die schwer faßbaren Eigenheiten dieser Technik gebrauchen lassen. Er hat es geschafft, den Schleier des Geheimnisses von einer Methode zu ziehen, die anhand bemerkenswert ökonomischer Mittel bemerkenswerte Verbesserungen innerhalb des motorischen Systems zuwege bringt.

Die beiden hauptsächlichen Nutzungsmöglichkeiten dieses Buches sind: erstens, als Handbuch für Menschen, die die Praxis der Funktionalen Integration erlernen möchten, und zweitens, als Darstellung des kybernetischen Prozesses, der in einer Veränderung menschlicher Bewegungsmuster enthalten ist. Diese Darstellung macht das Erlernen der Feldenkrais-Technik um ein vielfaches leichter, als es sonst möglich wäre. Rywerant schuf damit eine Überstruktur für die Technik, die auf Ebenen menschlicher Kommunikation und Transformation hinweist, deren Existenz vor dem Auftauchen eines Mannes wie Feldenkrais kaum in Betracht gezogen worden waren.

Rywerants Begriff des „Manipulons" als einer Basis-Einheit nonverbaler Kommunikation ist das Kernstück dieser kybernetischen Theorie. Die Diskussion der verschiedenen Typen von Manipulonen liefert eine verständliche Beschreibung der verborgenen Möglichkeiten, wie durch „Behandeln" Information an das Gehirn weitergegeben werden kann. Seine Diskussion der Gehirnfunktionen und der Funktionen des Zentralen Nervensystems sind klar und leicht verständlich. Durch diesen einfachen Zugang erkennen wir, daß die manipulativen Behandlungssitzungen eine bestimmte vorgeschriebene Form und Verfahrensweise haben.

Yochanan Rywerant wurde am 7. November 1922 in Bukarest, Rumänien, geboren. Den größten Teil seiner Jugend verbrachte er in der Stadt Cernauti (heute zur Sowjetunion gehörig), wo er bis zum 2. Weltkrieg lebte. Obwohl er acht Jahre lang Violinunterricht genommen hatte, entschied er sich 1939, bei Immatrikulation an der Universität von Cernauti, Mathematik zu studieren. Doch nach einem Jahr Studium kam der Krieg dazwischen und Rywerant, ein Jude, wurde zu Zwangsarbeit in ein Lager verbracht.

Nach seiner Befreiung gegen Ende des Krieges versuchte Rywerant nach Palästina zu emigrieren, das damals unter britischer Hoheitsaufsicht stand. Noch bevor er Palästina erreichte, wurde er von der Britischen Marine aufgegriffen und 1947 für sechs Monate auf Zypern interniert. 1948 konnte er von dort fliehen und erreichte, als blinder Passagier an Bord eines britischen Schiffes, das Gelobte Land. Behende ließ er sich an einer Halteleine herab und fühlte zum ersten Mal den Boden des Landes unter den Füßen, das seinen eigenen Wünschen entsprechen sollte.

Nach dem Wehrdienst beim israelischen Militär vervollständigte Rywerant an der Hebräischen Universität von Jerusalem seine Studien in Mathematik und Physik. 1952 übernahm er den Posten eines Physiklehrers an einer Mittelschule in Givatim, einem Vorort von Tel Aviv. Im gleichen Jahr heiratete er die hervorragende israelische Komponistin Yardena Alotin. Seitdem leben die beiden in Tel Aviv.

1952 begegnete Rywerant auch zum ersten Mal Moshe Feldenkrais, der in Tel Aviv soeben mit seiner vielgerühmten Reihe von Übungskursen in „Bewußtheit durch Bewegung" begonnen hatte. Für die nächsten fünfzehn Jahre sollte Rywerant regelmäßig an diesen Kursen teilnehmen.

Als sich Feldenkrais 1969 entschloß, die Technik seiner Funktionalen Integration zu lehren, gehörte Yochanan Rywerant zu den dreizehn Mitgliedern der damaligen ersten Übungsgruppe. 1971, nach drei Jahren, war dieses Übungsprogramm abgeschlossen. Doch schon vorher hatte Feldenkrais Rywerant eingeladen, am Feldenkrais-Institut an der Nachmani-Straße sein Assistent zu werden. Rywerant nahm das Angebot an und hat bis heute Seite an Seite mit Feldenkrais gearbeitet.

1973 unterstützte Rywerant Feldenkrais bei der Durchführung des Bewußtheit durch Bewegung-Kurses in Berkeley, Kalifornien. Hier bin ich beiden begegnet. Als Feldenkrais 1975 meine Einladung annahm, zum ersten Mal in den Vereinigten Staaten, in San Francisco, ein Ausbildungsprogramm Funktionaler Integration zu absolvieren, arbeitete Rywerant als sein Assistent. Die gleiche Stellung hatte er auch 1980 beim dritten Ausbildungsprogramm in Amherst, Massachusetts, inne.

Durch die Arbeit am Feldenkrais-Institut und durch seine eigene Praxis konnte sich Yochanan Rywerant umfassende Kenntnis und Erfahrung in Theorie, Praxis und neurophysiologischen Grundlagen der Funktionalen Integration erwerben. Dreißig Jahre der Verbindung mit Feldenkrais haben ihn erfüllt mit einer glänzenden Einsicht von der Präzision und Behutsamkeit, die für eine erfolgreiche Anwendung der Funktionalen Integration unerläßlich sind. Es ist dies die gleiche Einsicht oder Vision, die die Seiten dieses Buches erfüllt und dem Leser eine maßgebende Darstellung des Feldenkrais-Systems bietet, und zwar mit all der Genauigkeit und Einfühlsamkeit, die Feldenkrais fordert.

Rywerant ist dem Leser bereits durch seine vier bemerkenswerten Fallstudien bekannt, die ich in der Zeitschrift *Somatics* veröffentlichen durfte. Diese Fallstudien erscheinen als die vier letzten Kapitel dieses Bandes. Eindeutig schildern sie, wie überlegt, präzis und effektiv die Techniken der Funktionalen Integration konstruiert sind. Die wundervolle Geschichte von Hanochs Rückkehr zur Flöte verdeutlicht die „wunderliche" Qualität, die oftmals die Ausführung dieser Technik begleitet. Auch zeigt sie eindringlich die Fähigkeit des menschlichen Zentralnervensystems auf, neue Wege des Funktionierens zu lernen, die weit jenseits dessen liegen, was die meisten Menschen als möglich erachten.

Die Feldenkrais-Methode – Lehren durch Behandeln ist ein grundlegendes Werk im Bereich der Somatik als des Bereichs, der Körperfunktionen gleichzeitig als objektives Ereignis dritter Person und als subjektives, aus erster Hand erfahrenes Ereignis der Bewußtheit begreift. Was Feldenkrais demonstriert und Rywerant schließlich verdeutlicht hat, ist, daß Bewegung eingesetzt werden kann, Bewußtheit zu transformieren, und daß Bewußtheit eingesetzt werden kann, Bewegung zu transformieren; die Aspekte dritter und erster Person sind integrale Funktionen des gleichen somatischen Systems.

Yochanan Rywerant hat uns einen Text geschenkt, der sich noch über die äußerst fragwürdige und verstümmelnde Zweiteilung von Körper und Geist erhebt. Die Einheit von Geist und Körper wird hier viel weiter gesehen, als moralisch offensichtlich ist; Rywerant zeigt sie als *wissenschaftlich* erwiesen. Funktionale Integration bedient sich dieser selbst-erkennenden Tatsache menschlicher Natur und gebraucht Bewußtheit als somatische Funktion, die Bewegungsfunktionen zu dem Ergebnis ändern kann, daß mit dieser Veränderung gleichzeitig auch die Natur der Bewußtheit verändert wird.

Kurz: dem menschlichen Individuum kann mit Hilfe dieser

Methode fortgeschrittenes funktionales Wachstum und erweiterte Persönlichkeitsentfaltung vermittelt werden.

Wer sich der Funktionalen Integration bedient, wird feststellen, daß *Die Feldenkrais-Methode – Lehren durch Behandeln* ihm auf dramatische Weise neue Einblicke in die Möglichkeiten seines Berufs verleiht. Wissenschaftler und Laien, die das System und die Gründe für seine fortdauernde Wirksamkeit verstehen möchten, erhalten mit Rywerants Buch eine wesentliche und lohnende Einführung.

Jede wichtige neue Entdeckung und Erkenntnis scheint auf den ersten Blick zu kompliziert und zu versponnen, um sogleich erfaßt zu werden. Rywerant hat das komplexe und feinsinnige System der Funktionalen Integration erfolgreich mit Begriffen und Benennungen von Vorgängen und Einsichten versehen, die ursprünglich nur auf nonverbaler Ebene existierten. Durch diese Begriffe und präzise Terminologie wird uns ein nonverbaler Vorgang zugänglich, der nicht nur wegen der direkten Anwendungsmöglichkeit, sondern auch wegen seiner indirekten Vorzeichnung weiterreichender Felder der menschlichen Natur von höchster Bedeutung ist.

Dr. Thomas Hanna

Danksagungen

Mit Freude darf ich meinen Dank aussprechen an Professor Eleanor Criswell und Dr. Thomas Hanna. Ihre andauernde Ermutigung und umfassende Hilfe bei der Zusammenstellung erwiesen sich als äußerst wichtig für das Vorankommen dieses Buches. Nur Freunde wie Tom und Eleanor wären imstande gewesen, auf so großzügige Weise Energie und Zeit aufzuwenden.

Die Zeichnerin Daniela Mohor machte sich mit viel Enthusiasmus und liebevoller Sorgfalt an die Illustrationen für dieses Buch.

Dank schulde ich auch Flora James-Peli. Sie ermunterte mich, das Buch aus seinem embryonalen Zustand hervorzuheben.

Meine Frau, Yardena Alotin, war mir ein fortdauernder Beistand. Ihre technische Hilfe ist von unschätzbarem Wert.

Yochanan Rywerant

Einführung

Um das Thema dieses Buches vorzustellen, beginnt man am besten mit der Rückbesinnung auf einen bestimmten Fall, nicht auf einen spektakulären Fall, sondern auf einen, der die besondere Verfahrensweise, die auf diesen Seiten beschrieben wird, deutlich macht.

A.N., eine junge Frau von fünfundzwanzig Jahren, besuchte mich auf Empfehlung einer Freundin. Sie hatte mehr als zwei Wochen lang Schmerzen im Kreuz verspürt und erhoffte sich Besserung. Sie gab an, das gleiche sei bei ihr schon einmal vor einem Jahr aufgetreten, doch damals sei der Schmerz nach ein paar Tagen verschwunden.

Ich beobachtete sie und entdeckte eine leicht gekrümmte Haltung bei eingefallenem Brustkasten. Ansonsten zeichnete sie eine große schlanke Gestalt aus. Ihre Wirbelsäule zeigte vom Nacken bis zu den Hüften eine durchgehende, ein wenig nach außen gewölbte Krümmung.

Ich bat sie, sich auf meinen Arbeitstisch zu legen, und zwar auf die Körperseite, die ihr bequemer erschien. Bei meinem Tisch handelt es sich eigentlich um eine große Bank, die der Bequemlichkeit halber leicht gepolstert ist und etwa die Höhe eines Stuhls hat. A.N. legte sich auf die linke Seite. Zur Stütze legte ich etwas Weiches unter ihren Kopf. Sie rollte sich ein klein wenig zusammen, so daß ihre Rückgratverkrümmung noch deutlicher zutage trat.

Ich fragte mich, ob die äußerst gespannten Kreuzmuskeln – die Anspannung bestand besonders auf der rechten Seite – ihre Antagonisten hatten, d.h. ob die Bauchmuskeln genauso angespannt waren. Sie stellten sich als ziemlich straff heraus, was bedeutete, daß zusätzliche Belastung auf die ermüdeten Rückenmuskeln ausgeübt wurde. Diese Kontraktion der Rumpfmuskeln geschah weder beabsichtigt noch bewußt. Deshalb wäre es sinnlos gewesen, A.N. aufzufordern, diese Muskeln nicht mehr zu spannen. Stattdessen mußte ich ihr zeigen, was sie tatsächlich machte und welche möglichen Alternativen es hier für sie gäbe.

Zu den anderen Übungen, die ich mit A.N. machte, gehörte auch, daß sie Becken und Brustkasten (an der rechten Seite) näher aneinander bringen mußte. Mit meinen Händen hielt ich sie ein paar Sekunden lang in dieser Stellung, dann lockerte ich wieder und wiederholte dieselbe Bewegung. In der Tat machte ich ganz einfach das, was diese angespannten Rumpfmuskeln durch ihre unfreiwillige Verkürzung selbst tun mußten. Ja, indem ich mit meinen Händen die gleiche Anstrengung vollführte, machte ich die Anspannung dieser Muskeln überflüssig. Meine Botschaft lautete: „Ihr könnt euch jetzt ausruhen. Ihr könnt auf mich zählen, *ich* mache jetzt eure Arbeit."

Nach wenigen Augenblicken konnte ich fühlen, wie die Botschaft angenommen wurde. Die Muskelkontraktion legte sich, nach und nach gaben die Muskeln ihre Anstrengung auf, die Distanz zwischen Becken und Brust zu verkürzen, und sträubten sich somit weniger als zuvor gegen die Vergrößerung dieser Distanz. Hier hatte ein Lernprozeß begonnen. A.N. stellte fest – wenn auch vielleicht nicht vollkommen bewußt – daß es eine mögliche Alternative zu dem gab, was sich dort vorher abgespielt hatte.

Ich unternahm nun etwas, was die Situation noch mehr verdeutlichte. Ich half A.N., sich mit den Vorgängen in ihrem Muskelsystem vertraut zu machen. Denn das Gefühl, solche Muskeln weniger anzuspannen, dürfte für A.N. neu und ungewöhnlich gewesen sein. Immerhin hatte sie in den letzten beiden Wochen, in denen sie Schmerzen verspürt hatte, ganz andere Empfindungen gehabt. Ich mußte sie in Situationen versetzen, wo sich die neu erlernte Erfahrung in unterschiedlichem Kontext anwenden ließ.

Ich suchte nach Funktionen und Bewegungen ihres Arms und ihrer Brust, die mit reduzierter Spannung der Rumpfmuskeln zusammenhingen und von ihr abhängig waren. Ähnliche Funktionen versuchte ich bei ihrem Bein und ihrem Becken zu finden.

Ich untersuchte A.N.s rechtes Schulterblatt, das nah an der Wirbelsäule lag und leicht nach oben gezogen war. Es war schwierig, das Schulterblatt aus dieser Position wegzuschieben. Der

Grund dafür lag eindeutig in der Tatsache, daß die Rückenmuskeln den Rumpf in einem starren Zustand hielten. Ich betastete ihre Wirbelsäule und entdeckte (zusammen mit A. N. selbst), daß die Muskelgruppe auf der rechten Seite der Wirbelsäule auch im Thorax- und im Nackenbereich bis hinauf zur Schädeldecke angespannt war.

Unter anderem hob ich nun A. N.s rechten Arm vor ihr Gesicht, so daß er über ihren Kopf reichte. Mit dieser speziellen Armbewegung, die sehr weit entfernt lag von der Kontraktion im unteren Rückenbereich, konnte sie ihr rechtes Schulterblatt zusammen mit dem aufgerichteten Arm nach oben ziehen. Ich wollte, daß die Verbindung zwischen Schulter und unterem Rückenbereich deutlich wird, also bewegte ich mit einer Hand sanft ihren Arm über ihren Kopf. Mit der anderen Hand berührte ich ihre Kreuzmuskeln. So wurde ihr plötzlich durch dieses Gefühl bewußt, daß sich die Brust mit dieser Armbewegung leicht zusammen mit dem Becken bewegen ließ. Inzwischen konnte ich beobachten, daß sich die Wirbelsäule bei jeder Bewegung ein wenig mehr begradigte und sogar eine leichte Wölbung des unteren Rückenbereichs auftrat.

Nachdem ich diese Situation gelöst hatte, konnte ich ihr zeigen, daß sich ihre Kopfstellung jetzt im Liegen sehr leicht mit dem bereits verlängerten Rückgrat ausrichten ließ. Und als A. N.s Atmung ruhiger und gleichmäßiger wurde, machte ich sie darauf aufmerksam. Ich wollte ihr zeigen, daß sich neben der Entspannung der Rumpfmuskeln noch eine andere Funktion gebessert hatte.

Ich legte eine Hand auf ihr Becken und die andere auf ihre Rippen (immer noch an der rechten Seite) und machte leichte Drehbewegungen. Ich brachte ihren Brustkasten nach vorn und ihr Becken zurück, und umgekehrt. Weil dies auf leichte und angenehme Weise geschah, ohne ein mögliches Gefühl von Gefahr hervorzurufen, konnte A. N. dieses ohne den geringsten Widerstand geschehen lassen.

Ich prüfte nun die Beweglichkeit des Beckens. Dieses Mal bewegte ich ihre Beine, denn wir sind uns der Bewegungen der Gliedmaßen mehr bewußt als der des Beckens. A. N. lag auf dem Rücken und hielt die Beine von sich gestreckt. Ich hob das eine

Bein leicht an, indem ich die Ferse fünf bis zehn Zentimeter über der Tischplatte hielt. Dieses Bein richtete ich dann so aus, daß es auf ihren Kopf zeigte und drückte es in die Richtung des Kopfes, indem ich gegen die Fußsohle drückte. Durch einige kleine und leichte Bewegungen wie diese, vor und zurück, begann sich das Becken in einer Rollbewegung leicht auf- und niederzubewegen. Dies zeigte A. N. einen Weg, den Grad ihres Muskeltonus für leichtere Rumpfbewegungen auszurichten.

Etwas anderes, das A. N. klar wurde, war, daß Kraft leicht durch die Skelettstruktur laufen kann, ohne daß man dazu irgendeine Muskelanspannung aufbringen muß. Der Druck durch die Beine landete in ihrem Kopf und erinnerte A. N., was es bedeutet, mit aufrechter Haltung wirksam die Unterstützung des Skeletts einzusetzen.

Nach und nach erkannte A. N. (zumindest auf sinnlicher Ebene), daß der Muskelverkrampfung im unteren Rückenbereich ein Ende gesetzt werden kann, wenn sie sich lockert und ohne Einleitung bereit ist für Bewegung und Handlung in alle Richtungen.

Während A. N. noch auf dem Rücken lag, untersuchte ich wieder die Leichtigkeit, mit der Arme und Kopf sich bewegten.

A. N. stand nun auf. Sie streckte sich – ihre Schultern weit auseinander gedehnt, ihre Brust hochgezogen – und konnte ohne Beschwerden gehen. Ihr Schmerz war nahezu vollständig verschwunden.

Dies ist eine fragmentarische Beschreibung einer Behandlungssitzung in Funktionaler Integration. Der Akzent lag, wie der Leser feststellen konnte, auf den motorischen Funktionen und dem Umfang der Kontrolle, die ein Mensch über diese Funktionen besitzt. Das Thema dieses Buches sind die allgemeinen Prinzipien und einige der technischen Aspekte der Methode.

Dieses System ist eine Art, Menschen zu lehren, daß sie ihre physische wie auch ihre geistige Bewußtheit vergrößern können, um ihr inneres Potential zu erweitern. Weit davon entfernt, in voller Kapazität genutzt zu werden, ist das menschliche Gehirn einiger wirklich erstaunlicher Lernmethoden fähig. Indem man jemandem beibringt, Handlungsmuster zu differenzieren und zu kombinieren, kann man seine Durchschlagskraft, Behaglichkeit und Wohlbefinden stärken. Tatsächlich lernt der Mensch zu lernen. Und jemand, der sich dieser Möglichkeiten bewußt wird, ist in der Lage, seine Handlungen in Einklang mit sich ändernden Umständen zu programmieren und zu reprogrammieren. Dies hilft ihm, seine Probleme mit größerer Leichtigkeit zu lösen.

Innerhalb dieses Systems gibt es zwei Techniken:

1. Gruppenlektionen. Sie werden Bewußtheit-durch-Bewegung-Sitzungen genannt. In diesen Behandlungssitzungen gibt der Lehrer *verbale* Anweisungen, bestimmte Bewegungen auszuführen. Er zeigt, welchen Gefühlen man Aufmerksamkeit schenken soll und wie eine Verbesserung der motorischen Funktionen, wie erweiterte Selbstbewußtheit und ein adäquateres Selbstbild zu erreichen sind;*

2. Eine individuelle, manipulative Technik, die Funktionale Integration genannt wird. Mit Hilfe dieser Technik kann sich der Lehrer bei leichter Manipulation des Schüler-Körpers der Besonderheiten in der neuromotorischen Funktionsweise des Schülers bewußt werden. Durch passende Manipulation macht er den Schüler auf diese Besonderheiten und die *alternativen* Möglichkeiten, seine motorischen Funktionen zu kontrollieren, aufmerksam. Die Wirkung dieser Behandlungssitzungen ist häufig recht bemerkenswert. Sie reicht von einer Steigerung des Wohlbefindens und der Lebenskraft sowie der Effizienz motorischer Funktion im allgemeinen bis zu einer graduellen Schmerzlinderung und Zurücknahme motorischer Beeinträchtigung.

Wer von dieser Art Hilfe profitieren kann, sind u. a. Menschen, die eine bessere Körperkoordination benötigen oder an sensorisch-motorischen Defekten leiden, die durch irgendeine Art von Trauma, Krankheit oder Abbau in Struktur oder Funktion hervorgerufen wurden.

Dieses Buch befaßt sich ausschließlich mit der manipulativen Technik, der Funktionalen Integration. Dieses Buch ist von großem Interesse für alle, die mit dem Problem, Wirksamkeit durch bessere Koordination zu steigern, zu tun haben; für alle, die mit diesem Thema professionell beschäftigt sind – Krankengymnastinnen, Tänzer, Schauspieler, Sportler, Musiklehrer, Ärzte, Kör-

---

* Moshe Feldenkrais, *Awareness Through Movement* (New York: Harper & Row, 1972); deutsch: Bewußtheit durch Bewegung; Suhrkamp.

pertherapeuten und Psychologen. Auch dient das Buch Teilnehmern an Berufskursen in Funktionaler Integration als ergänzendes Lehrmaterial. Wir werden uns nicht voll und ganz der wissenschaftlichen Grundlage dieses Systems annehmen können, auch will das Buch nicht all das dazu nötige anatomische Wissen vermitteln. Hier sollte der Leser die gängigen Lehrbücher über Anatomie, Physiologie oder Neurophysiologie zu Rate ziehen. Selbst nach eingehender Lektüre des Buches wird der Leser noch Anfänger sein. Um seine Fähigkeiten zu erweitern, muß er den Erfahrungsaustausch mit fortgeschrittenen Praktizierenden dieser Methode suchen.

Moshe Feldenkrais, geboren 1904, Doktor der Physik und Direktor des Feldenkrais-Instituts in Tel Aviv, war es, der dieses allgemeine System neuro-motorischen Lehrens und Re-konditionierens entwarf. Sein bedeutendstes theoretisches Werk, *Body and Mature Behavior*, erschien 1949. Seitdem lehrte er Gruppen und individuelle Techniken, und leitete und unterrichtete Berufskurse in Israel, den USA, Kanada und zahlreichen europäischen Ländern. Er starb am 1. 7. 84 in Tel Aviv.

TEIL I
MANIPULATION UND LEHREN

1. Manipulation als nonverbale Kommunikation zwischen Lehrer und Schüler

Der Mensch besitzt die Fähigkeit, seine Handlungen mehr oder weniger bewußt zu kontrollieren. Eine Handlung zu kontrollieren bedeutet natürlich, angesichts gewisser Umstände seine augenblickliche Aktivität zu überprüfen und zu überdenken, sie einer Korrektur zu unterwerfen, sie zu ändern und bisweilen ihren Lauf vollends zu stoppen. Wir sind selbstkorrigierende oder uns selbst beherrschende Organismen – oder, moderner ausgedrückt, *kybernetische Einheiten*. Unter diesem Begriff vereinen sich eine Menge recht komplexer Umstände. Von da aus läßt sich sagen, daß menschliches Funktionieren (wir werden uns hier in der Hauptsache mit der neuro-motorischen Funktion befassen) nach bestimmten formalen Gesichtspunkten abläuft:

1. Nicht alle vorstellbaren Ereignisse haben die gleiche Chance oder Wahrscheinlichkeit, auch tatsächlich einzutreten. Jede Handlung, die sich aus zufälligen Ereignissen zusammensetzt, wird beherrscht vom Gesetz gleicher Wahrscheinlichkeit. Jedoch wird hier durch Restriktionen, Beschränkungen oder *Zwänge*, die die Handlungen des Organismus beherrschen, eine Zufälligkeit *ausgeschlossen*. Diese Zwänge verringern einerseits beträchtlich die Wahrscheinlichkeit, daß eine Vielzahl von Ereignissen überhaupt zutage treten kann; andererseits wird die Wahrscheinlichkeit für andere Ereignisse erhöht. Jede einigermaßen koordinierte Handlung könnte Beispiel für eine Handlung sein, die Zwängen unterworfen ist. Gerade in diesem Augenblick, wo ich mit dem Stift schreibe, wird mein Schreiben durch gewisse Zwänge davon abgehalten, in bedeutungsloses Gekritzel auszuarten, eindeutige

Zwänge, denen ich die Bewegungen meiner Hand unterwerfe.* Zwänge dieser Art ordnen sich in einige verschiedene Kategorien. Eine Kategorie hat mit der Struktur des Organismus zu tun – Knochen, Gelenke und Sehnen, sowie ihrem jeweiligen Bewegungsumfang. Andere scheinen durch Nervenimpulse bestimmt, die vom Zentralnervensystem (ZNS) kommen und bestimmte *neuro-muskuläre* Muster erzeugen. Zuvor sollten wir erwähnen, daß efferente Nervenimpulse Teil bewußter (überlegter) Muster sein können, Teil instinktiver (vererbter) Muster, Teil erlernter und danach mehr oder weniger automatisch ausgeführter Muster, schließlich Teil von Mustern, die durch verschiedene akute oder chronische Erkrankungen konditioniert oder beeinflußt werden.

2. Ein efferenter Nervenimpuls, der das Ziel hat, jegliche augenblickliche Aktivität zu korrigieren oder zu ändern, wird in den meisten Fällen durch Information afferenter Nervenimpulse ausgelöst. Diese haben ihren Ursprung in den Sinnesorganen. Hier haben wir es mit dem hinreichend bekannten Begriff des *sensorischen Feedback* zu tun. Arbeitet diese Rückkopplung zufriedenstellend, so wird die Information jeglicher Abweichung in der motorischen Ausführung durch einen vorher bestimmten Handlungsverlauf efferente Nervenimpulse auslösen, die eine Verringerung dieser Abweichung (negatives Feedback) bewirken. Somit erhalten wir eine „geschlossene Schleife" des Informationsflusses, so daß jede Veränderung an irgendeiner Stelle der Schleife Veränderungen an anderen Stellen der Schleife auslösen kann. Die Information, die sich durch sensorisches Feedback ergibt, ist die Quelle solcher „Zwänge".

Beginnt man also, einen Satz zu Papier zu bringen, dann ist es ratsam zu sehen, was sich dabei tut, dann die Augen zu schließen, um dann ohne visuelles Feedback das Schreiben bis zum Ende der Zeile fortzusetzen. Die auftretenden Abweichungen werden beweisen, wie notwendig dieses Feedback zur Verhinderung von „Unordnung" ist. Ein interessanter Zug sensorischen Feedbacks ist der *Überschuß*. Information, die durch Rückkopplung oder auf andere Weise empfangen wird, überschreitet gewöhnlich das tatsächlich

* Eine gute Darstellung der Grundbegriffe der Biokybernetik findet sich in: Gregory Bateson, *Steps to an Ecology of Mind* (New York: Ballantine, 1975), im Kapitel ‚Cybernetic Explanation' und im darauffolgenden Kapitel, S. 399 ff.

notwendige insoweit, als man die Information zahlreicher Details entkleiden könnte, und sie würde für den Rezipienten immer noch ihre Bedeutung behalten: eine schlechte Telefonverbindung kann immer noch eine sinnvolle Unterhaltung zulassen. Doch zurück zum Schreiben ohne visuelles Feedback. Wenn Sie Ihre Augen nicht schließen, sondern jemand blendet einfach das Licht im Zimmer ab, können Sie weiterhin recht ungestört schreiben. Beispiele wie diese zeigen uns: soll Information bestimmte Muster übermitteln, ist Überschuß hochwillkommen und muß nicht als nutzlos angesehen werden. Es ist äußerst wichtig, daß der Rezipient das Muster der Information vollends erkennt; anders gesagt, es ist von großer *Bedeutung für Kommunikation*, sei es nun sensorisches Feedback oder Kommunikation zwischen Einzelpersonen.

3. Wenn wir uns den Begriff des *Handlungsmusters* oder speziell des *neuro-motorischen Musters* genauer ansehen, dann werden wir durch kybernetische und systemtheoretische Überlegungen dem Muster mehr als die üblichen Zutaten beimessen – z. B. in der Ausführung der Bewegung, zu der das senso-motorische Gehirn, efferente und afferente neurale Schaltkreise, sowie die entsprechenden Bestandteile des motorischen Apparats, Muskeln, Knochen und Gelenke, gehören. Natürlich sollten alle Agenzien, die durch *Informationsfluß* oder *Energie* -Austausch* im Kontext des Musters miteinander verbunden sind, als Teile dieses Musters betrachtet werden. Beim Schreib-Beispiel lassen sich natürlich die verschiedenen Modalitäten des Feedbacks betrachten: taktil, visuell, kinästhetisch. Ich fühle den Stift zwischen meinen Fingern und kontrolliere den Druck, mit dem ich ihn halte. Ich kontrolliere den Druck der Stiftspitze auf das Papier und die Bewegungen des Stifts, ich kontrolliere die Größe der Buchstaben in Einklang mit dem, was ich sehe, ich bewege meine Augen und meinen Kopf, um visuell der Stiftspitze folgen zu können.

4. Ein Merkmal ist, daß Feedback durch Information ausgelöst wird, die *mit der Handlung* kommt oder einen kurzen Augenblick nach dem Abschluß einer Handlungsphase. Außerdem gibt es Information, die zur Kontrolle einer Handlung führt, *bevor* noch die Handlung ausgeführt ist (Feedforward). Diese Information

* „Energie" wird hier und auch weiterhin im *physikalischen* Sinn benutzt werden.

kann zweierlei Natur sein. Die eine Form deutet auf das Handlungsziel und stammt wahrscheinlich aus dem supplementären motorischen Bereich der Gehirnrinde (dem programmierenden „Agens")*. Beginne ich also, ein Wort zu schreiben, so kenne ich bereits alle folgenden Buchstaben (oder sogar das visuelle Bild des geschriebenen Wortes als Ganzes) und manchmal auch zahlreiche folgende Wörter. Eine andere Art von frühzeitiger Information, die zur Kontrolle von Handlung führt, stammt aus der unmittelbaren Umgebung und/oder Teilen meines Körpers, die für die Handlung relevant sind. Wenn ich sehe, wie ich mich nach und nach mit dem Stift dem Papierrand nähere, dann erwarte ich bereits das Programm für die Bewegung, mit der nächsten Zeile zu beginnen. Und ähnlich: wird mir der zu schreibende Text diktiert, vermitteln das gehörmäßige Input und Bereiche des Gehirns, die mit dem Verständnis von Hören-Sprechen zu tun haben, das „Feedforward" bereits vor der Handlung selbst. Wir sollten die Rolle der *Umwelt* als Agens, der durch Informationsfluß (und manchmal auch durch Energieaustausch) mit Systemteilen, die zu einem Handlungsmuster gehören, verbunden ist, nicht unterschätzen. Denken wir daran, wie sich das Schreibmuster ändern wird, wenn ich ein Wort unterbringen will, das Anwesende nicht bemerken sollen, oder wenn ich vorsichtig sein muß, um jemanden, der beim Schreiben ganz in meiner Nähe sitzt, nicht zu berühren oder anzustoßen.

5. Wir haben uns noch ein weiteres kybernetisches Merkmal deutlich zu machen, das zu einer willkürlichen Handlung gehört. „Kontrolle" meiner Handlung bedeutet auch, daß ich „mit meiner Aufmerksamkeit" dem augenblicklichen Vorgang „folgen" kann (und dies womöglich die meiste Zeit über tue). Diese Steuerung oder Prüfung ist ein Vorrecht dessen, was wir gewöhnlich den „bewußten Verstand" nennen.** Aber wir sollten uns fragen: Was überprüfen wir? Eine simple Selbstbeobachtung gibt uns die Antwort: „In unserem Verstand" haben wir eine Repräsentation oder ein Bild (A) dessen, was geschehen wird. Wir bekommen außer-

* Eine lebhafte, auf experimenteller Bais beruhende Darstellung der Bereiche des menschlichen zerebralen Kortex, die zugleich verschiedene sensorische, motorische und geistige Aktivitäten behandelt, findet sich in: Niels A. Lassen, David H. Ingvar u. Erik Skinhoj: „Brain Function and Blood Flow", *Scientific American*, Okt. 1978, S. 50–59.

** Ich will diese Anführungszeichen kurz erklären: diese Ausdrücke stammen aus der Umgangssprache, und ich zögere, sie als wissenschaftlich präzis definierte Begriffe zu verwenden.

dem ein Bild (B) dessen, was sich bereits abspielt und sind in der Lage, beide zu vergleichen. Wir können uns endlich entscheiden, den Handlungsverlauf zu ändern und manchmal auch das Ziel-‚Bild' bestimmen. Da sich diese Bilder aus Elementen unterschiedlicher sensorischer Gegebenheiten zusammensetzen, könnten wir diese Überprüfung, grob gesagt, als eine höhere Ebene des Feedback betrachten. Aber sie ist mehr als das. Das Bild B erhalten wir, wenn wir eine komplexe Menge sensorischer Information integrieren und ein *auftretendes Muster erkennen.* Darauf folgt die *Gegenüberstellung* von A und B und die Entscheidung, ob sich B zufriedenstellend mit A vergleichen läßt oder nicht. Im letzten Fall hat dies einen Wechsel der Handlung zur Folge oder endlich eine Umprogrammierung des A in ein A′.

In unserem bewußten Verstand denken wir all diese Vorgänge nicht mit Worten, sondern vielmehr in einer „Bildersprache". Diese Bilder bzw. ihre verschiedenen Alternativen tauchen auf und verschwinden wieder, sie werden erinnert oder vergessen, werden vorgezogen oder zurückgestellt, geliebt oder gefürchtet. Diese nonverbale Bildersprache und die Funktionen der Muster-Differenzierung und -Steuerung sind das Vehikel, durch das Lernen-Lehren während der Manipulation stattfindet.

6. Die Bilder von Handlungsmustern besitzen höchstwahrscheinlich einen neuro-physiologischen Gegenpart (Engramme). Wie diese Engramme kodiert sind und wie diese Kode-Sprache aussehen könnte, unterliegt immer noch der Vermutung. Die einkodierten Muster, ob in der Sprache von Engrammen oder der Bildersprache, verhalten sich zu ihren Gegenparts in der Wirklichkeit wie *Landkarten* zum *Territorium*, das sie beschreiben. Und so können wir analog zu anderen kybernetischen Systemen in *Kode-Sprache* Möglichkeiten abwägen und vergleichen, Urteile fällen und Entschlüsse fassen und neue Handlungsmuster erzeugen. Dann können wir über die Handlung Muster von der „Landkarte" in das „Territorium" übermitteln – wir können das Muster ausführen oder darstellen. Die Steuerung einer Handlung, die Kontrolle des Endresultats wiederum, vollzieht sich, nach angemessener Kodierung, in der Sprache der Landkarte.

Diese komplexe Funktion der Selbststeuerung umschließt die Aufnahmefähigkeit des Individuums und die fortdauernde Ausrichtung auf besondere Umstände oder auch die Änderung von Zielen. Handlungsmuster werden erprobt, perfektioniert und erlernt. Außerdem lernt das Individuum über die Art, sich zu einer *Muster-Gruppe* in Beziehung zu setzen. Man lernt zu lernen.*

Dieser Lernprozeß beginnt mit der Geburt und setzt sich über das Leben des Einzelnen fort. Er wird vielschichtiger und differenzierter. Bei vielen Menschen schließt dieser Wachstumsprozeß mit einem bestimmten Punkt ab oder kann, bedingt durch widrige Vorkommnisse in der persönlichen Geschichte des Einzelnen, sogar auf eine frühere Entwicklungsstufe zurückfallen. Hat sich ein Agens (verwendet im obigen Sinne), der Teil einer Muster-Gruppe ist, fehlverhalten oder ist ein Informationspfad zwischen mehreren Agenzien in der Funktion gestört, kann dies ausreichen, die Funktionsweise eines Menschen bedeutend zu verschlechtern.

Normalerweise kann ein geübter Mensch einfach durch sanfte Berührung oder Bewegung von Körperteilen der betreffenden Person detaillierte Information über die Besonderheiten seiner neuromotorischen Funktionsweise gewinnen. Außerdem könnte es dem geübten Menschen (den wir im folgenden „Lehrer" nennen wollen) durch diese Art Manipulation gelingen, der anderen Person („dem Schüler") die gleiche Information seiner Besonderheiten zu vermitteln. Wenn der Schüler die Situation angemessen aufnimmt, kann er unter Anleitung des Lehrers alternative Funktionswege bewußt erkennen und erforschen. Er kann die Veränderung von Mustern ins Auge fassen, die bislang als unveränderbar galten. Diese wechselseitige Kommunikation zwischen Schüler und Lehrer bewegt sich durch dieselben Informations-Kanäle und bedient sich, wie oben erwähnt, derselben Agenzien eines beliebigen Handlungsmusters. Doch sind die auftretenden Muster der Schüler-Lehrer-Interaktion in dem Sinne komplexer, daß sie beide Systeme mit ihren jeweiligen vielschichtigen sensorischen Verbindungen (taktil, kinästhetisch und visuell) umfassen. So eine Interaktion gewinnt zusätzlich noch die Dimension der Einfühlung. Diese ergibt sich, wenn der Schüler fühlt, daß der Lehrer das Problem versteht und sich mit Intention und Befähigung der Lösung widmet.

* Gregory Bateson nannte dieses Lernen höherer Stufe „Deutero-Lernen". (*Steps to an Ecology of Mind*, S. 166 ff.)

In einem frühen Stadium wird der Lehrer die *beeinträchtigte* Fähigkeit des Schülers erkennen, *Bewegungsmuster zu ändern*, oder gar „passiv“ eine solche Änderung zuzulassen. Die „Zwänge“ (strukturell und funktional, existent oder flüchtig) gelangen in das Bewußtsein von Lehrer und Schüler. In einem fortgeschrittenen Stadium ist der Schüler eher in der Lage, kleine Unterschiede zwischen einzelnen Mustern zu erkennen. Die Fähigkeit, solche Unterschiede im sensorischen Input wahrzunehmen, ist äußerst wichtig bei jedem Versuch einer Umprogrammierung von Handlungsmustern.

Gewöhnlich wird man erkennen, daß mit unbefriedigender Funktion inadäquate oder *inkongruente Repräsentation* von Handlungsmustern im bewußten Verstand des Schülers einhergehen. Nicht nur kann die falsche Sache als „richtig“ gedacht werden oder umgekehrt, auch das Bild der Handlung weicht manchmal von der tatsächlich ausgeführten Handlung eindeutig ab. Ein ganz einfaches Beispiel kann uns erklären, was mit Inkongruität der Repräsentation gemeint ist. Wenn man eine Tasse zum Mund führt, hebt man oft den Ellbogen, so daß sich Hand und Arm bis hinauf zur Schulter wie ein festes Teil bewegen. Man ist sich vielleicht *nicht bewußt*, daß man sich anders verhält als jemand, der den Ellbogen ruhig hält und zusammen mit einer entsprechenden Streckung des Handgelenks leicht den Unterarm einwärts dreht. In beiden Fällen wird die Tasse zum Mund geführt – der Ellbogen und sein Standort im Raum sind nicht Teil des Bildes, das die Handlung repräsentiert; daher ist die Repräsentation inkongruent. Das soll nicht heißen, eines der beiden möglichen Muster (es gibt natürlich mehrere) sei nicht legitim, wenn es überlegt ausgeführt wird. Doch die überflüssige, unnötige Aktivierung der größeren (proximalen) Muskeln um das Schultergelenk und Schulterblatt erzeugen eine Bewegung, der es an Wirksamkeit, Leichtigkeit, Eleganz und Befriedigung mangelt, die mit einer verfeinerten Bewegung – der kleineren (distalen) Muskeln in Unterarm und Hand – einhergehen. Zudem könnte sich die Verbindung von Ellbogen und Handgelenk als gewohnheitsmäßig (unkontrolliert) und damit als Hemmschuh für eine verfeinerte und geschicktere Aufgabe herausstellen.

Der Lehrer hat die Aufgabe, den Schüler mit der Möglichkeit zu konfrontieren, andere vorstellbare Muster zu *erfahren* und zu *vergleichen*. Ähnlich einer „Aktualisierung der Landkarten“ werden sie besser auf die tatsächlichen Handlungen des Schülers abgestimmt. Zur Vorausplanung sind gute „kartographische“ Fähigkeiten vonnöten. So etwa bei willkürlichen Handlungen, wo das Bild dessen, was ausgeführt werden soll - die „Blaupause“ - der Handlung selbst vorausgeht.

Erinnern wir uns schnell daran, daß eine solche Art der Repertoire-Erweiterung durch Erproben, Erfahren und Vergleichen verschiedener Möglichkeiten - all dies geschieht *spielerisch* - die Methode ist, mit der jeder Mensch das meiste seiner willentlichen Handlungen *von frühester Kindheit an* lernt: koordinierte und differenzierte Bewegung im Gravitätsfeld, Reaktionen auf sinnliche Reize (propriozeptiv, umgebungsmäßig, sozial), Kommunikation, Sprache (Muttersprache) usw. Diese Art spielerischen Lernens ist daher jedem aus eigener Erfahrung bekannt und wird als vertraut empfunden. Sieht man sich das Ergebnis an, dann könnte dies als die wirksamste Lernmethode gelten. Schon deshalb sollte dieser Lernprozeß in der Arbeit des Lehrers Niederschlag finden. Die Art und Weise der manipulativen Technik wird in Einklang mit diesen Erkenntnissen bestimmt.

Die *Strategie* dieser manipulativen Lehrtechnik verlangt, daß dem Schüler wirksame Wege der Selbststeuerung offenbart werden, indem man ihm hilft, seine Handlungsmuster auf eine gesteigerte Anpassungsfähigkeit hin umzuprogrammieren. Dann besteht die *Taktik* in der Erzeugung von Situationen, die dem Schüler die Möglichkeit geben, neue Wege zu erforschen, oder alte, vergessene Möglichkeiten zu erinnern. Dies sind die *Lernsituationen*, die der Lehrer schaffen muß. Beim Schüler ist ein Gefühl der Sicherheit notwendig, damit er sich von dem, was geschehen wird, nicht bedroht fühlen kann. Eine bequeme Haltung wird eine *natürliche Neugier* ins Spiel bringen. Willkürliche neue Muster sollten den Schüler niemals überraschen. Sie sollten vielmehr leicht auftreten, aus sicheren Mustern, die im bisherigen Leben oder in Reflexreaktionen des neuro-muskulären neuro-motorischen Systems (Dehnreflex, Ausrichtungsreflexe usw.) angelegt sind. Das einzige, was für den Schüler „überraschend“ sein darf, sind die Erkenntnisse darüber, wie das System funktioniert hat und welche besseren Alternativen inzwischen zur Verfügung stehen.

Wie bei allen Kommunikationssystemen, so auch beim komplexen System der Schüler-Lehrer-Situation: wir haben es in der Hauptsache mit Abfolgen von Reiz und Reaktion zu tun und weniger mit Ursache und Wirkung.* Dies aus dem Grunde, weil jedes selbstregulierende biologische System seine eigene Energiequelle besitzt, die kollateral mit den Informationswegen arbeitet; mit anderen Worten, die Energie, die für die Reaktion benötigt wird, fließt in einen anderen Kanal als die Energie, die den Reiz erzeugt. Wenn es z.B. an der Tür klingelt, und ich aufstehe und hinübergehe, um aufzumachen, dann benutze ich dazu meine eigene Energie. Es ist nicht die Wirkung von Tonwellen auf mein Trommelfell, was mich physisch auf die Beine bringt. Und umgekehrt, wenn jemand Kraft aufwendet und mich zur Tür trägt, kann man dies wohl kaum als Interaktion mittels Kommunikation bezeichnen. Die beiden Kanäle besitzen die Verbindung, daß ein Informationsfluß durch den sensorischen Kanal (der Reiz) sozusagen als Teil der Reaktion einen Energiefluß durch das motorische System auslösen kann. Solch eine Beziehung zwischen zwei Kanälen, wo ein Wandel des Flusses beim einen eine Veränderung im anderen Kanal erzeugt, nennt man *Relais*.

Dies ist auch der Fall bei der Interaktion von Reiz und Reaktion. Die *Reaktions-Energie* wird normalerweise *durch den Reagierenden* erzeugt. Andererseits mag der *Energie-Austausch*, der mit der Reizaufnahme einhergeht, quantitativ *unbedeutend* sein, obwohl vielleicht die enthaltene *Information beträchtlich* ist.

Das Wissen, das wir über sinnliche Wahrnehmung haben und über die Art, wie Nervenimpulse wandern, zeigt uns, daß durch einen Wechsel des Reizes, durch eine *Differenz*, ein sinnlich-neuraler Impuls ausgelöst wird. Der unveränderte Reiz enthält keine Information.

Auch eine langsame und beständige Reizsteigerung bzw. Reizminderung muß nicht unbedingt als solche wahrgenommen werden. Ein schrittweiser Wandel des Reizes wird einen afferenten Nervenimpuls auslösen, der Informationsträger ist. Reiz-Differenzen unterliegen dem Weber-Fechnerschen Gesetz in der Phy-

---

* ebd., S. 403.

siologie: der kleinste wahrnehmbare Reizunterschied ist eindeutiger Bestandteil des bereits bestehenden Reizes. Wird die kleinste wahrnehmbare Differenz eines Reizes oder Stimulus S mit ΔS gekennzeichnet, so ergibt sich: $\frac{\Delta S}{S} = k$ Das Gesetz ist relativ zuverlässig bei Reizen mittlerer Stärke, also für die relevante Situation unseres Themas. Bei unterschiedlichen sinnlichen Gegebenheiten variiert der tatsächliche Wert der Konstanten k. Bei einem Druckgefühl z. B. (wie beim Gewichtheben) beträgt sie $1/40$. Das bedeutet, nur eine Gewichtsänderung, die größer ist als $1/40$ des ursprünglichen Gewichts, läßt sich wahrnehmen. Anders gesagt, um sehr kleine Reizdifferenzen wahrnehmen zu können, muß der Gesamtreiz gesenkt werden.

Das vorangegangene läßt eindeutig den Schluß zu, daß eine wirksame, kommunikative Manipulation aus sehr geringem Energieaustausch bestehen sollte. So kann eine Lernsituation entstehen, in der spielerisches Erforschen möglich ist, wo keine Gefahr befürchtet wird, wo feinere Unterscheidungen möglich sind und wo somit eine teilweise Umprogrammierung erfolgen kann.

Je kleiner der Energieaustausch bei einer manipulativen Interaktion, desto größer die potentiell zu übermittelnde Informationsmenge. D. h., ist der aktive Part der Manipulation gering, kann der sinnliche Informationsfluß zwischen Lehrer und Schüler (in beide Richtungen) ungehindert vonstatten gehen. Umgekehrt heißt das, eine mit Anstrengung vollführte Manipulation wird einerseits die Fähigkeit des Lehrers verwischen, gewünschte Grenzen und Handlungen abzuschätzen, andererseits wird sie den Schüler in eine Abwehrhaltung manövrieren – einer Lernsituation offensichtlich nicht förderlich – in der er das, was mit ihm geschieht, bestenfalls tolerieren kann.

Wir wollen das vorangegangene quasi-mathematisch zusammenfassen. Wenn ich (vielleicht etwas willkürlich) behaupte, daß die beiden in Frage kommenden Mengen (der Energieaustausch ΔE und der Informationsaustausch ΔI einer manipulativen Interaktion) sich reziprok proportional zueinander verhalten, oder daß ihr Produkt konstant ist – beides drückt das gleiche aus – dann kann ich schreiben:

$$\Delta E \times \Delta I = K$$

Abb. 1 Energieaustausch und Lernen

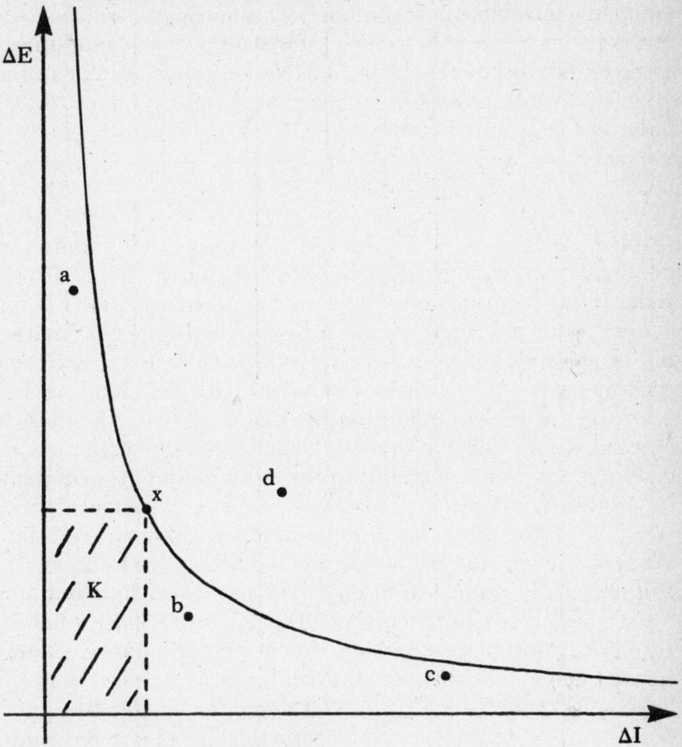

ΔE: ausgetauschte Energie
ΔI: übermittelte Information
a: gewaltsame Manipulation
b: recht gute Manipulation
c: gutes Lernen durch wirksame Manipulation
d: Situation unvereinbar mit dieser Art von Manipulation

eine Gleichung, die sich graphisch durch eine Hyperbel darstellen läßt. In der Tat bezeichnet *K* eine obere Grenze dessen, was sich in irgendeiner kurzen manipulativen Sequenz erreichen läßt. Wir müssen das Ungleichheitszeichen hinzufügen, da das Produkt auch geringer als K sein kann, wie im Fall einer unwirksamen Manipulation, die mit einem bestimmten Energieaustausch vollzogen wird, und bei der die resultierende Information das Maximum nicht erreicht. Das Produkt könnte auch Null ergeben, wenn zumindest einer der Multiplikanden Null beträgt. K könnte man das „Manipulationsquantum" nennen.

$$\Delta E \times \Delta I \leqq K$$

Jedes Rechteck, das auf zwei Achsen und einem Punkt x ruht, der auf der Kurve liegt, hat den gleichen Flächeninhalt, nämlich K. Jeder Punkt kann als Beispiel für eine kurze manipulative Sequenz gelten, wobei die Horizontalkoordinate (die Breite des Rechtecks) für die ausgetauschte nützliche Information (vielleicht nach beiden Richtungen) steht und die Vertikalkoordinate (die Länge des Rechtecks) für die übermittelte Energie. Ein Punkt wie b kennzeichnet eine recht gute Lehrmanipulation. Ein Wechsel nach Punkt a z. B. bedeutet eine Verschlechterung der Lehrqualität. Es liegt nämlich auf Seiten des Lehrers große Aktivität vor, während dabei nur wenig Information übermittelt wird. Umgekehrt bedeutet ein Wechsel nach c eine Verbesserung der Arbeit des Lehrers.

Leser mit Kenntnissen in Physik haben vielleicht bemerkt, daß sich dieses analog zur Formel von Heisenbergs Unsicherheitsprinzip in der Atomphysik verhält, welches besagt, daß Position und Impuls eines Teilchens sich nicht gleichzeitig präzis bestimmen lassen. Je kleiner der Ungenauigkeitsfaktor bei der Bestimmung des einen, desto größer die Ungenauigkeit bei der Bestimmung des anderen. Darüberhinaus kann das Produkt beider Abweichungen niemals geringer sein als Plancks Konstante, der „Handlungsumfang". Hier erscheint natürlich das Ungleichheitszeichen umgekehrt, weil K für die obere Grenze des Produkts der beteiligten Variablen steht, während es in der Teilchenphysik eine untere Ungenauigkeitsgrenze bei der Bestimmung zweier beteiligter Mengen gibt.

2. Die Annäherung an die Kommunikative Manipulation

Um die vorgestellten Ideen und Prinzipien nutzen zu können, muß sich der Lehrer so gut wie immer nach der Wahrnehmungs-, Gefühls- und Bilderwelt des Schülers orientieren. Der Lehrer sollte während der manipulativen Behandlungssitzung Teil der unmittelbaren Umgebung des Schülers werden. Eine Lernsituation zu schaffen, bedeutet zuallererst, den Schüler so weit wie möglich frei zu machen von der üblichen Befangenheit und von allen Sorgen hinsichtlich dessen, was hier auf ihn zukommt. Kinästhetisch bedeutet dies die Notwendigkeit, den Körper nach den Anforderungen des gravitätischen Feldes an Bewegungen, Muskeltonus und Haltung des Schülers auszurichten. Diese Ansprüche stehen meistens gewohnheitsmäßigen stereotypen Mustern gegenüber. Ein effektiver Weg, diese Muster zeitweise zu neutralisieren, ist, den Schüler sich auf eine einigermaßen bequeme horizontale Oberfläche (Liege oder Tisch) legen zu lassen.* Rücken- und Bauchlage sind hierzu bestens geeignet. Sollte in einigen Fällen der Lehrer (oder der Schüler) meinen, dies sei nicht sicher oder ruhig genug, so kann sich der Schüler auf die Seite legen – mit angezogenen Knien und einem weichen Halt unter dem Kopf (fötale Stellung).

Wird so der propriozeptive und exterozeptive Reiz verändert und der allgemeine Muskeltonus möglicherweise verringert, kann der Schüler bereitwillig jede Information durch die Behandlung des Lehrers aufnehmen, und zwar in einem Kontext, der nicht mehr gewohnheitsmäßig ist – besonders dann, wenn es dem Lehrer gelingt, Situationen und komplexe Bewegungen zu erzeugen,

---

* Eine umfassende Darstellung findet sich in: Moshe Feldenkrais, *Body and Mature Behavior* (New York: International Universities Press, 1950), S. 120.

die vom Schüler als „neu“ und „differenziert“ erfahren werden, obwohl er sie sehr sanft ausführt. Der Schüler wird dann erkennen, daß die Manipulationen in der Hauptsache *informativ* und nicht formativ sind; anders gesagt, daß sie Information vermitteln und nicht versuchen, einen Wechsel hervorzurufen. Manchmal sind besondere *meta-kommunikative Signale* notwendig, damit dem Schüler diese Unterschiede deutlich werden. Dies sind Botschaften *über die Art* der Information, die stattfinden soll. Es kann z. B. passieren, daß der Schüler auf mehr oder weniger bewußter Ebene eine bestimmte, vom Lehrer eingeleitete Bewegung als Hinweis zur eigenen Erzeugung eines gewohnten Handlungsmusters interpretiert, anstatt die neue Information, die mit dieser Behandlung kommt, ganz einfach zu erfahren. Der Lehrer könnte nun aufhören und nach einer kurzen Weile mit einer neuen Manipulation beginnen, die jedoch einen geringeren Bewegungsumfang hat. Der Schüler wäre nun in der Lage, die Diskrepanz zwischen diesem äußerst kleinen Reiz und der gewohnheitsmäßigen, unproportionierten Reaktion zu erkennen. Mit dieser Erkenntnis kann der Schüler nun die eingehende Information anders interpretieren und ist imstande, seiner stereotypen Reaktion Einhalt zu gebieten und eine andere zu lernen. Manchmal könnte die Zuhilfenahme von Sprache als meta-kommunikative Botschaft nötig sein, doch auch dann bleibt allein die sinnliche Unterscheidung der wichtigste Faktor.

Es können mehrere Kontrollebenen des Schüler-Systems mit Unterscheidungen dieser Art befaßt sein. Bekanntlich gibt es verschiedene *hierarchische Kontroll-Ebenen* der neuro-motorischen Funktion im Zentralnervensystem – die niedrigste ist die Ebene der Wirbelsäulenreflexe und die höchste die Ebene bewußter, überlegter Handlungen. Handlungen, die vor langer Zeit erlernt wurden und nun recht automatisch ausgeführt werden, befinden sich auf einer gewissen intermedialen Ebene. Jedoch das Effektoren-System, einschließlich der unteren Motoneuronen, peripheren Nerven und Skelettmuskeln, ist *das gleiche* für alle Ebenen, und so verhält es sich, daß jede hierarchische Kontrollebene die unteren Ebenen unterordnet und allein durch ihre Tätigkeit hemmt und damit die Wahrscheinlichkeit verringert, daß Bewegungsmuster unterer Ebenen auftreten können.

So etwas wird passieren, wenn ich mich z.B. entschließe, für eine Weile „anders" zu atmen oder zu gehen – vielleicht ändere ich den Rhythmus oder den Schritt oder füge bewußt Bewegungselemente hinzu, die nicht Teil des „automatisch" auftretenden Musters sind. Der Lehrer kann die augenblicklich arbeitende Kontrollebene im ZNS des Schülers erkennen. Sie zeigt sich daran, wie der Schüler auf irgendein Muster, das durch manipulative Interaktion erreicht werden soll, reagiert; sollte ein Muster am Ende tatsächlich verändert werden, wird durch die Hilfe des Lehrers die Kontrollebene zumindest zeitweilig gesteigert. Diese Hilfe besteht in der *Bereitstellung notwendiger Bestandteile* eines anderen Handlungsmusters, das entweder das alte Handlungsmuster ersetzt oder dem Schüler ermöglicht, das neue und differenzierte Muster zu wählen.

Obwohl der Vorgang, für den Schüler neue Muster zu schaffen, für den Lehrer meistens eine nonverbale Abfolge von Images, Bewegung, sinnlicher Wahrnehmung usw. bedeutet, sollte er dennoch (zumindest für sich selbst) in der Lage sein, die Funktion des Schülers, wenn sie sich darstellt, aber auch bei der voranschreitenden manipulativen Interaktion, *verbal* zu beschreiben. Es ist sicher richtig, daß Beschreibung aller neuro-motorischen Vorgänge auf *verschiedenen Beschreibungsebenen* vor sich gehen kann. Jede verdeutlicht einen Aspekt eines in sich komplexen Vorgangs. Um Verwirrung zu vermeiden, ist es äußerst ratsam, anfangs die Beschreibungsebenen zu differenzieren und abzugrenzen. Hier sind einige der allgemein verwendeten *Beschreibungsebenen* neuro-motorischer Vorgänge. Die hier angeführten Ebenen sind nicht erschöpfend und die Bezeichnungen dienen in der Hauptsache der Identifizierung.

1. *Die kinesiologische Ebene*: Bewegungen werden beschrieben in den Begriffen von Skelett, Gelenken, Muskeln, agierenden Kräften (Schwerkraft, Muskelkräfte, Reibungskräfte, elastische Kräfte, Trägheitskräfte), Antrieb beweglicher Körperteile usw., wobei mechanische Modelle und Abstraktionen wie Hebel, Gleichgewicht, Stabilität und Starre verwendet werden.

2. *Die Repräsentations-Ebene*: Handlung wird beschrieben durch das Bild, das der einzelne von dieser Handlung hat (diese Bilder schaffen die Landkartensprache) und durch Veränderungen in der

Ausführung einer Handlung (Veränderungen im „Territorium"), hervorgerufen durch Veränderungen des korrespondierenden Bildes, wie auch des Bildes, das durch Veränderungen der Handlung erzeugt wird.

3. *Die Funktions-Ebene*: Auf dieser Beschreibungsebene wird jede Handlung als die Ausführung einer biologischen Funktion gesehen (einschließlich der sogenannten höheren intellektuellen Funktionen). Eine biologische Funktion kann folgendes sein: Atmen, Essen, Gehen, die Haltung des Gleichgewichts, Suche nach Bequemlichkeit, Verteidigung gegen Gefahr (tatsächliche oder befürchtete), Aggression, Orientierung im intermedialen Environment, Kommunikation, jegliches intime Verhalten usw. Fragen der Unabhängigkeit von Körperstruktur und -funktion, Wirksamkeit und Ökonomie des Energieverbrauchs, alle Fragen hinsichtlich des Lernens, der Verbesserung oder Verschlechterung einer Funktion, Fragen der Bewußtheitsebene, auf der eine Funktion verläuft, all das läßt sich mit dieser Beschreibungsebene ausdrücken und behandeln.

4. *Die kybernetische Ebene*: Diese Beschreibungsebene wurde bereits in der ersten Hälfte von Kapitel 1 ausgelegt. Information fließt zwischen verschiedenen Teilen des ZNS, dem Körper und entsprechenden Teilen der Umgebung. Diese Teile (oder Agenzien) übermitteln, verarbeiten, speichern oder erzeugen Information. Das meiste der nicht alltäglichen Handlungen ist zielorientiert oder scheint es zumindest zu sein. Die Interaktion der verschiedenen Agenzien schafft Kontrolle oder Selbststeuerung in Richtung auf das entsprechende Ziel. Diese Kontrolle ist auf verschiedenen Ebenen möglich, und zwar auf Ebenen, die ein hierarchisches Gebilde von „überlegenen" Ebenen schaffen, die „untergeordnete" Ebenen kontrollieren.

Mit der Aufzeichnung von „Informationsfluß-Karten" lassen sich bestimmte Handlungsklassen graphisch darstellen: die verschiedenen Agenzien werden durch Recktecke („black boxes") dargestellt, verbunden durch Linien, die für die Kanäle des Informationsflusses stehen. Einige dieser Symbole lassen sich leicht zu entsprechenden anatomischen und physiologischen Teilen in Beziehung setzen. Bei anderen geht das weniger leicht. So kennen wir z. B. die Arbeitsweise des Nervenimpulses als Informationsvehikel recht gut. Doch die Natur der Agenzien, die mit Erinnerung (Informationsspeicherung) oder Muster-Erkennen zu tun haben, sind uns immer noch unklar, obwohl dabei offensichtlich die obengenannten Funktionen mit im Spiel sind. Den von Professor D.M. MacKay verwendeten Symbolen* folgend, werde ich diese Sichtweise schildern und eine vorläufige Informationsfluß-Karte für die *manipulative Interaktion von Lehrer und Schüler* (Abb. 2) erstellen. Wir haben es mit zwei Stufen zu tun. Die erste Stufe bezieht sich auf die Situation, in der der Lehrer manipulativ handelt, wie etwa bei der Erforschung der gewohnheitsmäßigen Reaktionsweisen des Schülers. Der Schüler reagiert auf diese Untersuchung in seiner gewohnten Art. Die zweite Stufe bezieht sich auf die veränderte Reaktion des Schülers, die auf eine mögliche Erklärung oder Erkenntnis gefolgt ist.

Angesichts der Unvollkommenheit dieses Bildes und der Tatsache, daß einige der Funktionen noch weiterführender Aufhellung durch neuro-physiologische Forschung bedürfen, habe ich mich entschieden, mich nicht mit der Wechselbeziehung der abgebildeten Kräfte oder Agenzien und der entsprechenden Teile des ZNS zu befassen.

Wir sehen die basischen Feedback-Schleifen für Lehrer und Schüler. Im Interaktionsfeld findet die tatsächliche Manipulation statt (die Hand des Lehrers und die berührten oder bewegten Körperteile des Schülers, hier befinden sich auch die Sensoren, die die jeweiligen zuführenden oder afferenten Reize bei Lehrer und Schüler erzeugen. Das Effektoren-System *(E)* des Lehrers führt die Handlung aus, die von dem wählenden, selektierenden Agens *(S)* bestimmt wurde. Sinnliche Information wird gesammelt vom Integrator *I* und ausgewertet vom Agens *W*. Hier wird diese Information mit dem Handlungsziel verglichen, das Programmierer *P* anzeigt – jedes unstimmige Element wird zurückgegeben an den Selektor *S*, der die Handlung entsprechend verändert. So wird die basische Feedback-Schleife geschlossen. Einiges aus der sinnlichen Information kann die Auswahl direkt beeinflussen. Dies ist das Feedforward *(ff)*, das in Kapitel 1 beschrieben wurde.

Für den Lehrer gibt es zusätzlich eine Schleife höherer Rangord-

* D.M. MacKay, ‚Cerebral Organization and the Conscious Control of Action', in: *Brain and Conscious Experience*, hrsg. v. J.C. Eccles (New York: Springer Verlag, 1966), S. 422–445.

Abb. 2 Informationsfluß-Landkarte für Nonverbale Kommunikative Manipulation

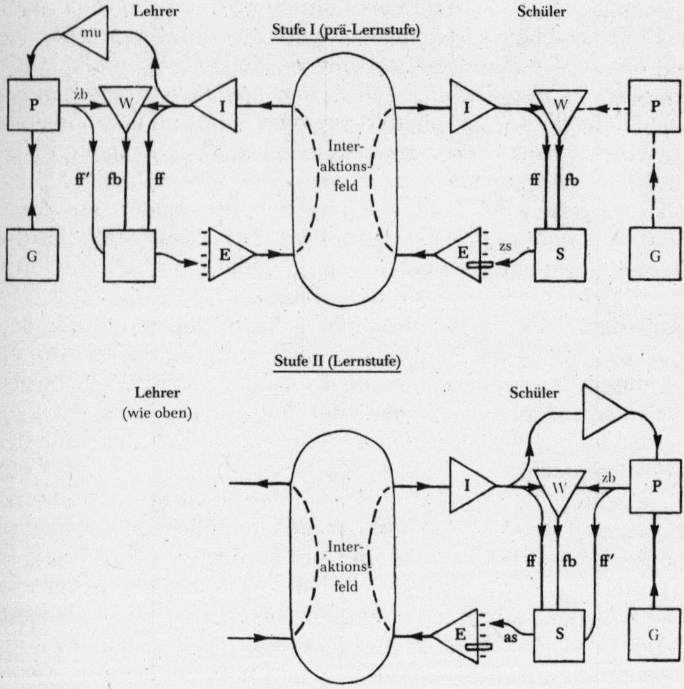

I: Integrator sinnlicher Information (kennzeichnet den Allgemeinzustand)
W: Auswertung der Abweichung des Zustands von einem Ziel oder einer Gewohnheit
S: Selektion oder Auswahl der Handlungsart
E: Effektoren mit Handlungsumfang
mu: Muster-Unterscheidung oder -differenzierung
P: Programmierer
G: Gedächtnis
zb: Zielbestimmung
fb: Feedback
ff: Feedforward
ff': Feedforward höherer Ordnung
mib: Muster-Image-Bildung oder -erkennung
zs: zwanghafte Selektion oder Auswahl
as: alternative Selektion oder Auswahl

nung. Die sinnliche Information, die von *I* gesammelt wird, ermöglicht es ihm, ein bestimmtes Muster in der Reaktion des Schülers zu unterscheiden (Agens *mu*), und der Programmierer *(P)*, der in enger Zusammenarbeit mit dem Gedächtnis *(G)* arbeitet (Kurzzeit- oder Langzeitgedächtnis), präselektiert die Handlung durch ein Feedforward höherer Ordnung *(ff')*.

In Stufe I arbeitet das basische Feedback des Schülers auf die gleiche Weise – nur kann die Selektion der Handlung möglicherweise „zwanghaft" vonstatten gehen, durch eine vorherbestimmte, gewohnheitsmäßige Handlungsweise *(zs)*.

In Stufe II, der Lernstufe, erkennt der Schüler das auftretende Bild eines möglicherweise neuen Musters. Der Agens *mib* (Muster-Image-Bildung) nutzt diese von *I* stammende Information und leitet sie an *P* weiter. Eine höhere oder Feedforward-Schleife kommt auf diese Weise zustande. Die von *S* besorgte Selektion erhält nun den zusätzlichen Input *ff'* und braucht nicht länger zwanghaft vor sich zu gehen (as).

5. *Die neuro-physiologische Ebene*: Die Bestandteile des Nervensystems oder besonders die verschiedenen Bereiche des Gehirns werden in den Begriffen ihrer Funktion, Verbindung und Lokalisierung betrachtet. Die fließenden Nervenimpulse, die verschiedene Stellen im Nervensystem miteinander verbinden, erzeugen die Handlung des Systems.

Eine der Standardmethoden der Neurophysiologie zur Bestimmung der Funktion verschiedener anatomischer Teile des Gehirns ist z. B., Hirnverletzungen oder andere Schädigungen an bestimmten anatomischen Punkten mit spezifischen funktionellen Schäden in Beziehung zu setzen.

Die Forschung auf diesem beinahe unüberschaubaren Gebiet schreitet ständig voran. Man arbeitet hier an neuen Untersuchungsmethoden.

6. *Die Neuronen-Ebene*: Sie stellt eine Verfeinerung der vorangegangenen Ebene dar. Einzelne Zellen der Gehirnrinde sind etwa untersucht worden durch elektrische Reizung (mit Mikroelektroden). Die Reaktion der einzelnen Zelle bzw. die elektrische Tätigkeit der Zelle wurde bei bestimmten Peripherreizungen (wieder durch Mikroelektroden) aufgezeichnet. Anhand anderer Methoden hat man die Verbindungen zwischen einzelnen Neuronen

untersucht. Nach und nach bildet sich ein gewisses Verständnis bestimmter Zellgruppen und Zellschichten.*

All diese Beschreibungsebenen neuro-motorischer Tätigkeit sind natürlich wohlbegründet – jede von ihnen steht für einen anderen Aspekt dieser Tätigkeit. Das *vollständige* Bild jedoch kann nur eine Synthese mehrerer Beschreibungsebenen liefern. Manch eine Auseinandersetzung über dieses Thema wäre überflüssig, würde man sich einfach auf die beteiligte Beschreibungsebene und ihre entsprechenden Begriffe und Postulate einigen. Auch die klassische Kontroverse Geist-Körper scheint oftmals nur auf die Unfähigkeit zu deuten, die beiden Begriffe als zwei Beschreibungsebenen des gleichen komplexen Phänomens zu begreifen.

Ich würde dem Leser vorschlagen, im folgenden Text aufmerksam die Verwendung der verschiedenen Beschreibungsebenen zu verfolgen, denn der Übergang von einer Ebene zur anderen wird zweckdienlich vor sich gehen. Die drei zuerst genannten Ebenen (kinesiologische, Repräsentations- und Funktionsebene) werden vorrangig behandelt werden, wobei aber ein Verständnis der kybernetischen und neuro-physiologischen Ebene genauso wünschenswert ist.

* Der Laie sei verwiesen auf die Zeitschrift *Scientific American* (Sept. 1979); alle Artikel dieser Ausgabe behandeln verschiedene Aspekte der Hirnphysiologie. Außerdem die beiden letzten Beschreibungsebenen, sowie die chemische und – in etwas geringerem Umfang – die kybernetische Ebene.

TEIL II
DIE BASIS-TECHNIK

3. Die Einheit der Kommunikativen Manipulation (Das Manipulon)

Der angehende Lehrer der Funktionalen Integration wird bei der Schüler-Lehrer-Beziehung sein besonderes Augenmerk auf drei Bereiche richten müssen: *Erkenntnisse* in Beziehung zum Schüler, die *Handlungen*, die der Lehrer in Gang bringen könnte, und die *Reaktionen* des Schülers auf die Situation. Diese Art von „Eichung" der Sinne des Lehrers läßt sich schrittweise erreichen, indem verschiedene Manipulationen in verschiedenen Situationen erprobt werden und verschiedene Personen dabei die Rolle des Schülers übernehmen. So sollte man zuerst vorgehen, um später dann mehrere sinnvolle Sequenzen zu kombinieren. Weil jede Manipulation auf die drei obengenannten Bereiche abgestimmt sein muß, ist auch das Verständnis der kleinsten Bestandteile kommunikativer Manipulation äußerst wichtig. Der Kürze halber werde ich diese kleinen manipulativen Einheiten *Manipulonen* nennen.*

„Manipulon" wird im weiteren der Ausdruck sein, der für jede kurze manipulative Sequenz mit folgenden Bestandteilen steht: *a.* einleitendes Wissen oder Information über beteiligte Struktur und Funktionen (einiges hat Allgemeincharakter, doch anderes bezieht sich notwendigerweise auf den Schüler); *b.* die Handlung selbst (der Lehrer macht dem Schüler „Vorschläge" hinsichtlich bestimmter Veränderungen durch Manipulation); *c.* die Antwort oder Reaktion des Schülers auf diese Manipulationen, die von

* Das Wort „Manipulon" wurde analog zu Ausdrücken geprägt, die in der Teilchenphysik verwendet werden: Proton, Neutron, Elektron, Photon usw. Einige dieser Teilchen, heißt es, würden zwischen interagierenden Partikeln ausgetauscht.

Lehrer und Schüler wahrgenommen werden (und somit zusätzliche Information schaffen).

Manipulonen werden auf den folgenden Seiten so beschrieben werden, daß der Leser sie praktizieren kann. Die aktive Phase läßt sich natürlich am leichtesten in Worten oder Bildern beschreiben. Betrachtet man einleitende Information und Reaktion des Schülers, so lassen sich diese nach und nach eindeutig benennen, wobei der Leser Erfahrungen sammelt, die ihm die unheimliche Vielfalt von Körperstrukturen und möglichen Reaktionsweisen offenlegen. Manipulonen sind *wiederholbare Einheiten*, die nicht nur zum Wohl des Lesers wiederholt werden, sondern vorrangig auch im tatsächlichen Unterricht – dem Schüler eine bestimmte Situation zu verdeutlichen oder dem Schüler zu helfen, sich mit dieser Situation vertraut zu machen.

Ergibt sich bei den Wiederholungen irgendeines Manipulons neue Information oder ändert sich die Reaktion des Schülers (etwa nach einer neuen Einsicht), dann muß das im Augenblick ausgeführte Manipulon als ein abweichendes, *differentes Manipulon* betrachtet werden, weil es in diesem neuen Kontext eine andere Relevanz erhält (s. z.B. Stufe II in Abb. 2). Daraus folgt, daß verschiedene Manipulonen die gleiche aktive Phase haben können und sich deshalb visuell auf gleiche Weise beschreiben lassen, obwohl sie vielleicht unterschiedliche „Bedeutungen" haben. Beispiel: ein Schüler könnte im Verlauf ähnlicher Manipulationen folgende Gedanken haben: „Das habe ich niemals zuvor gemacht." – „Sicher, jetzt erinnere ich mich, doch ich muß sehen, wie ich das zuhause anwenden kann." – „Jetzt fällt es mir leicht, aber vor einer Woche war diese Bewegung noch schmerzvoll." Oder: „Oh, überhaupt nichts Neues! Zeitverschwendung!"

Die vorgeschlagenen Manipulonen sollten in dieser Stufe *ausschließlich* mit erwachsenen, gesunden, vorzugsweise jungen Menschen als „Schülern" versucht werden. Freunde oder Familienmitglieder könnten diese Rolle als erste übernehmen.

Man sollte dem „Schüler" klar machen, daß es dabei um sanfte, vorsichtige Bewegungen geht, die zu dem Zweck geschehen, dem Leser einige praktische Einzelheiten der Technik zu vermitteln. Man sollte ihm klar machen, daß sie keinen therapeutischen Zweck erfüllen. *Vom Schüler wird erwartet, daß er die Bewegungen, wenn möglich, ohne Hilfe oder Widerstand zuläßt.*

Bei den meisten Manipulonen liegt der Schüler in bestimmter Position auf einem Tisch oder *auf einer gepolsterten Bank*, die annähernd 42 cm hoch ist. Der Lehrer steht oder sitzt in angemessener Entfernung. Zu diesem Zweck sei ein kleiner Sitz in der gleichen Höhe wie die Bank empfohlen.

Das Vertrautwerden mit der angestrebten Manipulationsart stellt sich durch einige Abfolgen von Manipulonen ein. Diese werden jeweils nur für eine Körperseite beschrieben, doch sollten sie an beiden Seiten erprobt werden, wenn auch nicht unbedingt mit demselben „Schüler".

Der Schüler legt sich z. B. auf den Rücken, hat die Beine gestreckt und die Arme entlang des Körpers gelegt. Sie selbst sitzen nahe der rechten Schulter.

Nehmen Sie den rechten Arm des Schülers, wobei der Ellbogen nicht vollkommen gestreckt ist, so daß das Oberarmbein (Humerus) in annähernd vertikale Lage kommt (Abb. 3). Eine gute Möglichkeit, den Arm in diese Position zu bringen (versuchen Sie gleichfalls andere Methoden und entscheiden Sie, welche Ihrem Zweck am ehesten dienlich ist), besteht darin, die rechte Handfläche unter den Ellbogen zu bringen und mit den vier Fingern den Ellbogen von innen und mit dem Daumen von außen zu stützen. Die linke Hand greift das Handgelenk oder den Unterarm ganz in der Nähe des Handgelenks, wobei die Handfläche gegen die rechte Handfläche des Schülers gelegt wird. *Der Griff sollte sanft sein und mehr mit der Handoberfläche als mit den Fingerspitzen geschehen.* Versuchen Sie nun, das Gewicht dieses Arms zu fühlen. Verleiht die Art, wie der Arm gehalten wird, ein Gefühl von Leichtigkeit und Sicherheit, kann der Schüler schließlich aufhören, den Arm zu stützen, und Sie werden mit Sicherheit feststellen, wie das Gewicht gegen Ihre Hände drückt. Dazu müssen Sie Ihre eigenen Ellbogen leicht strecken.

Von dieser Position ausgehend wird es leicht fallen, verschiedene *basische Ellbogenbewegungen im Raum* zu erzeugen. Achten Sie zuallererst darauf, daß durch die Bewegung des ganzen Arms als einem Teil z. B. (hier müssen die Bewegungen beider Arme koordiniert werden) keine Bewegung im Ellbogengelenk auftritt und daß jede Veränderung der Ellbogenstellung im Raum (bezogen auf den übrigen Körper des Schülers) eine Bewegung im

Abb. 3

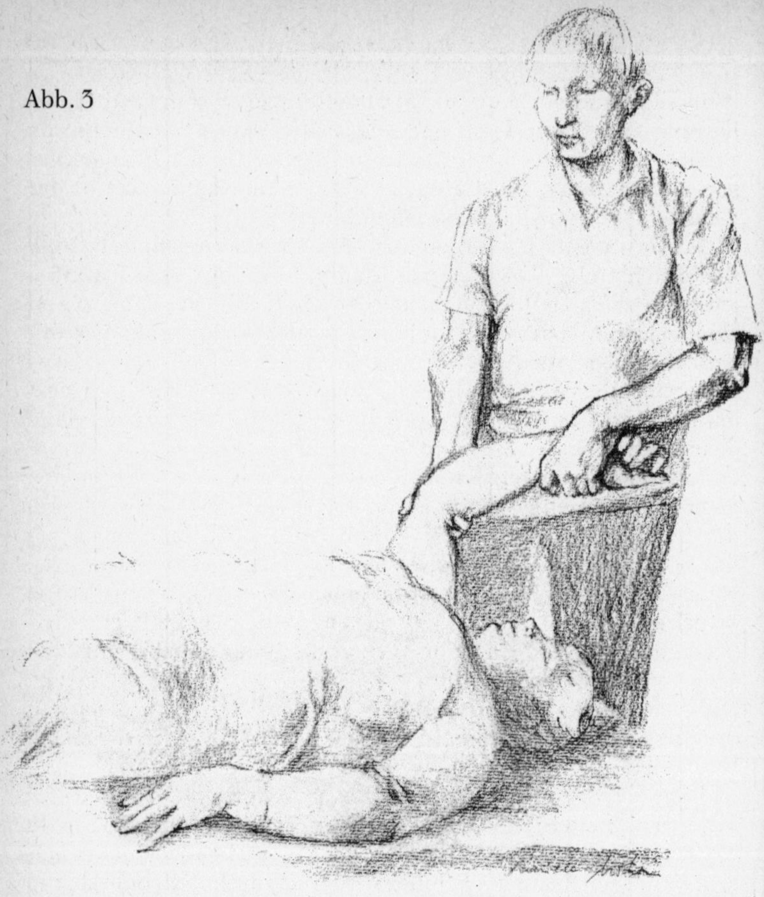

Schultergelenk und vielleicht auch in der Brust bedeuten kann usw. Wiederholen Sie einige *kleine* Armbewegungen nach oben und unten* (leichte Streckung und Beugung im Schultergelenk). Diese Bewegungen sollen als Vorbereitung auf „tatsächliche", vielleicht später folgende Bewegungen erscheinen. Hier muß man mögliche Widerstände beachten. Führen Sie diese Bewegungen

* Oben, unten, rechts, links, vor und zurück – diese Begriffe werden, wenn nicht anders bezeichnet, im folgenden *auf den Schüler bezogen* verwandt werden. „Hinauf zur Decke" bedeutet vertikal nach oben, doch liegt der Schüler auf dem Rücken, deutet dieses „nach oben" auf eine horizontale Position hin, und zwar in die Richtung, in die der Kopf des Schülers zeigt.

langsam aus, eine oder zwei Sekunden in jede Richtung. Beenden Sie die Bewegung, indem Sie an einem Punkt zwischen solchen möglichen Hindernissen abbrechen. Machen Sie nun Bewegungen nach links und rechts in der gleichen Art wie zuvor, wobei dieses Mal der Unterarm parallel zum Körper des Schülers bleibt (Adduktion und Abduktion), und suchen sie nach einer „neutralen" Position.

Eine andere Art, den Ellbogen nach links und rechts zu bewegen, ist, das Handgelenk fest im Raum zu halten (dabei entsteht eine Drehung des Oberarmbeins). Wählen Sie die leichtere Möglichkeit zuerst („leichter" aus dem Blickwinkel des Schülers). Vielleicht lassen sich nun *Unterschiede in der Fähigkeit des Schülers* feststellen, *die Bewegungen zuzulassen.* Ändert (d.h. verbessert) sich die Fähigkeit, so kann dies eine Hilfe sein – zumindest in diesem Zusammenhang – die Kontrolle des Schülers auf eine höhere Ebene zu bringen. Isolieren Sie nun die Drehung des Oberarmbeins um die eigene Achse: Sie halten wie vorher den Ellbogen gedehnt und bewegen das Handgelenk (horizontal) nach oben und unten, während die Stellung des Ellbogens beibehalten wird.

Halten Sie den rechten Arm wie vorher und möglichst nah zu dem, was im Hinblick auf die verschiedenen Richtungen als „neutrale" Stellung erscheint. Heben Sie ihn abwechselnd an und vom Schüler weg und lassen ihn in seine ursprüngliche Position zurückkehren, so daß sich der Oberarm entlang der eigenen Längsachse bewegt. Beginnen Sie mit äußerst kleinen Bewegungen.

Dieses Manipulon kann in gewissem Ausmaß den Grad der Anpassungsfähigkeit zeigen, die der Schüler bei Funktionen von Oberarm und Schulterblatt besitzt. Nach einigen Versuchen auf beiden Körperseiten mit verschiedenen Personen wird Ihnen möglicherweise eine gesteigerte Vielfalt von Reaktionen bewußt. Etwa, wie weit läßt sich das Schulterblatt bewegen und wie leicht geht diese Bewegung vonstatten? Was geschieht mit der Brust oder dem Kopf? Die Art, wie sich das Schulterblatt dabei verhält, wird sich bei den Wiederholungen manchmal verändern. Falls nicht, denken Sie über eine mögliche Abkürzung nach, diesen Wechsel zu erreichen. Versuchen Sie jede der folgenden Möglichkeiten und entscheiden Sie, welche jeweils die angemessenste ist: *1.* halten

Sie mit äußerst leichtem Griff das Handgelenk des Schülers starr vor seinem Gesicht – die Finger zeigen dabei nach unten, so daß durch Heben des Oberarms die Bewegung des *Ellbogens* im Raum betont wird; *2.* ändern Sie den Griff und halten Sie den rechten Ellbogen des Schülers mit der linken Hand, der Unterarm ruht auf Ihrem linken Unterarm, und unterstützen Sie das Anheben von unterhalb des Schulterblatts mit Ihrer rechten Hand oder Ihren Fingern; *3.* unterstützen Sie wie in *2.* mit der linken Hand das Senken des Schulterblatts (das auf andere Weise eintreten könnte, etwa bedingt durch das Armgewicht), indem Sie leicht gegen seinen äußeren Rand, etwa unterhalb der Achselhöhle, drücken; *4.* geben Sie leichte verbale Hilfestellung, etwa: „Ich nehme jetzt mal deinen Ellbogen", oder „Sieht so aus, als würdest du dich wehren. Mal sehen, ob das nötig ist. Widersetze dich jetzt mal mit Absicht, ja! Jetzt noch einmal, aber schwächer als vorhin. Gut, und jetzt keinen Widerstand mehr."

Verbaler Rat sollte auf ein Minimum beschränkt bleiben. Der Leser wird im Verlauf merken, daß er das meiste der notwendigen Kommunikation *nonverbal* transportiert. Wörter können vom Wortlaut her zweideutig sein, bei verschiedenen Menschen unterschiedliche Assoziationen auslösen. Einige Wörter sind emotional geladen, etwa „Spannung", „Stress" oder „Entspannung"; sie könnten daher der spielerisch-erprobenden Bewußtwerdung bei der Funktionalen Integration abträglich sein.

Als nächstes legt sich der Schüler mit angezogenen Knien auf den Rücken, wobei die Fußsohlen auf der Bank ruhen, so daß die Beine wie im Stand leicht gespreizt sind. Untersuchen Sie einige Basisbewegungen des Knies im Raum. Das Gelenk, das hierbei am meisten beansprucht wird, ist natürlich das Hüftgelenk. Heben Sie das rechte Bein des Schülers, so daß Hüft- und Kniegelenk im rechten Winkel gebeugt sind und das untere Bein sich in horizontaler Stellung befindet. Hierbei stützen Sie den Knöchel mit der rechten Hand (alle Finger auf der Innenseite des Knöchels), während die linke Hand auf dem Knie liegt (Abb. 4). Prüfen Sie das Gewicht des Beins. Machen Sie nun die Bewegungen auf gleiche Art wie vorher, beginnen Sie mit äußerst kleinen Bewegungen und achten Sie auf jede Reaktion, die auf Anpassungsfähigkeit des Schülers sowie den Grad, bis zu dem diese Anpassungsfähigkeit

Abb. 4

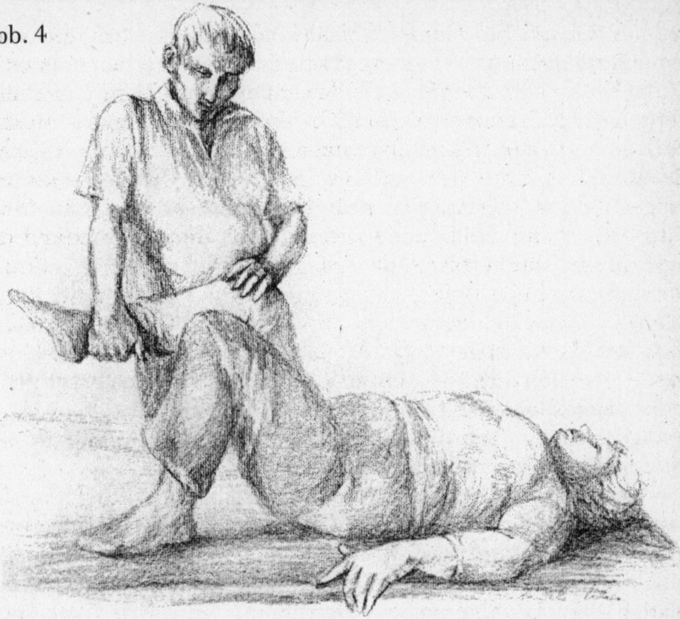

reicht, deuten könnte. Zwischen einigen möglichen „Hindernissen“ oder den Grenzen des Bewegungsumfangs kann es einen „neutralen“ Bereich geben. Dieser neutrale Bereich läßt sich als Ausgangsbasis für eine Bewegung in eine andere Richtung nutzen. Bewegen Sie zuerst das Bein nach innen und außen, so daß es parallel zur ursprünglichen Position liegt (Adduktion und Abduktion des Schenkels). Bewegen Sie nun den Knöchel nach innen und außen, das untere Bein ist immer noch horizontal, und halten Sie das Knie starr (Drehung der Hüfte). Kombinieren Sie nun die beiden Elemente – Sie bewegen das Knie nach innen und außen, der Knöchel behält dabei entweder seinen Platz oder wird in die entgegengesetzte Richtung bewegt. Bei sanfter Ausführung dieser Bewegung kann man bei einigen Schülern die Grenzen einer Drehung im Hüftgelenk, die von der Gelenkstruktur bestimmt werden, entdecken.

Oft passiert es, daß die Situation des Hüftgelenks oder um das Hüftgelenk eine äußerste Drehung schmerzvoll gestaltet. Dieses

Symptom kann bei einer Vielzahl von Bedingungen auftreten. Jemand, dem irgendeine dieser Bedingungen zu schaffen macht, wird gewöhnlich vermeiden, bis ans äußerste zu gehen. Entweder werden die Muskeln um das Hüftgelenk versteift (und damit der Umfang der Schenkeldrehung reduziert), oder es wird das Becken zur Drehung des Knies zu Hilfe genommen. Letzteres nimmt einiges von der Drehung im Hüftgelenk und verursacht stattdessen Bewegungen der Lendenwirbel. Hierbei wird die Bewegung des Knies im Raum nicht reduziert, gleichzeitig wird jede Störung des Hüftgelenks bereinigt. Ohne einen solchen Zustand des Hüftgelenks wird jeder Gebrauch des Beckens den Bewegungsumfang noch weiter vergrößern. Daher sollten wir die zweite Art, mit dieser Situation fertig zu werden, als die wirksamere, auf größere Anpassungsfähigkeit zielende Methode betrachten.

Zurückkehrend zu dieser zweiten Abfolge von Manipulonen werden Sie durch eine Schenkeldrehung bemerken, was mit dem Becken geschieht. Erscheint Ihnen die Beteiligung des Beckens, besonders dann, wenn es an die Grenzen der Bewegung geht, als unbefriedigend (und wird sogar die einfache Drehung im Hüftgelenk scheinbar abgewehrt und vermieden), dann können Sie folgendes versuchen: halten Sie weiterhin mit der rechten Hand den

Abb. 5

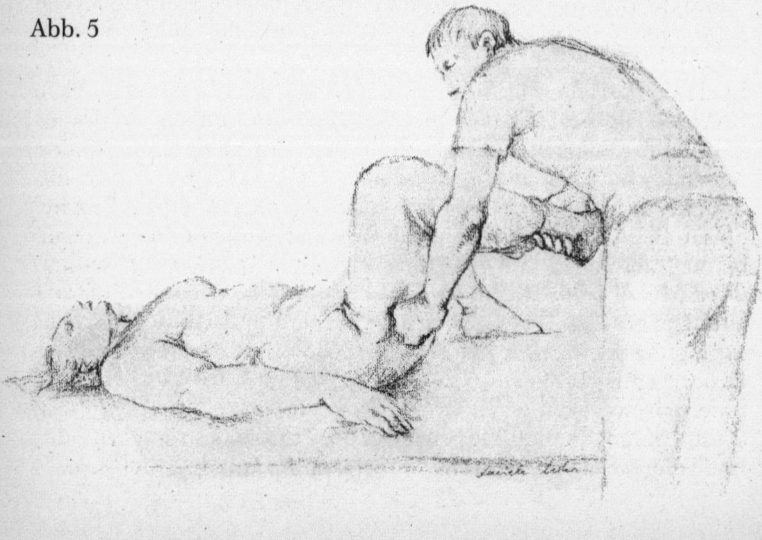

rechten Knöchel des Schülers. Während Sie nun den Knöchel nach außen führen (Innendrehung des Schenkels), bringen Sie das Becken durch leichten Druck der linken Hand hinter dem großen Trochanter (Vorsprung am Oberschenkelknochen) näher zum Kopf des Schülers, so daß sich Bein und Becken *als eine Einheit bewegen*. (Abb. 5) Wiederholen Sie diesen Vorgang ein paarmal, ohne dabei dem Becken zu helfen, in die ursprüngliche Position zurückzukehren. Machen Sie eine ähnliche Bewegung in die entgegengesetzte Richtung (Außendrehung des Schenkels) – dieses Mal bringen Sie das Becken durch sanften Druck gegen die rechte Leiste weiter vom Kopf weg. Wie vorhin bewegen sich Bein und Becken als eine Einheit.

Bei diesen *undifferenzierten Bewegungen* ergeben sich gewöhnlich zwei Dinge: Der Schüler hat das Gefühl, es finde „keine Bewegung im Hüftgelenk" statt – so kann er etwas von den Abwehrmustern um das Gelenk herum aufgeben; und zweitens wird sich der Schüler möglicher Beckenbewegungen in Verbindung mit Kniebewegungen im Raum bewußt. Wenn Sie nun wieder die *differenzierte* Bewegung versuchen (Drehung des Schenkels in Beziehung zum Becken), werden Sie und der Schüler die Leichtigkeit und den vergrößerten Bewegungsumfang feststellen.

Der Schüler wird sich nun auf die linke Seite legen, die Knie sind angezogen und bequem nach vorn gerichtet. Legen Sie eine leichte Stütze unter seinen Kopf, damit der Nacken bequem mit dem Rückgrat ausgerichtet wird.

Prüfen Sie nun folgendermaßen die Beweglichkeit des Beckens in Beziehung zur Brust. Sie stehen hinter dem Schüler und finden durch leichtes Tasten die rechte Beckenkrümmung (Spitze des Krummdarms). Mit der linken Hand drücken Sie leicht gegen diesen Bereich zwischen Beckenkrümmung und großem Trochanter in Richtung Brustbein (Abb. 6). Ist Ihr Druck leicht genug, werden Sie die exakte Richtung feststellen, in die *dieser* Schüler eine leichte Bewegung des Beckens zuläßt. Drücken Sie erneut, doch nun lassen Sie das Becken „von allein" in die ursprüngliche Position zurückkehren. Nun stützen Sie mit der rechten Hand unterhalb des großen Trochanter. Achten Sie darauf, daß sich beide Hände wie Tangenten zu einem Kreisbogen bewegen, dessen Zentrum auf der Bank liegt, wo das Becken gestützt wird.

Abb. 6

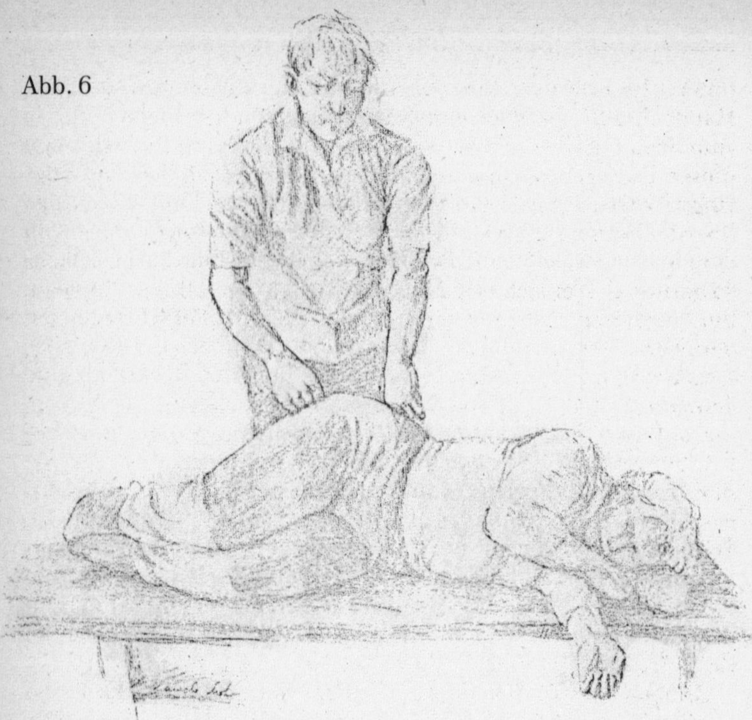

Mit gleicher Handstellung fahren Sie in der Bewegung fort. Schrittweise verlagern Sie dabei den Akzent auf die „Rückkehr-Bewegung“, so daß schließlich durch den Druck das Becken vom Kopf des Schülers wegrollen wird. Achten Sie währenddessen darauf, was sich mit der Brust, den Schultern und dem Kopf tut. Nun wird der Schüler diese manchmal leicht nach oben und unten rollen lassen – dieses geschieht gleichzeitig mit dem Becken. Beobachten Sie die Atmung des Schülers. Wollen Sie das Becken hochdrücken und bemerken dabei den Beginn einer Inhalier-Bewegung, warten Sie, bis der Schüler eingeatmet hat, dann drücken Sie und versuchen, nicht zu sehr mit dem Atemrhythmus in Konflikt zu kommen.

Bringen Sie den Schüler in die Rückenlage. Die Arme sind entlang des Körpers gestreckt. Sie setzen sich in die Nähe seines Kopfes. Legen Sie die linke Hand – die Handfläche zeigt nach unten – leicht auf die Stirn des Schülers, so daß sich Ihr Unterarm, Handgelenk, Handfläche und Finger allesamt horizontal, parallel zum Schultergürtel des Schülers verhalten. Behalten Sie während dieser Übungen die horizontale Stellung bei. Mit dem allergeringsten Druck gegen die Stirn drehen Sie nun den Kopf auf die linke Seite und dann wieder zurück ins Zentrum. Beginnen Sie mit der kleinsten wahrnehmbaren Bewegung und halten Sie den Druck so gering, daß er sich mit der Kraft vergleichen läßt, die nötig ist, um die Haut der Stirn über den unterliegenden Schädel zu schieben. Versuchen Sie nicht, die Grenzen dieses Bewegungsumfangs herauszufinden. Stellen Sie lieber die Regelmäßigkeit (oder Unregelmäßigkeit) des Widerstands fest, dem Sie hier begegnen. Wenn Sie auf „ein Hindernis" stoßen, versuchen Sie nicht, es durch Kraftanwendung zu überwinden. Im Gegenteil, verringern Sie den Druck, und erforschen Sie vorsichtig die angrenzenden Bereiche (links und rechts des Hindernisses) auf Geschmeidigkeit. Schließlich wird sich die Art dieses Widerstandspunktes ändern und in der Regel geschmeidig, „geglättet" werden. Achten Sie auf die Atembewegungen und prüfen Sie, ob diese sich hin und wieder danach richten, was sie gerade tun. Für die rechte Hälfte dieses Bereichs können Sie die linke Hand benutzen.

Bringen Sie den Schüler in eine Bauchlage, das linke Ohr liegt auf der Bank, der linke Arm ist am Körper entlang gestreckt, der rechte Arm gebeugt, so daß die Handfläche nach unten zeigt und in einiger Entfernung vom Gesicht zum Liegen kommt; das rechte Knie ist seitlich angezogen, damit der Schenkel in rechtem Winkel zum Rückgrat liegt. Setzen Sie sich mit Blick auf das Knie und rollen das rechte Bein leicht gegen das Becken, lassen Sie es von selbst in die ursprüngliche Position zurückkehren. Es ist eine geringfügige, doch klare Bewegung des Schenkels an seiner eigenen Achse entlang. Beachten Sie die Beckenbewegung. Gibt es dort zusätzlich zum Seitwärts-Rollen etwas wie Beugung oder Streckung? Auch wenn dies nicht der Fall sein sollte, können Sie dennoch folgendes unternehmen: durch leichten Druck gegen die entsprechende Seite des Oberschenkels können Sie nun gleichzeitig mit dem Rollen des Beins diese zusätzliche Komponente leicht steigern. Diese mag insofern „parasitär" erscheinen, als sie, ohne notwendig oder effizienz-steigernd zu sein, hinzugefügt wurde.

Wenn Sie nach einigen Wiederholungen merken, daß die Bewegung deutlich erklärt wurde, ändern Sie das zusätzliche Element in sein Gegenteil (verändern Sie die Stellung der Hände entsprechend).

Abb. 7

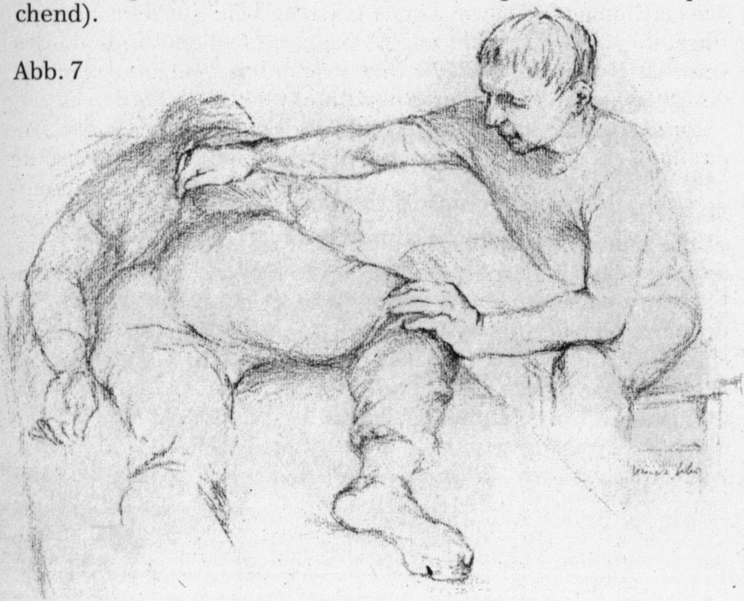

Legen Sie nun beim Schüler Ihre linke Hand annähernd auf den Mittelpunkt des Rückgrats, Ihre Finger „halten dabei ein paar Rückenwirbel“ an ihrem spinalen Fortsatz, und üben Sie wie vorher mit der rechten Hand Druck gegen Knie oder Bein aus (Abb. 7). Die Stelle des Rückgrats, wo sich dieses am wirksamsten tun läßt, muß von Fall zu Fall neu entdeckt werden. Durch dieses Manipulon wird (Lehrer und Schüler) deutlich, daß die Kniebewegung vor und zurück ein gewisses Drehen und Beugen des Rückgrats beinhaltet.

Diese Stellung und die gesteigerte Bewegungsfähigkeit des Beckens lassen sich als Ausgangsbasis für eine andere Sequenz von Manipulonen nutzen. Drücken Sie leicht die rechte Beckenseite in Richtung auf den Kopf und üben Sie von hinten einen gewissen Druck gegen den rechten großen Trochanter oder hinter dem rechten Sitzknochen aus. Lockern und wiederholen Sie diesen Vorgang. Beobachten Sie, wie sich das Rückgrat dabei verhält – vielleicht kommt es zu seitlichem Vor- und Zurückbeugen. Achten Sie auf die Bewegung von Kopf und linker Schulter. Versuchen Sie auch, diese Bewegung in einem stetigen Rhythmus zu erzeugen und wählen Sie ein Timing (die Frequenz), das bei geringstem Kraftaufwand die leichteste Reaktion auslöst.

Versuchen Sie, ob Sie die *gleiche Bewegung* erzeugen können, wenn Sie die linke Schulter in die entgegengesetzte Richtung drücken. So als wollten Sie das auslösen, was vorher die Rückkehrbewegung war. Dieses ließe sich z.B. auf folgende Art erreichen: Sie setzen sich mit Blickrichtung auf die Kopfspitze des Schülers, Sie machen mit den Fingern, die an den Knochen nach unten gebeugt sind, eine vertikale Oberfläche, legen die Rückseite der gekrümmten Finger in Halsnähe auf die linke Schulter des Schülers und strecken Ihren Arm in eine Richtung, die mit der Richtung des beabsichtigten Drucks korrespondiert, d.h. in Richtung aufs Becken, dabei jedoch leicht nach unten geneigt (Abb. 8). Wenden Sie die kleinstmögliche Kraft an. Prüfen Sie, ob sich die rechte Hüfte des Schülers zusammen mit einer entsprechenden seitlichen Krümmung des Rückgrats mit dem Druck wegbewegt. Versuchen Sie nun eine rhythmische Bewegung wie vorher, und wenn

Abb. 8

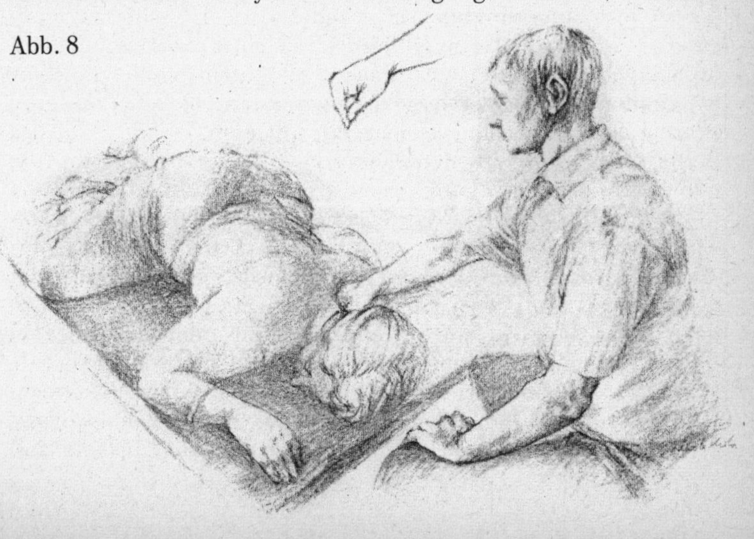

Sie das richtige Timing erreicht haben, strecken Sie die linke Hand aus und berühren den rechten Beckenknochen. Sie üben keinen Druck aus, sondern „gehen einfach mit der Bewegung mit" (der rechte Arm muß dabei nicht gestreckt sein). Dadurch wird die Wahrscheinlichkeit größer, daß sich der Schüler der Beweglichkeit des Beckens und der Art, wie es mit den Rückgratbewegungen in Verbindung steht, bewußt wird.

Der Schüler liegt wieder auf dem Bauch, die Beine sind ausgestreckt, der Kopf zur rechten Seite gewandt, der rechte Unterarm vor dem Gesicht, der linke Arm entlang des Körpers gestreckt und die Füße leicht, sagen wir, schulterbreit gespreizt. Setzen Sie sich mit Blick auf den linken Schenkel des Schülers. Mit der rechten Hand stützen Sie unten, in der Nähe des Knöchels, den linken Schienbeinknochen des Schülers und bringen das untere Bein in eine vertikale Stellung. Mit leichtem Griff wird diese Position nun gehalten. Stoßen Sie das Bein leicht *von sich weg*, so daß der Schenkel auf die Bank rollt (Außendrehung des Schenkels) und *zurückkehrt in die Vertikale*. Dabei behalten Sie den rechten Kniewinkel bei. Wie in vorher beschriebenen Beispielen achten Sie auf den Grad der Geschmeidigkeit und Regelmäßigkeit, mit der der Schüler die Bewegung geschehen läßt. Bei der Bewegung läßt sich leicht mit der Hand der große Trochanter finden, der seine Position in Beziehung zum Becken verändert. Folgen Sie dieser Bewegung mit der Hand. Ist diese Bewegung kleiner als erwartet, dann drücken Sie nicht fester, aber machen Sie es dem Schüler „leichter annehmbar" – dazu heben Sie das Becken unterhalb des vorderen oberen Beckenknochens gleichzeitig mit dem Wegdrücken des Beins, so daß im Hüftgelenk kaum eine Bewegung entsteht (die undifferenzierte Bewegung). Sie werden bemerken, daß sich die Muskeln auf der Seite zwischen großem Trochanter und Darmbeinknochen bei der Bewegung wie schon vorher nicht mehr verkrampfen. Nach einigen Wiederholungen wird der Schüler mit den Bewegungen „der Ferse im Raum" vertraut sein. Dies ist in der Tat das Bild, das zu einer Drehung führt oder den Schenkel sich im Hüftgelenk drehen läßt. Hier kann hin und wieder verbale Unterstützung von Nutzen sein: „Weshalb läßt du deine *Ferse* nicht bis dahin runterkommen?" Brechen Sie nun die Beckenbewegung ab, lassen Sie die linke Hand auf den genannten Muskeln und versuchen Sie die anfängliche Drehung (die differenzierte Bewegung) nach vorn und zurück. Wenn Sie den halben Bewegungsumfang durchleuchtet haben, fahren Sie mit der gleichen Bewegung fort, doch verlagern Sie jetzt schrittweise den Akzent auf die Rückkehr-Bewegung. Nun beugen Sie das Bein *zu sich* hin (Innendrehung des Schenkels). Diesesmal legen Sie die Hand auf die Muskeln zwischen Trochanter und Kreuzbein.

Als Zusammenfassung dieser Sequenz prüfen Sie den ganzen Umfang der Schenkeldrehung. Manchmal wird es möglich sein, an die Grenzen der Bewegungsfähigkeit zu stoßen. Beobachten Sie, wie sich hier das Becken an diesen Grenzen verhält.

Der Schüler liegt auf dem Bauch, die Beine ausgestreckt, die Fersen nach außen gestellt, der Kopf zeigt nach links, der linke Unterarm liegt vor dem Gesicht und der rechte Arm ist am Körper. Nehmen Sie an der linken Seite des Schülers Platz, mit Blick auf das Becken. Suchen Sie durch leichtes Tasten den linksseitigen Bogen des Beckenrands, etwas unterhalb der Rippen. Benutzen Sie die Rundung des Beckenknochens genau unterhalb dieser Linie und drücken dort leicht entlang einer imaginären Linie, die auf das Brustbein weist. Verwenden Sie den kleinstmöglichen Druck und, falls es Ihnen angemessen scheint, ändern Sie leicht die Richtung, wenn nötig, bis sich das Becken auf die leichteste Art bewegt.

Achten Sie nun auf die Bewegung des Rückgrats, die durch Druck gegen das Becken entsteht. Es ist eine kaum wahrzunehmende Seitwärtsdrehung, die die Wirbelsäule an der rechten Seite nach außen gewölbt erscheinen läßt. Nun „gehen Sie mit dieser Bewegung mit", indem Sie die linke Hand von links auf die falschen Rippen plazieren – gleichzeitig liegt die rechte Hand auf dem Becken (Abb. 9). Schließlich wird deutlich werden, daß die ursprüngliche Bewegung einer Distanzverkürzung zwischen den Beckenknochen und den falschen Rippen entspricht, wobei gleichzeitig die Wirbelsäule seitwärts gebogen erscheint. Diese simultanen Handbewegungen sollten leicht vor sich gehen.

Nun halten Sie die Hände an der gleichen Stelle wie vorher (die rechte auf dem Becken und die linke auf den falschen Rippen, beides auf der linken Körperseite des Schülers) und beobachten die Atembewegungen. Sollten sie klar zu erkennen sein, „folgen"

Abb. 9

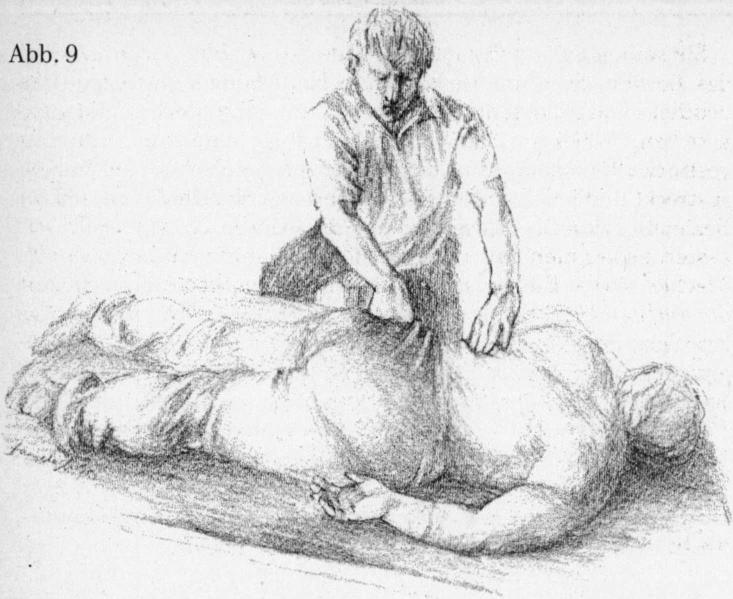

Sie den *Ausatem*-Bewegungen und lassen Becken und Brustkorb näher aneinander kommen. Diese „Hilfe" darf unter keinen Umständen als Art von Einmischung verstanden werden, dennoch wird sie das Ausatmen verlängern und das nächste Einatmen verzögern; dieses wird tiefer sein und langsamer als vorher.

Durch dieses Manipulon setzt der Lehrer seine Anstrengung anstelle der Muskelanstrengung, die Rippen und Becken miteinander verbindet. Diese Muskeln verringern, möglicherweise durch exzessive Spannung, den Bewegungsumfang der falschen Rippen. Mit dieser Substitution können die Muskeln etwas von ihrem Tonus* oder Spannungszustand aufgeben, und der Atemmechanismus, der automatisch arbeitet (ohne die Notwendigkeit irgendeiner bewußten Entscheidung), bedient sich unverzüglich des Spielraums, der sich ihm soeben eröffnet hat.

---

* Auf etwas vereinfachte Art könnte man dieses als *umgekehrten* Dehnreflex betrachten: verminderte Aktivität der Muskeldehnungsrezeptoren während der „passiven" Muskelverkürzung reduziert die Aktivität der motorischen Neuronen des korrespondierenden Muskels und vermindert daher den Spannungszustand.

Sie stehen nun an der rechten Seite des Schülers, mit Blick auf das Becken. Strecken Sie die linke Hand über den Körper des Schülers und greifen Sie von unten den vorderen oberen Beckenknochen, wobei die Hand muldenförmig ist und der Ellbogen gestreckt. Drücken Sie vorsichtig, damit das Becken gleichzeitig gestreckt und leicht gedreht ist. Prüfen Sie, ob sich das Becken in Beziehung zum Brustkasten anheben läßt, oder ob sich der Brustkasten zusammen mit dem Becken als starre Einheit bewegt. Machen Sie das Bild der ersten Alternative deutlich, indem Sie mit der rechten Handfläche unterhalb des Schulterblatts auf der linken Seite die Rippen des Schülers berühren, während Sie Bewegungen mit dem Becken erzeugen. Vielleicht werden Sie die Notwendigkeit verspüren, Ihre Bewegung einzuschränken, um den Thorax fest zu halten. Ihre Berührung dient nun dazu, die Aufmerksamkeit auf einen Zustand zu lenken, der dem Schüler vorher vielleicht nicht aufgefallen war, nämlich die Möglichkeit, eine Hüfte nach hinten zu bewegen, während der Brustkasten ruhig bleibt.

Nun ist es vielleicht hilfreich, einige der praktischen Richtlinien, die wir in der Beschreibung dieser Manipulonen-Sequenz befolgt haben, ins Gedächtnis zurückzurufen. Diese und andere Richtlinien werden uns in den folgenden Kapiteln helfen, Taktik und Vorgehensweise der Funktionalen Integration zu verdeutlichen.

1. Die Bewegungen sind langsam, unaufdringlich, spielerisch prüfend, auslotend, und der Lehrer legt bei der Suche nach „Hindernissen“ Wert auf leichte Anpassungsfähigkeit. Wiederholungen dienen der Verdeutlichung und dem Vertrautwerden.

Die Kardinal- oder Grundrichtungen sollten in Bezug zum Schüler definiert werden, seine Anpassungsfähigkeit ist das Zentrum des Interesses.

3. Bei vielen Bewegungen gibt es eine neutrale Stellung oder einen Abschnitt, der nicht unbedingt für immer fix bleiben muß. Er liegt im Bereich jeder Bewegung oder zwischen zwei „Hindernissen“. Eine neutrale Stellung ist eine gute Ausgangsbasis für die Bewegung in eine andere Himmelsrichtung.

4. Geht eine Bewegung leichter vonstatten, deutet sie auf eine Veränderung in der Repräsentation des Schülers, was heißen kann, daß die Kontrolle von einem „höheren" Zentrum übernommen wurde.
5. Verbale Hinweise sollten auf ein Minimum beschränkt bleiben und sich auf die Bewegung der distalen Teile im Raum beziehen. Emotional geladene Ausdrücke sollten hierbei vermieden werden.
6. Es ist wichtig, daß man sich der Grenzen einer Bewegung bewußt ist; diese ergeben sich aus der Gelenkstruktur.
7. Die leichte Beteiligung proximaler Bereiche bei der Bewegung distaler Teile sollte als Zeichen guter Auswirkung verstanden werden.
8. Eine undifferenzierte Bewegung, bei der sich zwei oder mehrere Teile als eine Einheit bewegen, macht dem Schüler die *Bewegung im Raum* vertraut, sie macht eine angemessene Repräsentation möglich. Zudem vermindert die Substitution einer Anstrengung von außen gegen die Muskelanstrengung, die diese Teile verbindet, den Tonus. So wird die darauffolgende differenzierte Bewegung, bei der sich die beteiligten Elemente in Beziehung zueinander bewegen, verbessert.
9. Kraft wird angewandt in die Richtung der angestrebten Bewegung oder in die Richtung der sich daraus ergebenden Bewegung. Ist die Bewegung (angestrebt oder resultierend) eine Drehung, dann soll die angewandte Kraft mit der Bewegung in eine Richtung gehen, die tangentisch zur beschriebenen Kurve verläuft. Wird eine Bewegung erzeugt, so sollte die Art, wie Kraft angewandt wird, vorurteilslos im Hinblick auf Angemessenheit, Leichtigkeit und Wirksamkeit gewählt werden.
10. Zahlreiche Manipulonen haben eine Auswirkung auf die Atemfunktion im allgemeinen und eine bestimmte Stufe des Atmungszyklus im besonderen. Der Lehrer sollte nicht aus Versehen in die Atembewegungen eingreifen, sondern sollte, wenn möglich, der Atmung *folgen*. Jedes tiefe Einatmen, wenn einmal begonnen, soll die Möglichkeit haben, zu Ende gebracht zu werden. Es könnte ein Zeichen dafür sein, daß irgendein vorgehender Wandel, obzwar nicht in ganz bewußtem Maße, als durchführbar, gefahrlos und sogar befreiend und heilbringend anerkannt worden ist.

11. Ein Kriterium zur Unterscheidung des geringen Ausmaßes von Kraftanwendung ist hilfreich. Ein Beispiel: die Kraft sollte im Vergleich nicht größer sein als die, die benötigt wird, um die Haut über ihren unterliegenden Muskel oder Knochen zu schieben.
12. Eine „parasitäre" Bewegungskomponente läßt sich bereinigen, indem man „ihr folgt", indem man sie leicht steigert und sie dann in die entgegengesetzte Richtung verlagert. Schließlich stehen einige mögliche Alternativen zur Auswahl und nicht nur eine einzige „zwanghafte".
13. Identische Bewegungen, die an den gegenüberliegenden Körperhälften erzeugt werden oder an verschiedenen Stellen, werden in unterschiedlichem Zusammenhang wahrgenommen und deshalb unterschiedlich repräsentiert. Das gibt ihnen einen *integrativen Wert*, denn dem Schüler werden die vielfältigen Anwendungsbereiche *einer* funktionalen Fähigkeit vor Augen geführt.
14. Wenn Sie ein sich bewegendes Teil berühren (und „ihm folgen") oder einen Muskel berühren, der an dieser Bewegung beteiligt ist – ist er nun notwendig für diese Bewegung oder überflüssig – versorgen Sie den Schüler mit einer klaren sinnlichen Information über diese Beteiligung. Diese Information erreicht schließlich höhere (bewußtere) Ebenen des Gehirns und trägt dazu bei, eine angemessenere Repräsentation der Handlung vorzustellen.
15. Das Muster einer Handlung zu ändern, bei der ein proximales Gelenk beteiligt ist, wird erleichtert, bezieht man sich auf das Bild des beteiligten distalen Körperglieds in seiner Raumbewegung; d.h. auf Änderungen in Bezug zur unmittelbaren Umgebung.
16. Ein Muskel, der durch fortwährende Aktivierung und Überspannung ermüdet, wird – sofern er Unterstützung durch eine „auswärtige" Kraft erfährt (sei es eine Art von Stütze, Schwerkraft oder Anstrengung des Lehrers) – schließlich seinen Tonus verringern, und Bewegungen, die bis dahin gehemmt waren, lassen sich nun erheblich leichter erzeugen.

4. Eine Klassifikation von Manipulonen

Der Leser hat nun eine vorläufige Beziehung zur Vorgangsweise der Funktionalen Integration, außerdem hat er eine Idee von der Vielseitigkeit der Körperstrukturen. Hinzu kommt ein Wissen um neuro-motorische Funktionen. Mit besonderer Bewußtheit dieser Information und mit verfeinerter Annahme der eigenen Körperbewegungen ist er nun in der Lage, eine detailliertere Beschreibung der Manipulonen und wie sie beschaffen sind, ins Auge zu fassen. Genau wie beim Erlernen einer neuen Sprache wird sich auch das Erlernen der Funktionalen Integration aus der Wiederholung basischer Phrasen ergeben, die einer bedeutungsvollen Körperkommunikation dienlich sind.

Die Klassen von Manipulonen, die vorgestellt und weiter diskutiert werden sollen, sind im einzelnen: *1.* untersuchende Manipulonen, *2.* gestaltende Manipulonen und *3.* leitende Manipulonen. Einige von denen, die ich leitende Manipulonen nenne, benötigen einen zusätzlichen Beschreibungsterminus, entweder aufgrund ihrer spezifischen Bedeutung oder aufgrund des Zusammenhangs, in dem sie auftreten. Ich bezeichne sie als: *a.* einschränkende Manipulonen, *b.* vergleichende Manipulonen, *c.* integrierende Manipulonen und *d.* ausrichtende Manipulonen.

1. Untersuchende Manipulonen

Untersuchende Manipulonen sollen Fragen stellen über die Funktionsweise des neuro-muskulären Systems und seine Beziehung zur Struktur der Körperteile. Gewöhnlich gehen sie in jeder Sequenz anderen Manipulonen voraus. Information, die sich aus visueller Beobachtung und anfänglicher Unterhaltung mit dem Schüler ergibt, wird kombiniert mit der Information, die man durch untersuchende Manipulonen gewinnt, um ein zusammenhängendes Bild vom physischen Zustand des Schülers aufzuzeichnen.

Jede Handlung, die bestimmt, wo, wie und bis zu welchem Grad eine vorgegebene Kraft oder Druck angewandt werden soll, drückt auch ein untersuchendes Manipulon aus.

Diese untersuchenden, erforschenden Berührungen und Behandlungsarten bereichern das geistige Bild, das sich der Lehrer bereits vom *Skelett* des Schülers gemacht hat. So gewinnt der Lehrer ein genaues Bild der Skelettstruktur – ihrer Lage, Anordnung und Beweglichkeit. Der Lehrer benötigt dieses Bild, um die Beschaffenheit einer Bewegung abschätzen zu können, sei es allein durch Beobachtung oder durch Erzeugung einer Bewegung – er benötigt sie ebenfalls, damit er weiß, wie der Körper zu halten ist, wie Kraft anzuwenden ist – „Kraft" wird hier als physischer Begriff verwendet und meint nicht im geringsten etwas wie Stärke oder überrumpelnde Gewalt.

Ein augenscheinlicher Untersuchungsbereich ist der Ellbogen. Hier ist es leicht, die äußeren und inneren Kondylen des Humerus und das Olecranon (Ellbogenspitze) zu lokalisieren, das sich zwischen den Kondylen bei Dehnung und Streckung des Ellbogengelenks bewegt. Die beiden Kondylen dienen dazu, den Arm im Ellbogenbereich zu stützen, gleichzeitig sind sie die Ursprünge (Knüpfpunkte) der Muskeln, die bei der Bewegung von Hand und Fingern beteiligt sind – die äußere Kondyle dient den Extensoren und die innere den Flexoren als Knüpfpunkt.

Ein anderer wichtiger Untersuchungsbereich ist z. B. das Schulterblatt (Scapula). Es läßt sich leicht lokalisieren, indem man einfach mit der Hand über seine Grenzen streicht und es durch die Kleidung hindurch fühlt. Doch eine effektivere Art, die Scapula zu lokalisieren und gleichzeitig ihre Beweglichkeit zu bestimmen, ist folgende: Der Schüler liegt auf dem Bauch, der Lehrer legt eine Hand auf den Schulterblattbereich, während die andere Hand die Schulter unterhalb des Schultergelenks anhebt. So wird nicht nur die Struktur der Scapula deutlich, man kann nun auch systematisch ihren Bewegungsumfang untersuchen; zuerst seitlich, indem man mit einer Hand die inneren und äußeren scapulären Grenzen hält und die Scapula abwechselnd vor und zurück über die Rippen bewegt; zweitens, indem mit beiden Händen die oberen und unteren scapulären Winkel nach oben und nach unten gedrückt werden; eine dritte Methode ist, das Grat der Scapula so zu greifen, wie man die Hand um einen Griff schließt, und sie im rechten Winkel zum Rückgrat über die Rippen zu bewegen.

Genaue Kenntnisse des Skeletts, seiner Position und der Bewegungen seiner Bestandteile liefert uns eine äußerlich genaue Beschreibung über Beschaffenheit und Umfang der Bewegungen. Doch solch eine Beschreibung kennzeichnet nicht eindeutig ein Muster von Muskelaktivität, noch ein Handlungsmuster, wie wir es in Kapitel 1 erörtert haben. Eine angemessene Anwendung untersuchender Manipulonen geben uns direktere Information über das *muskuläre System* des Schülers, also dem offensichtlichen Bestandteil des Effektorensystems, das Handlungsmuster zur Ausführung bringt. Durch diese untersuchenden Manipulonen erkennen wir *a. den latenten Muskeltonus*, eine gewisse aufrechterhaltene Anspannung der Muskulatur, die auch bei Inaktivität präsent ist und zwischen Schlaffheit und Spastizität variieren kann – dieser Tonus bildet die Grundlage aller muskulären Aktivität; *b.* die verschiedenen möglichen *Beteiligungsformen eines Muskels* bei Bewegungsmustern, die vom Lehrer erzeugt werden.

Diese verschiedenen Formen sind zum Teil bestimmt durch den Charakter der eingeleiteten Bewegung, gleich, ob sie nun sanft oder aufdringlich, vorsichtig oder ungelenk ausgeführt wird, langsam oder schnell, erwartet oder unvorhergesehen. Es ist der Lehrer, der den Stil der Bewegungen festlegt. Er läßt sich leiten durch sein eigenes Denken und die im Augenblick bestehende sinnliche Information. In der Beteiligung eines Muskels bei einer induzierten Bewegung lassen sich verschiedene Reaktionen feststellen: krampfartige Kontraktionen, ein plötzliches Erschlaffen, gradueller Anstieg oder Abnahme der Spannung, vielleicht auch ein vollkommener Mangel an Aktivierung. Bedingt durch die jeweilige Situation könnte der Muskel außerdem bei der Ausführung der Bewegung aktiv beteiligt sein (in so einem Fall verhält er sich agonistisch oder synergotisch), oder er könnte sich passiv verhalten und die Bewegung geschehen lassen (in diesem Fall wäre er ein antagonistischer oder opponierender Muskel). Wird der Muskel aktiviert, obwohl er eigentlich ruhen sollte, dann handelt es sich um einen „parasitären Synergisten", dessen überflüssiger Aufwand schwinden muß, wenn die Wirksamkeit der Handlung gesteigert werden soll.

Anhand dieser Ausführungen wird die Art, wie der Muskel an einer Bewegung teilnimmt, untersucht. Das sich danach ergebende Bild beschreibt *das dynamische Charakteristikum eines Muskels*. Dieser Begriff deutet aber einfach nur auf das wahrnehmbare Bild dessen, was sich im ZNS abspielt im Verlauf seiner Interaktion mit der unmittelbaren Umgebung. Das dynamische Charakteristikum des Muskels ist daher nicht sein ureigenes Attribut.

Hier eine weitere Untersuchungsmethode: Der Schüler liegt auf dem Bauch, man berührt leicht einen der Streckmuskeln im mittleren Rückenbereich. Indem man mit den Fingern über die Haut des Muskels streicht, lokalisiert man den Muskel und identifiziert seine Struktur. Dies läßt sich am besten erreichen, indem man mit flach aufliegenden Fingern die Haut des Schülers vor- und zurückschiebt. Danach verfolgt man durch verlängerndes Streichen von einer Seite des Muskels zur anderen diesen bis zu seinen Grenzen. Man sollte den Punkt identifizieren, an dem die Muskelsehnen den Knochen berühren. Durch diese Art von Tasten werden Struktur und „dynamisches Charakteristikum" des Muskels am besten verdeutlicht. Man wird vielleicht feststellen, daß sich bestimmte Muskeln, und besonders die der Gliedmaßen, am leichtesten untersuchen lassen, indem man den Umfang des Muskels leicht zwischen Daumen und Fingern faßt.

Erzeugt man eine leichte Bewegung, um so den Grad der Leichtigkeit herauszufinden, mit der sie ausgeführt wird oder die Reaktion, die sie auslöst, dann wendet man ein untersuchendes Manipulon an. Der Leser wird in der Lage sein, solche Manipulonen (wie in Kapitel 3 beschrieben) zu identifizieren.

Die Untersuchung der Leichtigkeit einer Bewegung erreicht man auch durch zusätzliches Abtasten des beteiligten Muskels, je nachdem, ob seine Beteiligung als Hilfe oder als Hemmnis für die ins Auge gefaßte Bewegung empfunden wird.

Ein Beispiel: Der Schüler liegt auf dem Bauch und der Lehrer beugt mit einer Hand eines der Beine. Er hält es unterhalb des

Knöchels, mit der anderen Hand tastet er die Kniesehnen ab. Es hilft bei der Untersuchung und Entscheidung darüber, ob dieses die Muskelgruppe ist, die die Kniebewegung unterstützt oder der Absetzbewegung entgegenläuft, die Hand auf den Muskel zu legen.

Manchmal, und besonders dann, wenn diese Beeinträchtigung sehr betont auftritt, ist es hilfreich, die Hand des Schülers auf den betreffenden Muskel zu legen. So bekommt der Schüler durch seinen Tastsinn die Information auf direktem Wege. Es könnte z.B. geschehen, während der Schüler auf dem Rücken liegt und den Kopf leicht zu einer Seite gedreht hält – sagen wir, zur rechten Seite – daß beim geringsten Versuch des Lehrers, den Kopf von der Liege anzuheben, der linke sternokleid-mastoide Muskel (die linke Halssehne) sich gleichzeitig zusammenzieht und die Situation deutlich zutage treten läßt. Dem Schüler wird die nutzlose Anstrengung deutlich werden. Seine Arbeit wird allein durch den Tastsinn schon besorgt. Man kann ihn bitten, mit den Fingern der rechten Hand den Muskel zu berühren – dann wird die Information durch den Tastsinn erfolgen, der für einen Augenblick an die Stelle des kinästhetischen Sinns rückt. So kann der Schüler noch besser zur propriozeptiven kinästhetischen Wahrnehmung kommen. Diese läßt sich alsdann zur besseren Kontrolle des Muskels nutzen.

Ähnliches erreicht man, indem man den Ellbogen des Schülers anhebt. Oberarm und Schultergelenk sind dabei gestreckt, die Finger der anderen Hand des Schülers berühren dabei den Pektoralmuskel und leiten dessen mögliche exzessive Reaktion.

Durch ein anderes Manipulon läßt sich der Bewegungsumfang eines bestimmten Gelenkes herausfinden. Geschieht dies mit äußerster Vorsicht, kann man auf sinnlichem Wege erfahren, ob die Grenzen des Bewegungsumfangs von der Struktur gesetzt werden – wie etwa Knochen und Bänder, die zu diesem Gelenk gehören oder durch die Muskelanspannung, die vom Nervensystem des Schülers ausgelöst wird.

Bei Anwendung untersuchender Manipulonen wird man vielleicht auf gespannte und saitenartige Sehnen stoßen, besonders in der Nähe des Ursprungs oder der Insertion eines Muskels, denn hier steht die Sehne in enger Verbindung mit dem Knochen. Punkte wie diese können auf Berührung recht sensibel ansprechen und sollten in der Tat in Ruhe gelassen werden, obwohl eine gewisse Klärung über die Funktionen des beteiligten Muskels (oder seines Antagonisten) angezeigt scheint. Auch leichtes Abtasten eines empfindlichen Punktes könnte es irritieren und sollte daher unterbleiben.

Läßt sich etwas besonderes *mit den Augen beobachten* – alles, was auffallend ist beim Gang, Stehen, bei der Art, wie sich der Schüler hinlegt –, so sollte dies mitbedacht werden. Details wie die Entfernung von Arm und Händen zum Rumpf, die Richtung, in die die Handflächen zeigen, der gleiche oder ungleiche Umfang der Eversion beider Füße, der sich aus den Winkeln ersehen läßt, sollten beachtet werden. Jede visuell wahrgenommene Besonderheit verlangt eine tatsächliche Untersuchung, bei der die entsprechenden Bewegungen überprüft werden. Nur so läßt sich erkennen, ob eine Besonderheit durch Zufall und somit vorübergehend aufgetreten ist oder ob sie auf ein Problem hindeutet, das entweder behandelt werden oder unbeachtet bleiben sollte.

Bei bestimmten höheren Stufen einer Behandlungssitzung wird häufig überprüft, ob sich kombinierte Bewegungen durchführen lassen. Genauso prüft man Zurückhaltung und Bereitschaft des Schüler-Systems, solche kombinierten Bewegungen geschehen zu lassen. Somit kann der Lehrer einschätzen, in welchem Maß der Schüler Kontrolle über sein motorisches System hat, ebenso erkennt er, ob diese Kontrolle die Anpassungsfähigkeit steigert.

Ein Beispiel: Der Schüler liegt auf dem Rücken, der Lehrer legt die linke Hand auf die Stirn des Schülers und rollt den Kopf auf die rechte Seite und wieder zurück zur Mitte. Ist diese Bewegung einige Male wiederholt worden, läßt sie sich mit dem Heben des Schulterblatts durch die rechte Hand kombinieren, so daß gleichzeitig der Kopf nach rechts gedreht und das rechte Schulterblatt vom Tisch angehoben wird. Eine ähnliche Kombination ist möglich, wenn der Schüler auf der Seite liegt.

Im folgenden eine weitere kombinierte Bewegung: Der Schüler liegt auf dem Rücken, hält den rechten Ellbogen auf den Tisch gestützt und den Unterarm leicht angehoben. Gleichzeitig produziert der Lehrer eine leichte Streckung des Ellbogens, eine leichte Einwärtsdrehung des Unterarms und eine leichte Streckung des Handgelenks – eine Bewegung, die man als leichtes „Herunter"bringen des Daumenballens (zum Fuß hin) zusammenfassen könnte.

Wieder befindet sich der Schüler in der Rückenlage. Der Lehrer hält seinen Ellbogen und sein Handgelenk empor, beide sind nicht vollkommen gestreckt. Zuerst wird der ganze Arm gedreht, damit die Bewegung im Schultergelenk stattfinden kann. Dann wird die Drehung durch den Ellbogen fortgesetzt, so daß es Bewegung in Schultergelenk und Handgelenk gibt.

Dies läßt sich analog auch mit Bein und Fuß erreichen.

Der Schüler liegt auf der Seite. Der Lehrer schiebt die Schulter nach oben und nach unten und macht zusätzlich die Abduktion des Ellbogens. Man kann auch zwei Kombinationsarten versuchen: die Abduktion gleichzeitig mit dem Hochschieben der Schulter oder gleichzeitig mit dem Herunterziehen produzieren.

2. Gestaltende Manipulonen

Durch die gestaltenden Manipulonen schließt sich der Lehrer der Bewegung des Schülers vollständig an. Er folgt jeder Bewegung, die der Schüler zuläßt oder initiieren kann. Die gestaltenden Manipulonen verdeutlichen die vorherrschenden Funktionen, ohne sie herauszufordern. Stattdessen wird die vorherrschende Funktionsweise akzeptiert als eine, mit der man zukünftige Veränderungen möglicherweise vergleichen muß. Diese Manipulonen schaffen eine Atmosphäre der „Gefahrlosigkeit", die für eine Lernsituation wichtig ist. Sie verdeutlichen ganz einfach das Bild der gewohnten Funktionsweise des Schülers. Man muß die Neigung, hier etwas zu korrigieren, zurückhalten und einfach dem Muster folgen, das des Schülers Besonderheit darstellt.

Der Lehrer wird einer von zwei Situationen begegnen. Eine davon enthält eine „Neigung". Wird z. B. in der Haltung oder in der Art, wie sich der Schüler bewegt, eine Neigung erkannt, so wird sie durch Förderung leicht gesteigert. Wenn der Schüler z. B. auf dem Rücken liegt, sind die Schultern unwillkürlich vom Tisch angehoben. Man steigert diese Neigung, indem man die Schultern ein wenig mehr anhebt oder sie einfach stützt. Wenn nun beide Füße auf verschiedene Weise abgewinkelt sind, hilft man dem Fuß, der weniger abgewinkelt ist, in die Mitte zu kommen. Oder wenn der Kopf nach vorn gebeugt ist – ob in der Rücken- oder

Seitenlage – so wird diese Bewegung gesteigert. Ein weiteres Beispiel: Wenn der Schüler in der Bauchlage eine Tendenz erkennen läßt, sich seitwärts zu bewegen, dann hilft man dadurch, daß man das korrespondierende Knie nach vorn zieht, den korrespondierenden Arm beugt und die Hand vors Gesicht bringt, so daß mit der lateralen Beugung Becken und Schultergürtel an der gleichen Seite angehoben werden.

Die zweite Situation tritt ein, wenn eine Bewegung eingeleitet wurde und sich der Lehrer für die leichteste Richtung entscheidet, wenn er die Frequenz wählt, die Geschwindigkeit und den Umfang, die auf das System des Schülers am besten abgestimmt zu sein scheinen. Erkennt er eine Reaktion, so wird er dieser Reaktion folgen. Wird eine Bewegung wiederholt, so läßt man die „Rückkehr"bewegung durch die Initiative des Schülers oder vielleicht durch die Schwerkraft geschehen.

Beispiele dafür liegen auf der Hand. Hier ist ein Beispiel, das mit Atembewegungen zu tun hat: Der Schüler liegt auf dem Bauch und hat den Kopf nach einer Seite gedreht. Man sitzt an dieser Seite und beobachtet die Atembewegungen. Die Hände auf den Rippen, unterstützt der Lehrer das Ausatmen oder hilft, daß Bekken und Brustkasten entsprechend näher aufeinanderzukommen.

Wenn die Einatem-Bewegung einsetzt, läßt man die Hand dort ruhen, läßt die Bewegung geschehen und folgt wieder dem nächsten Ausatmen. Der Rhythmus soll vom System des Schülers bestimmt werden.

3. Leitende Manipulonen

Ein leitendes Manipulon ergibt sich meistens aus einem gestaltenden Manipulon, beinhaltet jedoch einen gewissen Wandel des Musters oder einer Musterkomponente. Der Wandel könnte so aussehen: *a.* Im Bewegungsumfang, man kann ihn leicht vergrößern oder verringern; *b.* in der Bewegungsrichtung, man führt die Bewegung in eine Richtung, die von der gewohnten leicht abweicht; *c.* in der Geschwindigkeit der Bewegung, man beschleunigt oder verlangsamt sie; *d.* im Rhythmus, man ändert eine reguläre Bewegung in eine irreguläre und umgekehrt; oder man ändert den

Rhythmus einer repetitiven Bewegung, beschleunigt oder verlangsamt ihn; *e.* verdecktes oder offenes Hinzufügen oder Weglassen eines Bewegungselements – so differenziert man es von der gewohnten Bewegung; *f.* Hinzufügen von sensorischem Input, der vielleicht vorher nicht sehr deutlich gewesen ist, wie etwa Berührung eines in Bewegung begriffenen Teils oder eines Muskels, der sich anders beteiligen soll, als er es tatsächlich tut, d. h. gradueller oder vielleicht auch gar nicht; *g.* Wiederholung eines bereits ausgeführten Musters, jedoch diesesmal in einer neuen Konstellation, einer neuen Position oder unter neuen Umständen, damit das gewohnte Muster oder die gewohnte Reaktion weniger leicht auftreten können.

Beispiele dafür sind bereits in Kapitel 3 aufgetaucht und leicht als solche zu erkennen. Bei der Wiederholung eines Musters (siehe *g.*) könnte jede eingeleitete kombinierte Bewegung als Beispiel dienen. In der Rückenlage des Schülers wird z. B. eine Bewegung, die dieser zuvor mit dem Arm gemacht hat, nun durch angemessenes Stützen der Scapula erzeugt, so daß sie nunmehr an der Kopfdrehung beteiligt ist. In einem anderen Beispiel wird eine harte „Rolle" unter die Knie geschoben, eine weitere legt man hinter die Knöchel (der Schüler befindet sich in der Rückenlage), so daß die Beine leicht zur Seite rollen können oder man zumindest die Empfindung hat, die Beine seien bereit, leicht zu rollen. Der Lehrer drückt und zieht den Kopf leicht in die Richtung des Beckens und vom Becken fort.

Ein anderes Beispiel: Der Schüler befindet sich in der gleichen Position wie vorher, die Rollen liegen unter seinen Beinen, und die Fußsohlen werden abwechselnd oder gleichzeitig in die Kopfrichtung gedrückt. Schließlich wird der Kopf, während man ihn durch Rückgratsbewegungen zieht oder schiebt, anfangen zu schaukeln. Es ist wichtig, daß in den letzten beiden Beispielen die Kraft leicht durch das Skelett fortgepflanzt wird.

a. Einschränkende Manipulonen

Ein einschränkendes Manipulon ist eine spezielle Art des leitenden Manipulons. Hier setzt eine Veränderung dem Umfang der Bewegung Grenzen. Dies sind entweder Bewegungen, die als Reaktion auf ein Muster folgen, oder Atembewegungen oder Bewegungen, die erwartet werden. Ein einschränkendes Manipulon bedarf einer abgewandelten Anwendungsweise oder Art der Programmierung, weil ein Wandel in der unmittelbaren Umgebung stattfindet.

Den Bewegungsumfang einzugrenzen bedeutet für den Schüler nicht unbedingt in jedem Fall eine negative Erscheinung. Manchmal liefert ein Manipulon einen Ersatz für die gewohnte Anstrengung des Schülers, d.h. seines eigenen Systems, so daß dieses System einen Weg findet, effizienten Gebrauch davon zu machen. Dieses wird entweder durch gewisse strukturelle Unterstützung erreicht oder durch Druck, den der Lehrer mit den Händen ausübt. Hin und wieder bedeutet ein Manipulon ein starres Hindernis für ein in Bewegung befindliches Teil, und manchmal kann eine Berührung ausreichen und die Begrenzung des verfügbaren Raums notwendig erscheinen lassen.

Ein einschränkendes Manipulon sollte stets einen „Fluchtweg" offenlassen und nicht als störend empfunden werden. Mit anderen Worten, es sollte nur an einer Seite als einschränkend wirken und Bewegungsmöglichkeiten in die andere Richtung offenlassen.

In den folgenden Kapiteln werden uns zahlreiche Beispiele begegnen, doch ein paar davon sollten wir an dieser Stelle untersuchen.

Hat der Schüler in der Rückenlage eine Rolle unter den Knien, verliert er die Besorgnis, seine Knie zu überstrecken, was hin und wieder anstrengend und schmerzvoll sein könnte.

Weiche Rollen von etwa 5 Zentimeter Durchmesser, die längsseitig unterhalb des Schultergelenks plaziert werden, werden die Anspannung der Bauchmuskeln verringern. Ähnliches läßt sich bei den Halssehnen tun, man legt eine Stütze unter den Nacken oder den Hinterkopf, damit jede mögliche Überstreckung des Halses in Grenzen gehalten wird.

Eine Stütze kann, obwohl sie Bewegung einschränkt, gleichzeitig als etwas empfunden werden, das Sicherheit und Behaglichkeit vermittelt. Ein typisches einschränkendes Manipulon ist eine Bewegung, die der Lehrer in nur eine Richtung ausführt. Hier bricht sie ab; die Rückkehrbewegung wird nicht eingeleitet. Die Stellung wird beibehalten, bis das ZNS des Schülers sie als eine

Veränderung des Environments wahrnimmt, die eine korrespondierende Anwendungsweise und eine Veränderung des Bewegungsmusters verlangt.

Dieses Gestützt-Halten dauert manchmal nur ein paar Sekunden, manchmal länger, bis die veränderte Reaktion des Schüler-Systems wahrgenommen wird. Dies kann ein Wechsel des Tonus einer bestimmten Muskelgruppe oder auch eine Einatem-Bewegung sein. Auf jeden Fall kann man aber beim Eintritt einer solchen adaptiven Veränderung annehmen, daß sie vom Schüler „akzeptiert“ wurde.

Ein zweites Beispiel: Während der Schüler auf dem Bauch liegt, drückt der Lehrer leicht gegen die Schädeldecke in Richtung der oberen Halswirbel (entlang der Tangente zur Halskrümmung am obersten Halswirbel), ein paar Sekunden lang hält er diesen Druck und lockert dann. Nun drückt man bei ausgestrecktem Bein gegen die Fußsohle, so daß im Becken eine äußerst geringe Drehung entsteht, und hält diesen Druck einige Sekunden (der Schüler kann dabei auf dem Bauch oder auf dem Rücken liegen). Die exakte Druckrichtung, die Ausrichtung des Beins und die einleitende Beindrehung, die für dieses Manipulon unumgänglich sind, müssen zuerst untersucht werden.

Ähnlich verhält es sich, wenn der Schüler auf dem Rücken liegt. Man kann gegen die Wölbung des Beckenknochens drücken, so daß das Becken äußerst leicht verschoben wird. Diese Stellung wird ein paar Sekunden lang beibehalten.

Als nächstes preßt man auf einer Seite des Rumpfs sehr sanft gegen die Rippen, als wolle man in die Einatem-Bewegung eingreifen, und hält diese Position fünf oder zehn Sekunden lang.

b. Vergleichende Manipulonen

Ein vergleichendes Manipulon stellt zwei voneinander abweichende Zustände dar, damit der Schüler den Unterschied einschätzen kann. Der Unterschied ist vielleicht schon präsent gewesen oder ist erzeugt worden, nachdem die Bewegung an einer Seite geklärt wurde. Oft führt es dazu, daß ein Aspekt eines Bewegungsmusters betont wird, etwa die Menge der Anstrengung, die nötig ist, damit die gleiche Bewegung auf beiden Seiten ausgeführt werden kann – gleichgültig, ob dies nun der Lehrer oder der Schüler tut. Ein vergleichendes Manipulon kann außerdem den Vergleich des Umfangs zweier Bewegungen anstellen.

Mit vergleichenden Manipulonen stellt man gewöhnlich linke und rechte Körperhälfte gegenüber. Die sich daraus ergebende Einsicht zeigt dem Schüler, was tatsächlich vor sich geht und was bei Übertragung des Programms von der befriedigenden auf die weniger erfolgreiche Seite hilfreich sein kann. Bei der einseitigen Parese (partielle Lähmung) muß der Schüler wissen, wieviel Anstrengung tatsächlich benötigt wird. Hier kann der Vergleich beider Körperhälften auf wirksame Weise zeigen, was von der beeinträchtigten Körperhälfte erwartet wird.

Es lassen sich nicht nur linke und rechte Seite vergleichen, auch zwei nacheinander ausgeführte Bewegungsmuster machen dem Schüler einen Vergleich möglich, vorausgesetzt, man lenkt seine Aufmerksamkeit auf diesen Punkt. Folgendes kann als Beispiel dienen: Zeigen Sie dem Schüler, wie man den Kopf auf zweierlei Weise zur Seite dreht, einmal mit eingezogenem Kinn, ein anderes Mal wird das Kinn von der Kehle wegbewegt. Kurz, es werden zwei ähnliche Muster präsentiert, die einen Aspekt auf zwei verschiedene Weisen betonen. Der Schüler vergleicht diese verschiedenen Repräsentationsmöglichkeiten und verbessert damit die Fähigkeit, diese Muster gleichwertig zu kontrollieren.

Manchmal kann die bloße Überprüfung eines Muster-Aspekts auf beiden Seiten – nachdem eine gewisse Klärung auf einer Seite erfolgt ist – für den Schüler ausreichen, die Gegenüberstellung zu begreifen, ohne daß der Lehrer die Aufmerksamkeit verbal darauf lenken müßte.

c. Integrierende Manipulonen

Was ein leitendes Manipulon zu einem integrierenden Manipulon macht, ist die Tatsache, daß ihm andere Manipulonen vorangegangen sind, bei denen ein spezifisches Element geklärt wurde, das man nun in einem unterschiedlichen manipulativen Zusammenhang angeht.

Der Schüler kann ein neues Muster bloß als eine vorübergehende Erfahrung wahrnehmen, ohne daß es irgendeinen bleibenden Effekt auf seine alltäglichen Muster hätte. Doch dieses unerwünschte Ereignis muß nicht auftreten: je stärker der Schüler ein neues Muster oder eines seiner Elemente als *verbunden mit so vielen anderen Funktionen wie möglich* empfindet, desto größer ist die Wahrscheinlichkeit, daß es sich in die normale Handlungsweise des Schülers integrieren und assimilieren läßt.

Der Wechsel, der durch diese Art leitenden Manipulons in die Repräsentation des Schülers eingeführt wird, wird das Bild des Schülers von der jeweiligen Aktivität anreichern und vervollständigen; entweder wird *seine Aufmerksamkeit auf gewisse Aspekte* oder Details *gelenkt*, die vielleicht im Verborgenen liegen, und werden somit zu deutlichen Bestandteilen des Musters, oder es wird der Kontext verändert (die unmittelbare Umgebung, die Orientierung, das Handlungsziel). Anders gesagt, die neue Repräsentation wird *die Serie von Mustern erweitern*, die mit dem *gleichen* Element verbunden sind, das zuvor geklärt wurde.

Sehen wir uns nun einige Beispiele für integrierende Manipulonen an. Angenommen, der Schüler liegt auf einer Seite, unter seinem Kopf liegt eine Stütze, die Knie sind leicht angezogen. Man übt nun über den Hals Druck in Richtung des Beckens aus, bis sich das Becken leicht bewegt (wie in Kapitel 3 beschrieben). Die Beweglichkeit des Beckens läßt sich nun als „neues Element" betrachten, das nach weiterer Integration verlangt. Man fährt fort und drückt mit einer Hand gegen den Nacken und legt die andere aufs Becken. Dieses integrierende Manipulon lenkt die Aufmerksamkeit des Schülers auf das neue Element. Dann drückt man das Becken nach oben. Wiederum wird das gleiche Element in einem unterschiedlichen Kontext durchleuchtet.

In einer weiteren Abfolge integrierender Manipulonen, die mit dem oben erwähnten „neuen Element" in Verbindung stehen, nimmt der Schüler eine sitzende Haltung ein. Man drückt nun eine Hinterbacke nach oben (vielleicht von unterhalb des großen Trochanter), damit das Becken leicht zur Seite ausschlägt und die Schulter an der gleichen Seite sich nach unten bewegt. Die gleiche Beweglichkeit des Beckens läßt sich nun mit Bewegungen untersuchen, bei denen man nach oben oder nach unten schaut (der Schüler ist immer noch in Sitzhaltung) oder bei denen man über die Schulter nach hinten schaut.

d. Ausrichtende Manipulonen

Ein ausrichtendes Manipulon arrangiert den Körper des Schülers in einer vorgegebenen Position oder hilft, falls nötig, diese Position zu ändern. Diese Positionen werden von zwei Faktoren bestimmt: von der *Bequemlichkeit* des Schülers und dem *Plan* für die nächsten Manipulonen.

Gibt es irgendeine Unfähigkeit oder einen Schmerz, der die Bewegung des Schülers einschränken sollte, dann muß dieses bei der Wahl einer angemessenen Haltung berücksichtigt werden. Mit *Polstern* und *Stützen* sollte man nicht sparen. In den meisten Fällen ist eine gebeugte Haltung leichter als eine gestreckte, eine gerade Haltung leichter als eine gekrümmte.

Die Position sollte einige Bewegung in den Teilen zulassen, die der Lehrer zuerst untersuchen will. Natürlich gibt es hier mehrere Lösungen dafür, so daß bei der Auswahl beiden Faktoren Rechnung getragen werden sollte (der Bequemlichkeit des Schülers und den didaktischen Intentionen des Lehrers). Auch nachfolgende Veränderungen sollten noch möglich bleiben.

In vielen Fällen kann man den Schüler ganz einfach auffordern, eine vorgegebene Haltung einzunehmen, doch muß der Lehrer entscheiden, ob diese nicht etwa für einen besonderen Schüler zu schwierig oder zu extrem ist. In so einem Fall ist Hilfe ratsam – besonders beim Wechsel von einer Position in eine andere.

Beispiel: Der Schüler liegt auf dem Bauch, der Kopf ist zu einer Seite gedreht. Hier muß man zuerst dafür Sorge tragen, daß die Drehung im Halswirbel nicht unangenehm werden kann. Die beste Art, die Position zu erleichtern (für den Fall, daß man sich für eine Bauchlage entschieden hat) ist, das korrespondierende Bein anzuziehen: man greift mit einer Hand den Knöchel, um das Knie leicht zu beugen. Dann greift man mit der anderen Hand das Knie und dreht den Schenkel in leichter Außendrehung, wobei das Knie nach oben rutscht. Man kann das Knie in der Mitte lassen und die Hand verschieben, damit das Becken von unten gestützt wird und sich leicht auf diesen etwas gedrehten Zustand einstellen kann, eine Handlung, die teilweise den Hals begradigt. Der korrespondierende Arm wird nach vorn gebeugt, um ein ähnliches Heben auf dieser Seite des Schultergürtels zu gewährleisten. Der andere Arm wird entlang des Körpers plaziert.

Schließlich wird sich die Notwendigkeit ergeben, die Kopfstellung zur anderen Seite hin zu verändern. Der Lehrer arbeitet mit dem entsprechenden ausrichtenden Manipulon. Er geht logisch vor, indem er sanft das angezogene Bein begradigt und den geraden Arm nach vorn bringt. Man muß darauf achten, daß die beiden Unterarme nicht zu weit vom Rumpf entfernt liegen, damit der Schüler sie zum Abstützen gebrauchen kann. Der Lehrer legt nun beide Hände um den Schädel des Schülers, wobei eine Hand um die Rückseite des Schädels gelegt ist und die andere um die Kinnlade. So befinden sich die Daumen oberhalb des Kopfes und die Finger unter dem Kopf. Jetzt kann der Kopf angehoben werden – nur so soviel, wie nötig ist, das Kinn einzuziehen – und die Drehung vervollständigt werden. Man darf dabei den Kopf nicht strecken und nicht die Halsdrehung vergrößern. Vielleicht ist es angebracht, nach der Hälfte dieses Vorgangs aufzuhören – der Kopf ist mit beiden Händen gestützt – und bevor man mit der Drehung fortfährt, zu überprüfen, ob es eine Neigung nach links oder rechts gibt.

Der Leser könnte ein ausrichtendes Manipulon entwerfen, bei dem von der Rückenlage in die Bauchlage gewechselt wird und umgekehrt.

Manchmal erfährt der Schüler durch ein ausrichtendes Manipulon etwas Neues über persönliche räumliche Beziehungen innerhalb des Environments, über mögliche bequeme Haltungen und über Effizienz der Bewegung.

Einige der Manipulonen, die in diesem Kapitel beschrieben werden, erklären sich vielleicht aus sich selbst, aus ihrem Zweck oder dem angestrebten Resultat. Andere können, zu diesem Zeitpunkt, als nur leicht unterschiedliche Manipulon-Arten erscheinen. Die Gründe, weshalb die letzteren Manipulonen und ebenso ihre zu erwartenden Resultate angewandt werden, sollen im nächsten Kapitel erläutert werden.

5. Die verschiedenen Erscheinungsformen der Reaktion des Schülers: Limbische und kortikale Kontrollebenen

Sehen wir uns nun die Manipulonen ein weiteres Mal an und konzentrieren uns dabei auf die Reaktion des Schülers. In der Praxis erkennt der Lehrer der Funktionalen Integration zwei Hauptebenen von Kontrolle und Reaktion beim Schüler. Diese beiden Ebenen stehen im allgemeinen für das, was die Neurophysiologie als das limbische und das kortikale System kennt. Ich werde an dieser Stelle keine präzise Definition und keine Angaben über den Sitz dieser Systeme im Gehirn liefern; für unsere Zwecke reicht es, diese beiden Ebenen vom funktionalen Gesichtspunkt her zu unterscheiden.

Eine wichtige Tatsache ist, daß alle Kontrollebenen das gleiche Wirkungssystem miteinander teilen, nämlich den zerebro-spinalen Trakt (auch Pyramidenbahn genannt), die motorischen Nerven, die Muskeln und das Skelett. Daraus erklärt sich die Tatsache, daß bei der Möglichkeit, von einer Kontrollebene auf eine andere zu wechseln, es niemals zu einer gleichzeitigen Nutzung von Kontrolle der gleichen motorischen Einheiten kommt. Ich kann nicht zur gleichen Zeit gähnen und kauen, genauso wenig kann ich einatmen, wenn ich einen Schluckauf habe. Ein anderes Beispiel: Wenn jemand den Arm ausstreckt, um nach etwas zu greifen und dabei plötzlich ein lautes, verwirrendes Geräusch aufnimmt, wird er den Arm in einer Abwehrreaktion zurückziehen, er wird die beabsichtigte und begonnene Bewegung unterbrechen. Offensichtlich hat eine niedrigere Kontrollebene interveniert. Sie wurde stimuliert von dem Unerwarteten dieser verwirrenden Wahrnehmung.

So schließen sich also die beiden Kontrollebenen, limbische und kortikale, gegenseitig aus. Ein ähnliches Beispiel haben wir, wenn ein Mensch, der an Spastizität leidet, an einer Zuckung oder an einer anderen neuro-motorischen Störung, fähig wird, diese zu kontrollieren, indem er langsam und bewußt eine zielorientierte Bewegung mit den beeinträchtigten Körperteilen ausführt. Bei solch einer Handlung hat die obere Ebene das Wirkungssystem übernommen und verhindert auf diese Weise ein Muster, das anderenfalls von der unteren Ebene kontrolliert werden würde. Sobald der Schüler in die Lage versetzt wird, deutlich zu sehen, daß es zwei (oder mehr) solcher Alternativen gibt, kann man eine Wahl treffen und eine zwanghafte Handlung kann eingestellt werden.

Die untere Ebene manifestiert ihre Kontrolle und leitet Aktivität in folgenden Bereichen ein:

1. bei erblichen Reflexen
2. in Gefahrensituationen, wenn schnelle Abwehrreaktionen erzeugt werden
3. bei früherworbenen motorischen Mustern, wie etwa antigravitätischen Mechanismen
4. bei emotional aufgeladenen Handlungen
5. in Regressionszuständen, die etwa nach Trauma oder Krankheit auftreten können
6. bei neurologischen Mangelzuständen, entweder peripherer oder zentraler Natur
7. bei Schmerzgefühlen.

Feldenkreis nennt die untere Kontrollebene „den Idioten in uns selbst".

Die obere Kontrollebene manifestiert sich in recht unterschiedlichen Funktionen:

1. bei der Auswahl einzelner Informationsfasern aus einem Wirrwarr von Lärm und Geräuschen

2. bei Untersuchung, etwa der Art, wie ein Kleinkind seine unmittelbare Umgebung erfahren lernt
3. beim Fragenstellen
4. im Vergleich von Dingen, Erfahrungen, Ideen, Handlungsmöglichkeiten
5. bei Spielen, Schauspielerei, Spaß
6. bei Ausführung verfeinerter, willkürlicher Handlungen
7. bei der Programmierung willkürlicher, zielorientierter Tätigkeiten
8. in einer „Meta-Attitüde" im Hinblick auf irgendeine Aktivität, genauer gesagt, wenn wir eine vor sich gehende Aktivität „betrachten".

Wir müssen uns ins Gedächtnis rufen, daß jede Aktivität der höheren Ebene von einer niedrigeren Ebene übernommen werden kann, wenn Situationen oder Bedingungen plötzlich eine unmittelbare Reaktion abverlangen, oder anders, wenn eine Person schrittweise in ein gewohntes, stereotypes Verhalten gezogen wird. In manchen Fällen wird sich „der Idiot in uns" als schneller oder dominanter erweisen.

Wichtig ist, daß wir begreifen, daß der Lehrer der Funktionalen Integration in der Lage ist, die Kontrollebene eines Schülers zu erkennen, und zwar durch die Art, wie der Schüler auf untersuchende Manipulonen reagiert. Durch diese Möglichkeit kann man dem Schüler helfen, die Kontrollebene von der limbischen in kortikale Sphären zu tragen.

Wir wollen nun zurückkommen zum Thema der Lehrer-Schüler-Interaktion. Bei einem Manipulon, besonders bei einem untersuchenden, fühlt man meistens, daß man mit der oberen Kontrollebene des Schülers kommuniziert – man „spricht" in gewissem Sinne zu einer verantwortlichen Person. D. h. in diesem Fall, was dem Schüler vorher unklar gewesen ist, wird ihm nun offensichtlicher. Meistens tritt dies ein bei Mustern, an denen die oberen Körperteile beteiligt sind, also Kopf, Arme und Hände. An diesem Punkt – und es hängt jeweils vom Geschick und von der Vorstellungskraft des Lehrers ab – läßt sich die Erfahrungswelt des Schülers mit einigen neuen Mustern anreichern, werden diese nun für eine bestimmte Aufgabe benötigt oder seien es einfach solche, die dem Schüler ein reichhaltigeres Repertoire an Fähigkeiten verleihen.

Eine interessantere Möglichkeit für den Lehrer besteht darin, „den Idioten im Schüler" direkt anzusprechen. Durch konstantes Hinweisen auf das fortwährende Feedback sensorischer Reaktion während des Manipulons beschränkt der Lehrer die „Konversation" auf stereotype Reaktionen, die charakteristisch sind für die untere Kontrollebene. In den meisten Fällen beeinflussen diese Handlungsmuster, wie wir in diesem Kapitel sehen werden, den Rumpf, Rücken, Becken und Beine. Manchmal können diese Muster eingeleitet sein durch emotionale oder innere, viszerale Reize. Solche Reaktionen können oftmals durch pathologische Zustände oder Vorgänge bestimmt sein, genauso auch durch vererbte, instinktive Muster oder solche, die in früher Kindheit erlernt wurden. In jedem Fall werden sie gewohnheitsmäßig ausgeführt und auf mehr oder weniger automatische Art. Mit Sicherheit sind es keine zielorientierten, willkürlichen Handlungen.

Um dem Schüler zu helfen, diese Situation hinter sich zu lassen und eine höhere Kontrollebene zu erreichen, muß der Lehrer die untere Ebene in der eigenen Sprache anreden; er muß neue Situationen schaffen, in denen das System des Schülers auf die für ihn typische Weise reagiert. So ein Ereignis ist neu für die Erfahrungswelt des Schülers und so wird die Reaktion meistens vom stereotypen Verhalten abweichen. Diese neue Bewußtheit, die eine höhere Kontrollebene bezeichnet, kann nun in das System des Schülers integriert werden.

Durch Beobachtung einiger charakteristischer Methoden, mit denen die untere Kontrollebene arbeitet, wird deutlicher werden, wie wir diese unteren Ebenen wirksamer ansprechen können.

1. Arbeit mit Hilfe von Antagonisten

Die Muskeln, die entgegengesetzte Bewegungen ausführen, etwa Beugung und Streckung, nennt man Agonisten und Antagonisten (bedenken wir im übrigen, daß jeder von ihnen als Antagonist des anderen gelten kann). Bei Gelenken mit so einer muskulären Zweisamkeit besteht eine reziproke funktionale Organisation, die sicherstellt, daß mit der Aktivierung eines der beiden Muskeln gleichzeitig die Hemmung seines Antagonisten erfolgt. Dieses Sherrington'sche Prinzip reziproker Hemmung wird kontrolliert durch *a.* unfreiwillige neurale Verbindungen unterer Ebene im ventralen Horn des Rückenmarks und *b.* zentrale Verbindungen, die Träger leitender Impulse vom Großhirn zu den unteren spinalen Neuronen sind – letzteres bildet gewöhnlich eine höhere, freiwillige Ebene.

Man kann sich dieses Phänomen der reziproken Hemmung selbst demonstrieren, indem man einfach den rechten Unterarm beugt und in der rechten Hand einen schweren Gegenstand hält. Mit den Fingern der linken Hand fühlt man die oberen Muskeln des rechten Arms, man fühlt, daß der Bizeps angespannt ist und daß der Trizeps – der Antagonist auf der Rückseite des Oberarms – weich ist. Natürlich *kann* man auch den Trizeps spannen, allerdings nur durch die zusätzliche, willkürliche Anstrengung, mit der wir uns etwa vorstellen, daß man seinen gesamten Arm versteift. Anders herum, drückt man mit der rechten Handfläche flach gegen den Tisch, mit gekrümmtem Ellbogen, wird der Trizeps angespannt und der Bizeps weich sein. Man stößt auf eine weitere interessante neuro-muskuläre Tatsache, wenn man jetzt einmal mit dem Handrücken gegen die Tischoberfläche drückt. In dieser Situation sind Bizeps und Trizeps angespannt, weil der Bizeps nun dazu benutzt wird, den Unterarm nach innen zu drehen, d. h., den Unterarm um seine Achse zu drehen, damit die Handfläche nach oben zeigt.

Bei anderen wichtigen Gelenken finden wir komplexere Bewegungen, wie etwa die, die mehr als eine simple Zweisamkeit von Zurück- und Vorbewegungen einschließen. Die Kniegelenke verhalten sich hier ähnlich wie der Ellbogen. Ähnlich komplexe Bewegungen findet man in den Handgelenken, den Knöcheln, Hüftgelenken und Schultergelenken. All diese sind Universalgelenke, die Bewegungen nach allen Seiten zulassen, einschließlich der Drehung um die Achse des betreffenden Körperglieds. Auch die Bewegungen der Schulterblätter, des Kinns und besonders der Wirbelsäule beinhalten mehr als simples Beugen und Strecken. Die Lenden- und Halswirbel z. B. lassen bei Beugung und Streckung gleichzeitig seitliches Biegen und Drehen zu.

Sind Bewegungsmuster um ein Gelenk gewohnt und von der unteren Ebene kontrolliert, dann muß jede Veränderung der einfachsten Agonist-Antagonist-Bewegung Kontrolle durch höhere Ebene beinhalten. In solchen Fällen führt der Schüler entweder willentlich eine differenzierte Bewegung aus, oder er kann zulassen, daß sie von jemand anderem ausgeführt wird. Solche willkürlichen Handlungen stehen als eine der Vorbereitungsstufen für die Programmierung neuer Bewegungsmuster des Schülers.

Die einfache Tätigkeit, die Beziehung zweier Antagonisten zu untersuchen, kann in sich selbst die Kontrolle des Schülers verbessern, weil sie in der eigenen Bewußtheit des Schülers die Funktion reziproker Hemmung verdeutlichen kann. Hat der Schüler Schwierigkeiten, einen angespannten Muskel willkürlich zu lockern, kann er diesen Muskel in einem anderen Paar entgegengesetzter Bewegungen angehen. In einem veränderten Bewegungsmuster wird sich der starre Muskel vielleicht normal bewegen. Ausgehend von dieser neuen Freiheit kann der Lehrer nach und nach die vorher beeinträchtigte Funktion des ursprünglichen Antagonisten wiederherstellen.

Ein Beispiel: Der Schüler liegt auf dem Bauch, der Lehrer hält den Knöchel und versucht, das Knie zu beugen und zu begradigen. Vielleicht wird man feststellen, daß der Schüler die Muskeln der Kniesehnen nicht lockern kann, so daß der Fuß herunter kommen kann. Ist dies der Fall, sollte folgendes Manipulon versucht werden: Mit beiden Händen hält man den Knöchel, das Knie ist gebeugt und der Fuß leicht angehoben. Die Ferse wird nach außen gedreht und dann zurück zur Mitte, bis eine leichte Rotation des Beins in Knie und Hüftgelenk auftritt. Diese Drehung schafft eine abgewandelte Bewegung in den Kniesehnen, macht sie differenzierter als vorher. Dann wird der Schüler, durch leichtes Senken des Beins bei der Außendrehung der Ferse, das Muster erlernen, den Fuß herunterkommen zu lassen.

Der gleiche Vorgang läßt sich auch in Fällen ernsthafter Störung anwenden. Der Wechsel sollte langsam vor sich gehen, es sollten hierbei jedoch Methoden hinzugezogen werden, auf die wir später noch eingehen wollen.

Zwei typische Situationen ernsthafterer Natur sind gegeben, wenn Agonist und Antagonist gleichzeitig gespannt sind (bei Spastizität) oder wenn der eine gespannt ist und der andere überhaupt nicht beansprucht wird. Diese und ähnliche Situationen haben ihre Ursache gewöhnlich in peripheren oder zentralen Schäden (sie sind angeboren oder traumatischen oder degenerativen Ursprungs) des Nervensystems. Nur mit einschlägiger Erfahrung kann ein Lehrer in der Lage sein, bei solchen Störungen Hilfe zu leisten (s. Kapitel 10).

2. Antigravitätische Muster und die wirksame Nutzung des Skeletts

Wie alle anderen Körper auf der Erde, unterliegen auch wir konstant der Erdanziehung. Die Persistenz dieser Kraft die phylogenetische Geschichte unserer Spezies und unser persönliches Leben hindurch versichert uns, daß unser ZNS antigravitätische Muster bereithält, die vollkommen in seine Funktionen eingebunden sind. Das heißt natürlich, daß sie von der unteren Ebene kontrolliert und ohne unser Wollen automatisch ausgeführt werden. Jede Bewegung, egal wie klein sie ist, kann eine adaptive Reaktion auf die Schwerkraft erzeugen, und in der Tat ist das motorische System bei solchen Reaktionen fast immer beteiligt. Der Begriff „*anti*gravitätisch" ist ein wenig irreführend, denn wir kämpfen nicht fortwährend gegen Gravität an, sondern gebrauchen sie hin und wieder zu unserem Vorteil, indem wir unsere aufrechte Haltung einsetzen und somit die größte potentielle Energie unseres Körpers für eine leichte, pendelartige Einleitung der Bewegung erzielen oder indem wir die von der Gravität erzeugte Reibung nutzen, um die Bewegung zu stoppen. Bekanntlich gibt es nur ganz wenige Situationen, in denen unser ZNS frei ist von seiner Beziehung zur Schwerkraft: eine davon ist der Flug im Weltraum – hier ist die Gravität von Trägheitskräften ausbalanciert, oder wenn der Körper in eine Flüssigkeit getaucht ist, deren spezifische Gravität der allgemeinen spezifischen Gravität des Körpers gleichkommt. Ein Beispiel dafür ist das Schweben des Fötus im Fruchtwasser.

Es gibt eine Situation, die diese Neutralisierung der Gravität simuliert: wenn man sich auf eine horizontale Oberfläche legt, eine Position, die das Gefühl vermittelt, man sei hier sicher aufgehoben. Dies befreit den Menschen nicht nur von der Notwendigkeit, die antigravitätischen Muskeln zu aktivieren – die meisten davon sind Extensoren –, es macht auch eingehende sensorische Information weniger relevant in Bezug zur Gravität. Das bedeutet, die horizontale Position verringert die Aufmerksamkeit des ZNS hinsichtlich Information, die andernfalls eine kontinuierliche adaptive Reaktion auf die Schwerkraft in Gang setzen würde.

Es gibt verschiedene sensorische Modalitäten bei der haltungsmäßigen Anpassung an das gravitätische Feld: der Vestibülapparat, das im Ohr befindliche Gleichgewichtsorgan, das uns über die Kopfstellung in Bezug zur Vertikalität und Beschleunigung informiert; die propriozeptiven Sinnesorgane in den Muskeln, Sehnen und Gelenken, die uns über muskuläre Stellung und Anspannung in Kenntnis setzen; die exterozeptiven Sinnesorgane der Haut, die sensibel auf unmittelbaren Druck von außerhalb des Körpers reagieren; die interozeptiven Sinne der inneren Organe, die Einfluß auf Haltung und Muskelverhalten haben; und die Telezeptoren, die ihre Sinnestätigkeit über eine gewisse Distanz hin ausüben. Letztere schließen die Rezeptoren von Gesicht, Gehör und Geruch ein. Gewöhnlich gibt es keine widersprüchlichen Reaktionen auf diese wechselvoll eintreffenden Stimuli, weil das ZNS die eingehende Information integriert und nur ein ausführendes Impulssystem die Effektoren erreicht.

Die Horizontalposition befreit all diese sensorischen Gegebenheiten von ihren gewöhnlichen antigravitätischen Reaktionen. Stattdessen tritt ein Zustand der Leichtigkeit ein, reduzierter Muskeltonus und meistens ein erweiterter Grad der Kontrolle höherer Ebene. Dieser Zustand ermöglicht die Erzeugung nicht-stereotyper Handlungsmuster, die hernach in stehender Position genutzt werden können.

Antigravitätische Muster sollten von zwei Gesichtspunkten her betrachtet werden: *a.* Muster von Muskelanstrengung und -koordination, wie Aktivierung der Streckmuskeln gegenüber den Beugern, und *b.* die Effizienz, mit der die Skelettstruktur genutzt wird. Die besondere Bedeutung, die der Skelettstruktur zukommt, wird uns schon allein aus einer ganz allgemeinen Betrachtung der dynamischen Funktionen des menschlichen Skeletts klar. Dieses ist ein komplexes Hebelsystem, auf welches die verschiedenen

Kräfte einwirken: die gravitätischen Kräfte des Körpers auf seine Teile, Kräfte von Objekten, die mit dem Körper in Kontakt kommen (etwa Gewicht, Reibungs- und elastische Kräfte), sowie Muskelkräfte. Die unterstützenden Funktionen des Skeletts arbeiten in der Regel, ohne daß der Mensch sich der essentiellen Rolle der Starrheit des Skeletts bewußt wird. Anstatt diese Funktionen allein aus kinesiologischem Blickwinkel zu betrachten, sollten wir unsere Aufmerksamkeit auf die Menge von Muskelanspannung und Ermattung lenken, die beim wirksamen oder unwirksamen Gebrauch des Skeletts beteiligt sind.

Ein anderer Aspekt der skeletalen Funktion hat mit der Rigidität der Knochenstruktur bei der Übermittlung von Kräften durch die Knochen entlang ihrer Achsen zu tun. Ist nur ein Knochen an der Kraftübermittlung beteiligt, brauchen wir uns keine Sorgen zu machen, sind aber zwei oder mehr Knochen zur gleichen Zeit Kraftübermittler, gewinnt die Ausrichtung der Gelenke allerhöchste Bedeutung. Liegen die Gelenke, die die Knochen verbinden, bei der Kraftübermittlung näher an einer geraden Linie, ist natürlich die benötigte Muskelanstrengung, diese Gelenke zu stabilisieren, geringer. Sind die Gelenke gerade ausgerichtet, liegt im Prinzip alle Anstrengung bei Null, die Kraft wird eher von der Knochenstruktur selbst übernommen als von den Muskeln. Ein einfaches Beispiel soll uns dies deutlich machen: Vergleichen Sie den Grad der Muskelanspannung, der nötig ist, einen schweren Gegenstand mit der Hand zu drücken oder zu ziehen, wenn der Ellbogen dabei leicht gekrümmt ist, mit dem Grad der Anspannung bei der gleichen Handlung und geradem Ellbogen. Im zweiten Fall wird die Anstrengung von den größeren Rumpfmuskeln übernommen, wobei sich die Armmuskeln entspannen und bei der Ausführung der Handlung somit ein Gefühl von Leichtigkeit und Effizienz vermitteln.

Zum wirksamen Gebrauch des Skeletts zählen bedeutende antigravitätische Funktionen. Sich von der sitzenden Position in eine aufrechte Position zu bewegen, schließt z. B. den Einsatz verschiedener antigravitätischer Muskeln ein, in der Hauptsache den der Streckmuskeln. Doch ist einmal die vertikale Stellung erreicht, kann der Aufwand der Streckmuskeln so gut wie ganz unterbleiben. Diese Bedingung ist in der Tat ein grundlegendes Kriterium für wirksame Vertikalität. Die Knochen und Gelenke sind dabei in einer Art und Weise ausgerichtet, daß das Körpergewicht vom Skelett getragen werden kann. In diesem Zustand sind die Muskeln und das komplexe System, das sie kontrolliert, von der Verantwortung enthoben, die aufrechte Haltung beizubehalten und werden frei für andere Handlungen. Diese Freiheit und die damit einhergehende Bereitschaft zur Handlung ist eine Vorbedingung zur Verwirklichung der verschiedenen Vorteile der aufrechten Haltung beim Menschen.

Auf diese Vorteile sollten wir zumindest kurz eingehen.

Die skeletale Unterstützung erlaubt eine leichte Kopfdrehung um eine vertikale Achse, so daß der Mensch die Umgebung mit den Augen überfliegen und sich einem interessanten oder gefährlichen äußeren Reiz widmen kann, der die Telezeptoren erreicht hat (Augen, Ohren, Nase).

Die Drehung (Rotation) des Körpers um seine vertikale Achse mit dem Ziel, sich mit gedrehtem Kopf auszurichten oder mit irgendeinem anderen Ziel, geschieht leicht, schnell und ohne großen Aufwand allein durch die Tatsache, daß in dieser Position das „Trägheitsmoment“ des Körpers in bezug auf die Achse im Vergleich zu anderen möglichen Haltungen gering ist. Einfacher ausgedrückt, je näher sich die Masse des Drehkörpers zur Drehachse befindet, desto leichter ist es, die Körperdrehung einzuleiten oder abzubrechen.

Befindet sich das Gravitätszentrum des menschlichen Körpers in der höchsten Position, ist auch die potentielle Energie am größten. Statisch betrachtet ist dies ein „unstabiles Gleichgewicht“, das Gravitätszentrum ist hochgebogen und die unterstützende Oberfläche ist klein. Nichtsdestoweniger ist aber die aufrechte Haltung, *dynamisch* betrachtet, ein äußerst wirksamer Ausgangspunkt für Bewegung. Eine geringe Abweichung von der Vertikalen macht keine besondere Anstrengung notwendig. Sie löst einen „Verlust“ des Gleichgewichts aus, der von einer entsprechenden Becken- und Beinbewegung leicht aufgefangen wird. Daher wird das Gehen auf einer horizontalen Fläche zu einer leichten, gleitenden Bewegung. Mit anderen Worten, es besteht die Bereitschaft zur Handlung ohne die Notwendigkeit einer Vorbereitung.

Schließlich löst die Art der Unterstützung durch das Skelett über das ganze System eine Senkung des Muskeltonus aus und vergrößert damit Flexibilität, Leichtigkeit und Vitalität. Es gibt außerdem eine kontinuierliche (nicht unbedingt bewußte) neurologische Wachsamkeit, für das Körpergewicht Stütze zu haben. In dem Augenblick, in dem die Festigkeit der Stütze wahrgenommen wird und das Körpergewicht ruht, entspannen sich die Muskeln entsprechend. Die meisten dieser Reaktionen werden bereits in früher Kindheit zur Gewohnheit und sind deshalb von unterer Ebene kontrolliert.

Ein Vergleich dieser idealen vertikalen Situation mit der tatsächlichen Ausführungsweise verschiedener Menschen oder einer einzigen Person zu verschiedenen Zeiten in unterschiedlichen Situationen zeigt, daß eine bis ins letzte wirksame Nutzung des Skeletts zumeist unterbleibt. Werden z. B. die Rumpfbeuger als Teil, eines beabsichtigten Beugungsmusters aktiviert, werden die korrespondierenden Extensoren (die Antagonisten) gewöhnlich erschlaffen. Doch die Beuger (der Hüften, des Beckens oder des Halses) sind auch als Teil anderer Muster aktiviert, etwa bei Abwehrhaltungen, bei Angst oder Schmerz oder einfach aus Gewohnheit. Dies macht die gleichzeitige Aktivierung der Extensoren erforderlich, um eine Beugung zu verhindern. Ein Teufelskreis der reziproken Stimulation und Bekräftigung der antagonistischen Muskelpaare ist somit das Ergebnis. Dies führt zu einem Verlust der Flexibilität, einer unwirksamen Nutzung des Skeletts, es führt dazu, daß antigravitätische Handlungen mit überflüssiger Anstrengung erzeugt werden, es führt zu Müdigkeit. Hier eine Kontrolle höherer Ebene ins Spiel zu bringen, kann dem Schüler einen Weg aus dieser Situation eröffnen.

Manipulonen, die auf Situationen wie diese angewandt werden können, sind bereits beschrieben worden. Andere werden wir in den folgenden Kapiteln behandeln. Für die Arbeit mit dem Skelett und die Erzeugung von Gefühlen, die dabei fortwährend übermittelt werden, sehe man sich z. B. die letzten Manipulonen an, die in Kapitel 4 unter „Leitende Manipulonen“ beschrieben werden.

3. Bewegungen der Extremitäten in bezug zu Rumpfbewegungen

Die Gliedmaßen (die distalen Körperteile) besitzen einen *größeren Bewegungsumfang* als die größeren (proximalen) Körperteile. Dies macht dem Schüler die Handlungsrepräsentation der distalen Teile deutlicher, er kann sie nun auch leichter steuern. Die mögliche Bewegung der distalen Teile ist außerdem komplexer als die der proximalen Teile, weil bei ersteren mehr Gelenke in Betracht kommen. So bewegen sich z. B. die Schultern im Ausmaß mehr und unterschiedlicher als der Brustkasten, der Ellbogen mehr als die Schulter und das Handgelenk mehr als der Ellbogen. Das gleiche ist der Fall bei Beinen und Füßen.

Man kann daher also ruhig annehmen, daß aus diesem Grunde die Extremitäten (die Gliedmaßen) mehr von der höheren, oberen Gehirnebene kontrolliert werden und der Rumpf eher von der unteren Ebene. Aus dieser Situation ergibt sich die Möglichkeit, auf bekannte Bewegungsmuster zurückzugreifen, Bewegungsmuster, bei denen der Rumpf an einer willkürlichen Bewegung eines Glieds beteiligt ist, um die Partizipation des proximalen Körperteils bei dieser Bewegung und damit auch bei anderen Bewegungen zu verdeutlichen.

Oft passiert es, daß mit der Zeit die Repräsentation eines Musters proximaler Bewegung verblaßt und mit ihr auch die Bewegung selbst. Ein leitendes Manipulon verlagert den Akzent oder verstärkt diesen proximalen Teil des Musters, wie etwa bei der Bewegung der Scapula, wenn Hand und Arm bewegt werden; oder die Bewegung des Beckens, während das Bein bewegt wird (Beugen, Drehen usw.) wird dem Schüler das Bild eines vergrößerten Bewegungsumfangs vermitteln, den er mit mehr Leichtigkeit nutzen kann, nachdem er erfahren hat, daß die größeren Muskeln synergetisch genutzt werden und nicht entgegengesetzt.

Klärungen dieser Art können wieder zu mehr Flexibilität des Rumpfes verhelfen und ganz besonders die Verbindung von Bekken und Thorax erneuern, wo gewöhnlich die untere Kontrollebene vorherrschend ist. Einige Manipulonen, die diesem Zweck dienen sollen, sind bereits vorgestellt worden. Einem findigen Lehrer werden dazu noch Ergänzungen einfallen. Andere Manipulonen werden in späteren Kapiteln beschrieben werden.

4. Relativ zugeordnete Bewegungen

Das Bild, das ein Bewegungsmuster repräsentiert, enthält einen Bezugsrahmen, indem Bewegungen ausgeführt und wahrgenommen werden. Dieser Bezugsrahmen ist entweder der umgebende Raum und kann durch in der Nähe befindliche Gegenstände repräsentiert werden, oder – persönlicher noch – von den Körperteilen selbst. Vergleichen Sie z.B. die Kopfdrehung nach rechts, um sich nach einem dort befindlichen Gegenstand umzusehen, mit einer ähnlichen Kopfdrehung, durch die man einen Punkt auf der rechten Schulter anblicken will. Diese Bewegungen sind objektiv betrachtet dieselben, werden aber von zwei verschiedenen Bezugsrahmen definiert. Manchmal haben wir es mit beiden Aspekten zu tun, die sich wie beim Treppensteigen oder beim Gehen vermischen und alternieren. In solchen Beispielen sind wir uns der Bewegung unseres Körpers meistens ziemlich bewußt, der Bewegung im Hinblick auf die unmittelbare Umgebung und der Bewegungen der Körperteile in bezug zueinander.

Wir müssen zwei besondere Fälle auseinanderhalten. Betrachten wir zwei Körperteile in bezug zueinander. Ein Teil bewegt sich in bezug zur unmittelbaren Umgebung, das andere verhält sich statisch. Diese Situation enthält *zwei* verschiedene Bewegungsmuster, die methodisch eine bedeutsame Beziehung eingegangen sind. Wir werden sie „relativ zugeordnete Bewegungen“ nennen. Bei einer der beiden bewegt sich ein distales und leichteres Teil, während das benachbarte proximale und schwere Teil bewegungslos bleibt. Wir haben es hier in der Regel mit einem deutlichen Muster, auch wenn dieses gewohnt sein mag, zu tun, das der bewußten (höheren) Kontrolle leicht zugänglich ist. Beim anderen Muster bewegt sich ein proximales (schwereres) Teil in bezug zu einem statisch bleibenden distalen Teil. Dieses Muster wird vielleicht nicht deutlich genug sein und ist daher vom Schüler schwieriger auszuführen.

Ein Manipulon, bei dem ein distales Teil fix im Raum steht, während sich das entsprechende proximale Teil bewegt, kann daher schwierige Handlungsmuster klären und die Differenzierung von Bewegungen vergrößern. Doch besteht die wahre Bedeutung relativ zugeordneter Bewegungen darin, daß sie einen anderen Lehrweg anbieten, mit dem sich bestimmte funktionale Schwierigkeiten angehen lassen.

Wir wollen hier einen kurzen Augenblick einhalten, um einen besonderen Charakterzug *willkürlicher* Bewegungsmuster zu diskutieren.

Wird eine willkürliche Bewegung ausgeführt, sind die Sinnessysteme im ZNS, welche die auf die Handlung sich beziehenden sensorischen Reize empfangen werden, bereits auf die Folgen dieser Handlungen vorbereitet. Anders gesagt, die Zentren, die sensorische Information verarbeiten, erhalten Impulse vom zerebralen motorischen System (dem bewußten Gehirn), so daß die eingehende sensorische Information in bezug zur ausgeführten Handlung zumindest teilweise erwartet wird. So ein Mechanismus antizipatorischen motor-sensorischen Reizflusses wird von einigen Neurophysiologen als „Zusatzentladung“, von anderen als „Efferenz-Kopie“ bezeichnet.

Dieser antizipatorische Mechanismus, der bei einer unbeabsichtigten (Reflex-) Handlung oder einer durch die Umgebung erzeugten Handlung nicht aktiv ist, erfüllt verschiedene Zwecke. Einer ist die Garantie der *Unveränderlichkeit* der räumlichen Wahrnehmungsordnung bei Ausführung der Bewegung. Dazu hier ein klassisches Beispiel: Die Bewegung der Augen (bei gleichzeitiger Kopfbewegung oder ohne Kopfbewegung) verändert den Standort der Objektbilder im visuellen Feld der Retina. Dennoch werden diese als stetig *wahrgenommen*. Eine vertikale Linie wird demnach *als vertikal wahrgenommen*, auch wenn man den Kopf von einer Seite zur anderen neigt. Wenn Sie andererseits Ihren Augapfel einfach mit dem Finger zur Seite schieben – dies ist eine absolut *ungewohnte* Art, das Auge zu wenden – werden Sie sehen, wie das visuelle Feld springt. In diesem Fall fehlt die antizipatorische Information über die Bewegung des Auges, während im vorangegangenen Fall eine solche Information, die vom motorischen Zentrum als *Teil eines beabsichtigten Bewegungsmusters* herrührt, eine Kompensierung schafft, die bei der Informationsverarbeitung im Gehirn stattfindet. Diese Verarbeitung hat den Effekt, daß die räumliche Wahrnehmungsordnung erhalten bleibt. Die Frage, wie diese Unveränderlichkeit erzeugt wird und wie Verarbeitung in den visuellen Zentren zur visuellen Wahrnehmung führt, wartet noch auf detaillierte Antwort. Ähnliche Beispiele lassen sich für andere sensorische Gegebenheiten finden.

Eine andere Funktion dieses antizipatorischen Mechanismus besteht in der *Hemmung* oder im Wechsel der gewohnten Reaktion auf einen sinnlichen Reiz, und zwar in dem Fall, wo der Reiz die Folge einer selbsterzeugten, beabsichtigten Handlung ist. Berühre ich mich selbst am Rücken – mit der Hand oder einem Stab – wird mir nicht der Gedanke kommen, mich umzudrehen, um zu sehen, wer mich da berührt.

Diese antizipatorischen Vorgänge, die bei selbsterzeugten Handlungen und ihrer Beziehung zur Wahrnehmung der unmittelbaren Umgebung (einschließlich des eigenen Körpers) auftreten, lassen sich erlernen und werden auch erlernt. Sie lassen sich ebenso anwenden auf veränderte oder verzerrte Situationen. Nehmen wir an, ich steige eine Leiter hinab, deren Sprossen gleichmäßig angeordnet sind. Ist unten auf der Leiter eine der Sprossen ungleichmäßig angeordnet, kann ich ins Stolpern geraten, oder, ist der Zwischenraum größer, kann ich, zumindest für den Bruchteil einer Sekunde, meinen, ich hätte den Halt verloren. Dies zeigt, ich habe *gelernt*, die Gefühle, die meine Bewegungen begleiten, zu antizipieren.

Wir dürfen also voraussetzen, daß Vorgänge dieser Art bereits in früher Kindheit erlernt werden und eine wichtige Rolle bei der Entwicklung sensorisch-motorischer Koordination, willkürlicher Handlungskontrolle und gradueller Unterscheidungsfähigkeit zwischen Selbst und Nicht-Selbst (Umgebung) spielen.

Antizipatorische motorisch-bis-sensorische Entladungen könnten unter gewissen Umständen eine funktional hemmende Wirkung haben. Betrachten wir den Fall eines Menschen, der sich unwohl fühlt oder Schmerz empfindet, wenn er eine bestimmte Bewegung ausführt. Egal was die Ursache dieses Unwohlseins ist, ob sie strukturell ist oder funktional, einige Wiederholungen der Bewegung werden die Antizipation dieses Schmerzes zu einem integralen Bestandteil des Musters machen. Mit anderen Worten ist die bloße Betrachtung, diese Bewegung auszuführen, im Geist des Menschen mit solch einer Antizipation gefärbt. Dies wird folglich die Bereitschaft schmälern, diese Muster zu gebrauchen. Es wird sogar „Anti-Muster“ schaffen und damit Antagonisten aktivieren, sobald es zu einem Versuch kommt, diese Bewegung zu erzeugen. All diese Unterlassungen und Abwehrhaltungen gehen erstaunlicherweise weit über das tatsächlich notwendige hinaus. Mehr noch, diese Anti-Muster können sich als Gewohnheiten festsetzen, auch nachdem sich das abwehrhafte Verlangen verringert hat oder gänzlich verschwunden ist. Sie sind mit anderen Worten zu etwas geworden, das von „unterer Ebene" kontrolliert wird.

Die relativ zugeordnete Bewegung, die der Lehrer sanft vorschlägt, soll von so einer Verbindung frei sein. Ihr Muster besitzt eine unterschiedliche räumliche Orientierung; es bezieht sich auf eine andere Repräsentation und auf einen anderen Zusammenhang, auch die Klarheit ist verschieden. Anti-Muster werden, wenn überhaupt, hervorgerufen durch das *Neue* eines vorgeschlagenen Musters, jedoch nicht durch vorhergesehene Empfindungen von Schmerz oder Unwohlsein. Letztere werden nicht antipiziert. Der Lehrer wird mit dieser Art von Manipulon keinesfalls Schmerz erzeugen, wenn er den richtigen Manipulationsstil beibehält. So lernt der Schüler mit seinen Sinnen die Leichtigkeit, den Umfang (wie gering dieser auch sein mag) und die Durchführbarkeit von Bewegungen in einem Gelenk mit bestimmten Muskeln. Die Überraschung stellt sich ein, wenn der Lehrer den Schüler schrittweise zur ursprünglichen, gehemmten Bewegung zurückführt. „Schrittweise" bedeutet natürlich, daß dem distalen Teil Bewegung hinzugefügt wird und dem proximalen Teil, der an der relativ zugeordneten Bewegung beteiligt war, Bewegung abgenommen wird. Damit wird das Muster in jenes überführt, das bislang vermieden wurde.

Erzeugt andererseits eine bestimmte Bewegung ein Gefühl von Unfähigkeit oder Schwäche (jedoch nicht unbedingt Schmerz), dann kann das antizipierte Gefühl von Unfähigkeit zu Ersatzanstrengungen der stärkeren und potenteren Teile des motorischen Systems führen; Anstrengungen, die für die abträglichen Muskelkontraktionen einen Ausgleich schaffen. Dies weicht nicht nur von der anfangs intendierten Bewegung ab, sondern verhindert auch den Gebrauch der schwächeren, beeinträchtigten Körperteile – der Weg zur Regenerierung ist blockiert. Manchmal kann man einen Menschen dahin bringen, daß er eine fehlgeleitete Anstrengung aufgibt und nach dem „etwas" sucht, das bei der Nutzung *äußerst geringer* Anstrengung fehlt. Doch manchmal kann eine relativ zugeordnete Bewegung auch die Antizipation einer Schwäche verhindern und so den Weg für Erprobung und Entwicklung neuer Möglichkeiten ebnen.

Einige Beispiele werden uns helfen, die Technik der relativ zugeordneten Bewegung zu verdeutlichen. Ein Beispiel für Bewegungen des Hüftgelenks: Der Schüler liegt auf dem Bauch, der Kopf ist nach links gedreht. Sie sitzen auf der linken Seite, mit Blick auf den linken Schenkel des Schülers. Beugen Sie das linke Knie im rechten Winkel, indem Sie das linke Bein nahe des Knöchels halten und es anheben. Dann ziehen Sie den Knöchel leicht zu sich an die linke Seite. Dies wird zu einer Innendrehung des Schenkels führen. Führen Sie ihn nun zurück in die vertikale Position. Dies wiederholen Sie einige Male, damit Sie und der Schüler mit der Art der Bewegung vertraut werden. In vielen Fällen werden Sie feststellen, daß der Bewegungsumfang kleiner ist als möglich; irgendetwas blockiert die Bewegung, ohne daß sie ihr strukturelles Limit erreichen kann. Führen Sie nun die relativ zugeordnete Bewegung aus: . . .Sie halten mit Ihrer rechten Hand das gebeugte Bein weiterhin statisch im Raum (d. h. vertikal). Lassen Sie das Becken leicht rotieren, indem Sie Ihre linke Hand (oder Faust) an einer Stelle zwischen Beckenknochen und linkem großen Trochanter schieben, so daß die linke Beckenseite ein wenig angehoben wird. Dann lassen Sie es in die Ausgangsposition zurückkommen. Fühlen Sie gegen diese Bewegung einen Widerstand, so können Sie das Verständnis des Schülers durch Bewegung des distaleren Teils erhellen, indem Sie gleichzeitig den Schenkel nach außen drehen (das Bein wird dabei nahe am Knöchel gehalten), so daß Sie mit beiden Händen leicht von sich wegschieben. Nach einigen Wiederholungen dieser „undifferenzierten Bewegung" (Schenkel und Becken bewegen sich als eine Einheit) können Sie schrittweise zur „differenzierten Bewegung" zurückkehren, indem Sie mit der Schenkelbewegung fortfahren und die des Beins verringern, bis das Bein vertikal stetig gehalten werden kann.

So wird die relativ zugeordnete Bewegung als durchführbares Muster angenommen. Damit kommt es beim Gebrauch des Hüftgelenks zu einer veränderten Erwartungshaltung. Um diese Veränderung integrieren zu können, sollten Sie nach und nach diese Bewegung in die zuerst untersuchte gehemmte Bewegung zurückführen. Vielleicht werden Sie zusammen mit dem Schüler einen vergrößerten Bewegungsumfang anderer Qualität und unterschiedlicher Kontrollebene feststellen.

Ein Beispiel für die Arbeit am Schultergelenk. Der Schüler liegt auf der linken Seite, die Knie sind bequem angezogen, der Kopf liegt auf einer angemessenen weichen Stütze. Heben Sie den rechten Ellbogen des Schülers von der Seite weg (seitliche Abduktion des Oberarmbeins). Besteht Widerstand, versuchen Sie die relativ zugeordnete Bewegung, um zu sehen, ob die Schwierigkeit in der Hauptsache funktional ist und sich auf diese Weise beseitigen läßt. Greifen Sie den gebeugten rechten Ellbogen mit Ihrer linken Hand und heben ihn in Abduktion, jedoch nur bis zu einem geringen Grad, den der Schüler leicht akzeptieren kann. Greifen Sie mit der rechten Hand das Schultergelenk (zwischen Daumen und Fingern), so daß die Handfläche auf der Schulter des Schülers liegt. Der Oberarm liegt sicher zwischen den Händen. Sie bewegen ihn abwechselnd auf und ab (in Richtung auf Kopf und Becken). Noch die kleinste Bewegung ist hierbei ausreichend. Vergrößern Sie am Anfang nicht die Distanz zwischen Ellbogen und Rumpf. Durch leichtes Wiederholen der Bewegung stellen Sie bei jedem Druck der Schulter heraus, daß sich der Ellbogen leicht vom Rumpf wegbewegt. Behalten Sie diese neue Distanz bei der Rückkehr-Bewegung bei: die Distanz wird sich nach und nach vergrößern, bis der Ellbogen oberhalb der Schulter vertikal gestreckt ist, nun können Sie die Schulter bewegen, während der Ellbogen unverändert im Raum bleibt.

Hier ein weiteres Beispiel, der Schüler befindet sich in Seitenlage. Der obere Brustkasten wird vor- (oder zurück-) bewegt. Dabei bleibt das Becken unverändert (Drehung der Wirbelsäule); oder umgekehrt, das Becken wird auf diese Weise bewegt, und während der Brustkasten bewegungslos bleibt, führen Sie zwei relativ zugeordnete Bewegungen aus. Gut ist es, beide Möglichkeiten zu probieren, damit man feststellen kann, welche davon weniger mit Antizipation verbunden ist, die Abwehrhaltungen nach sich zieht. Haben Sie so ein sicheres Muster geschaffen, können Sie das andere nutzen.

Oder der Schüler liegt mit angezogenen Knien auf dem Rücken, so daß die Füße wie im Stand auf der Bank ruhen. Sie sitzen mit Blick auf die Zehen des rechten Fußes. Greifen Sie mit der Hand das rechte Bein nah am Knöchel, so daß Sie das Bein ruhig halten können, oder dieses zumindest dadurch betonen, daß es während der Bewegung fix bleibt. Tasten Sie mit den Fingern Ihrer rechten Hand nach dem Kahnbein (dem vorstehenden Knochen in der Mitte des Spanns). Halten Sie ihn von unten, wo der Fußbogen am höchsten ist und drücken ihn z. B. diagonal in die Richtung Ihres eigenen linken Handgelenks. Da die Fußsohle statisch gehalten wird, ist das Ergebnis eine Verdrehung des Knöchels nach außen bei einer gewissen seitlichen Beugung. Dies macht die relativ zugeordnete Bewegung der sogenannten „Inversion des Fußes" aus. Der Grad der auszuführenden Bewegung sowie ihre angemessene Richtung lassen sich leicht herausfinden, vorausgesetzt, es geschieht im bereits erwähnten Untersuchungsstil.

Ein feinfühligeres Beispiel gibt es bei den Bewegungen von Kopf und Hals. Dieses sollte man nur versuchen, wenn man sich der Sanftheit seiner Berührung bewußt ist. Der Schüler liegt auf dem Rücken. Falls nötig, legen Sie eine entsprechende flache Stütze unter den Kopf, so daß es zu keiner zusätzlichen Belastung der Halsmuskeln kommen kann. Von oben sehen Sie auf den Kopf des Schülers, Sie sitzen dabei. Ihre linke Hand legen Sie horizontal auf die Stirn des Schülers und drehen den Kopf ein wenig nach links. Die Finger Ihrer rechten Hand legen Sie sanft auf die rechte Halsseite oder unter den seitlichen Verlauf der Halswirbel. Drükken Sie diese Wirbel nach links, so daß der Kopf in die „Nase-oben"-Position zurückkehrt, auch wenn sich die Stützposition unten nicht verändert hat. Lockern Sie nun leicht den Druck Ihrer rechten Finger, ohne sie wegzunehmen. Kopf und Hals sollen dabei elastisch in die Ausgangsposition zurückkehren können. Wiederholen Sie dieses so lange, bis Sie die optimale Stelle, die Richtung und die Druckmenge gefunden haben, und so lange, bis sich die Bewegung selbst als durchführbar erwiesen hat. Dies ist die relativ zugeordnete Bewegung für die Drehung (Rotation) des Kopfes nach rechts. Empfindet der Schüler sie als angemessen und harmlos, versuchen Sie ähnliche Manipulonen für andere Kopfbewegungen, wie etwa seitliches Biegen des Halses oder Dehnung des Nackens.

5. Berührung als Erweiterung des Kinästhetischen Sinns

Handlungsmuster, die von der „unteren Ebene" kontrolliert werden, haben gewöhnlich afferente (sensorische) Impulse – propriozeptive oder andere – die die „höhergelegenen" sensorischen Gehirnabschnitte nicht erreichen. Mit anderen Worten, der Mensch ist sich bestimmter Details dieser Handlung nicht bewußt. Diese Situation erfüllt einen guten biologischen Zweck, wir brauchen uns nämlich nicht ablenken lassen durch einen kontinuierlichen Fluß irrelevanter und nutzloser Information über Handlungsmuster, die automatisch ausgeführt werden.

Muß andererseits das Handlungsmuster erst akzeptiert und verändert werden, dann müssen einige dieser afferenten Impulse in die höheren sensorischen Zentren überführt werden. Der Lehrer kann durch *Berühren* der in Frage kommenden partizipierenden Körperteile über das sensorische Information vermitteln, was diese Teile tun. So kommen zusätzliche Teile aus dem propriozeptiven Informationsfluß des Schülers in seine Bewußtheit und werden damit von „höherer Ebene" kontrolliert.

Ein Beispiel: Der Schüler liegt auf einer Seite (Stütze unter dem Kopf, die Schenkel gebeugt). Sie drücken die Wirbelsäule vom Nacken bis zum Becken, indem Sie eine Hand nahe des Halses auf die Schulter legen und rhythmisch lockern (dieses Manipulon wurde weiter oben beschrieben). Das Becken wird sich leicht wiegend bewegen. Führen Sie mit einer Hand diese Bewegung fort, während Sie die andere von oben auf das Becken legen (gestaltendes Manipulon). Dies wird die Aufmerksamkeit des Schülers auf die Tatsache lenken, daß das Becken in Bewegung ist. Somit wird sich die Qualität dieser Bewegung verbessern.

Anders: Der Schüler liegt auf dem Rücken. Greifen Sie einen seiner Arme am Ellbogen und halten ihn so, daß der Oberarm vertikal liegt. Heben Sie leicht an und lassen Sie ihn herunter kommen. Fahren Sie mit einer Hand fort, während die andere von unten das Schulterblatt berührt, so daß sich die Hand zusammen mit dem Schulterblatt bewegt. Hat sich der Schüler zuvor gegen die Partizipation des Schulterblatts gesträubt, wird er dieses nun bereitwilliger einsetzen.

Bei Ausführung dieser letzten Armbewegung beobachten Sie

den Kopf des Schülers. In manchen Fällen dreht er sich zur Seite, so als seien Schulter und Hals eine starre Einheit. Machen Sie mit einer Hand weiterhin die Bewegung, während Sie mit der anderen von der entgegengesetzten Seite aus den Kopf berühren – dieses ist ein einschränkendes Manipulon. Es könnte z. B. ausreichend sein, nur das Ohr mit dem Handrücken zu berühren. Dies wird den Schüler auf die Tatsache aufmerksam machen, daß er unwillkürlich eine Zusatzkomponente hinzugefügt hat zu der Bewegung, die von Ihnen eingeleitet wurde. Die Schulterbewegung läßt sich nun von der Kopfbewegung differenzieren. Dies bildet in sich ein neu erlerntes Muster.

Die Erweiterung des kinästhetischen Sinns durch Berühren kann im Hinblick auf die *Muskeln* nützlich sein, die an der Ausführung eines Musters beteiligt sind. Wird ein Muskel unzufriedenstellend gebraucht (er kann spastisch sein, zu stark, zu schwach, verkrampft oder überflüssig gebraucht werden), dann sind die afferenten (sensorischen) Impulse, die von diesem Muskel ausgehen, offensichtlich feste Bestandteile dieses Musters. Der Lehrer kann versuchen, ein solches Muster zu erzeugen (durch ein gestaltendes oder leitendes Manipulon), und *gleichzeitig* den beteiligten Muskel berühren oder abtasten. Die Gleichzeitigkeit von Tasten und Bewegung schafft für den Schüler einen Weg, eine Verbindung herzustellen und sie als Teile des gleichen Musters zu begreifen. Dies kann entsprechend das Muster in der Repräsentation des Schülers verändern und ihm ermöglichen, der willkürlichen Ausführung einer solchen Veränderung entgegenzusehen. Das Abtasten kann geschehen, indem Sie die Hand entweder längs oder seitlich über den Muskel streichen lassen, manchmal reicht auch ein Druck gegen den bauchigen Teil des Muskels – wobei die andere Hand die Bewegung ausführt. All diese Behandlungen sollten sanft sein, gerade hinreichend, daß man sie als Beschäftigung mit dem Muskel verstehen kann und nicht mit der Haut oder der untenliegenden Fettschicht.

Manchmal kann die gleiche Hand beide Handlungen ausführen. Ein Beispiel: Der Schüler liegt auf dem Bauch, Sie halten Ihren Blick auf die rechte Seite und legen beide Handflächen parallel zueinander flach auf die rechtsseitigen Extensoren auf dem Rücken des Schülers. Drücken Sie leicht mit den Handflächen, wobei Sie die Unterseiten von Händen und Daumen gegeneinander bringen. So erzeugen Sie eine seitliche Biegung der Wirbelsäule (mit Konvexität zur Linken), gleichzeitig verkürzen Sie den Muskel, der an der Bewegung teilnehmen soll, wenn der Schüler sie ausführt. Die gleiche Bewegung läßt sich auf verschiedene Art und Weise erzeugen; drücken Sie z. B. mit Ihrer linken Hand leicht die rechte Beckenseite zum Kopf hin, während sich die rechte Hand mit dem entsprechenden Muskel (dem rechtseitigen Streckmuskel des Rückens) befaßt.

Bei einer anderen Methode, diesen Vorgang zu variieren, gehen Sie wie oben beschrieben vor und halten das Becken, anstatt es sogleich zurückkommen zu lassen, dort ein paar Sekunden lang stetig (einschränkendes Manipulon), bis Sie den Impuls zur Rückkehr verspüren, wenn der Schüler beginnt einzuatmen. Die Rückkehrbewegung könnte als erste Stufe der Weiterführung in die entgegengesetzte Richtung gelten (in diesem Fall einer Biegung des Rückgrats mit Konvexität nach rechts). Das leitende Manipulon könnte nun z. B. dazu dienen, leicht das Rückgrat des Schülers an sich zu ziehen. Dabei fassen Sie mit den Fingerspitzen beider Hände leicht den Verlauf einiger Wirbel und schieben gleichzeitig Ihre beiden Daumen über den gleichen Muskel voneinander weg (dieser ist nun zum Antagonisten geworden), so daß seine Strekkung mit dieser Bewegung klarer assoziiert wird.

Es gibt natürlich eine dritte Möglichkeit, daß ein Muskel, nicht nur weil er auf etwas unbefriedigende Weise Agonist oder Antagonist ist, Aufmerksamkeit verlangt, nämlich dann, wenn er ein „parasitärer Synergist“ (s. S. 68) ist. Hier soll man vorgehen wie bei einem eingreifenden Antagonisten.

Abschließend wollen wir erwähnen, daß „Arbeit“ an den Muskeln ohne gleichzeitige Klärung der Verbindung mit korrespondierenden Bewegungsmustern von zweifelhaftem Lehrwert sind. Ja, es könnte die kinästhetische Aufmerksamkeit des Schülers stören, die der Lehrer ja schon erfolgreich geweckt hat. Trotzdem sollten vielleicht bei einigen untersuchenden Manipulonen nur die Muskeln behandelt werden.

6. Ersatz für Anstrengung

Verlängerung oder Dehnung eines Muskels durch einen Agens außerhalb des Organismus wird als Reflexreaktion eine gesteigerte Aktivierung des Muskels in die entgegengesetzte Richtung dieser Streckung auslösen. Dies ist der wohlbekannte „Dehn-Reflex", durch den afferente Impulse aus den Dehn-Rezeptoren im Muskel einen erregenden Effekt auf die entsprechenden motorischen Neuronen im Rückenmark haben. Die hauptsächlichen biologischen Funktionen dieses Mechanismus bestehen darin, einen beständigen Muskeltonus einzuhalten und antigravitätische Muskeln zu aktivieren, die bei Bewegung und Handeln im gravitätischen Feld benötigt werden. Es ist ein selbstregulierender Rückkopplungsmechanismus, der meistens nicht einer willkürlichen Aufmerksamkeit bedarf. Doch kann in gewissen Situationen willkürliche (höhere Ebene) Kontrolle diesen Reflex natürlich verhindern, z. B. wenn ich entscheide, meinen Arm fallenzulassen, nachdem unten plötzlich die Stütze fortgenommen wurde. Zumindest in diesem Augenblick eiche ich die Wertskala zur Abschätzung des relevanten propriozeptiven Inputs neu, so daß ich diesen Reflex abwende, anstatt den Arm unvermittelt zusammenzuziehen, um seinen Fall aufzuhalten. Der Anstieg im Muskeltonus, der durch den Dehnreflex ausgelöst werden sollte, wird reduziert oder zeitweilig sogar ausgelöscht. So eine Neueichung ergibt sich – beständig oder von Zeit zu Zeit – wahrscheinlich vor allem bei ausgefeilten, hochdifferenzierten Handlungsmustern.

Bei Mustern, die weniger auf Kontrolle durch höhere Ebene ansprechen, etwa bei Rumpfbewegungen, findet diese willkürliche Neueichung weniger häufig statt. Bei großer Anstrengung passiert es z. B., daß sich die Spannkraft des Muskels unkontrolliert steigert, wie wir in manchen Fällen von „Rückenschmerz" finden. Kybernetisch ausgedrückt liegt die „Zunahme" der Feedback-Schleife des Dehnreflexes zu hoch, und es gibt keinen Agens außerhalb der Schleife, diese neu zu eichen. Eine Veränderung des „Feedforward höherer Ordnung" wird notwendig (s. Kapitel 2). Diese Situation wird vielleicht noch stärker betont, wenn eine Beeinträchtigung zerebraler Kontrolle über das motorische System vorliegt.

Ein Manipulon, das die Enden eines überdehnten Muskels aneinander bringt und die verkürzte Distanz (einschränkendes Manipulon) zehn bis zwanzig Sekunden beibehält, kann das sensorische Muster, das von den Länge- und Spannungs-Rezeptoren des Muskels erzeugt wird, modifizieren. Der Strom erregender Impulse, der zu den entsprechenden Neuronen im Rückenmark gelangt, wird vermindert. Darüber hinaus wird sich der antagonistische Muskel, da er leicht gestreckt ist, nach dem Lockern zusammenziehen und möglicherweise den Agonisten hemmen. Letzterer wird, mit anderen Worten, weicher und länger. Die reziproke Hemmung wird sich nach und nach wiederherstellen bei diesem Paar von Antagonisten. Solch ein Manipulon sollte sanft sein und nicht aufdringlich wirken. Der Grad, zu dem man „Insertion" und „Ursprung" näher aneinander bringt, sollte gering sein, besonders dann, wenn es zu Schmerzen führt. Einige Wiederholungen des Manipulons, vielleicht in Kombination mit anderen Möglichkeiten zur Klärung der Situation, wird dies dem Schüler bewußt machen und helfen, die motorische Reaktion auf propriozeptive Reize zu verändern, d.h. neu zu eichen.

Ein Beispiel für diese Art des einschränkenden Manipulons wurde in Kapitel 3 gegeben; drei andere sollen folgen. Bei verspannten Brustmuskeln: Der Schüler liegt auf dem Rücken, die Knie sind angezogen, so als würden sich die Beine wie im Stand verhalten. Die Füße sind schulterweit gespreizt. Der Lehrer hebt das eine Schulterblatt leicht von unten an, von der Oberfläche weg, so daß es sich ein wenig vom Brustkasten fortbewegt, ohne daß sich dabei der Brustkasten selbst bewegt. Dort wird es gehalten und dann gelockert. Die Bewegung wird wiederholt, bis die Schulter leicht herabfällt. Ein vergleichendes Manipulon – Vergleich dieser Schulter mit der anderen – kann den Weg abkürzen, die Spannung an der rechten Seite zu lösen.

Bei Bauchmuskelverspannung: Der Schüler liegt in der oben beschriebenen Position. Beide Schulterblätter werden gleichzeitig angehoben, dieses Mal so lange, bis die falschen Rippen sich etwas dem Becken nähern. Dort wird die Position eingehalten. Hat man die äußere Anstrengung an die Stelle der Bauchmuskelspannung gesetzt, werden diese Muskeln sich lockern. Ihnen wird folglich der Ansatz zu einem tiefen Einatmen auffallen, hervorgerufen durch die größere Freiheit im Bereich der falschen Rippen.

Bei Verspannung der Rückenstreckmuskeln: Der Schüler liegt auf dem Bauch. Er legt seine beiden Hände flach auf, die eine über das Sacrum (der Teil des Beckens unmittelbar über dem Steißbein), die andere oberhalb der Thoraxwirbelsäule. Die angemessenste Stelle für die zweite Hand kann von Schüler zu Schüler variieren. Ein äußerst leichter Druck, das Sacrum näher zu den Rippen zu bringen, wird einige Anspannung der Rückenstreckmuskeln verringern. Da diese Muskeln über den Rippen liegen und bei Verspannung der Bewegung der letzten beiden Rippenpaare entgegenwirken („schwebende Rippen"), kann die Beseitigung dieser Verspannung ein ähnliches Resultat wie das vorherige Beispiel haben – ein tiefes Einatmen. Ist dies der Fall, dann wird ein gestaltendes Manipulon – leichtes Berühren der Rippen mit flachen Händen auf dem Rücken und Mitgehen in Richtung der Inhalation – die Assimilation „höherer Ebene" dieses Musters verstärken.

7. Atmen

Atmen ist ein Bewegungsmuster, das wir bereits erwähnt haben. Es erfüllt eine wichtige und komplexe Funktion, die Einfluß auf eine Reihe anderer Funktionen hat. Darüber hinaus ist dieser Einfluß reziprok. Ohne in eine weitergehende Diskussion der Atmung einzutreten, sollten wir einige Überlegungen aus dem Blickwinkel der Funktionalen Integration anstellen.

Der hauptsächliche Zweck der Atmung ist natürlich, die Lungen mit dem vom Blut benötigten Sauerstoff zu versorgen und das Kohlendioxyd auszuscheiden, das durch den Blutkreislauf an die Lungen zurückgegeben wird. Der Stoffwechsel und damit die rasche Aufnahme des Sauerstoffs sowie die Produktion von Kohlendioxyd haben ihren wichtigsten Faktor in der Muskelanspannung.

Die Sauerstoffaufnahme bei andauernder und beanspruchender Muskelanspannung kann zwanzig Mal so hoch sein wie im Ruhezustand. Die Atemorgane *sind in der Lage, sich selbst* innerhalb recht weitgefaßter Grenzen *zu regulieren.* Diese Regulierung wird hauptsächlich durch eine Veränderung des Luftvolumens erreicht, das bei jedem Atemzyklus ausgetauscht wird, oder bei einem Frequenzwechsel dieser Vorgänge, sowie bei einem gleichzeitigen Wechsel dieser beiden Parameter. Darüberhinaus gibt es zusätzlich einige Parameter, die sich bei der Ausrichtung der Atemfunktionen auf veränderte Bedürfnisse unter Umständen ändern können.

Die Anpassungsfähigkeit des Atmungsapparats kommt nicht nur aus Respirationsgründen ins Spiel. Den eingehenden Luftstrom benutzen wir zum Riechen. Die ausgehende Luft wird zur Erzeugung unserer Stimme gebraucht (Weinen, Lachen, Sprechen, Singen oder Spiel eines Blasinstruments z. B.), ebenso beim Husten, Niesen oder anderen expulsiven Anstrengungen, z. B. wenn jemand absichtlich Luft auf einen Gegenstand bläst.

Bemerkenswert ist, daß diese einigermaßen komplexe Funktion des Atmungsapparates mit seiner eingebauten Anpassungsfähigkeit sein *basisches* Muster nicht durch Lernen erreicht. Das Muster ist *vererbt.* Jeder Mensch atmet bereits innerhalb von Sekunden nach der Geburt und „weiß", wie er husten, gähnen oder niesen muß.

Dieses phylogenetisch erlernte Muster ist sehr alt und tief „verwurzelt"; in der Tat ist es bei den meisten Wirbeltieren recht ähnlich. Trotzdem kann jeder *willkürlich* zumindest für begrenzte Zeit Atemrhythmus und Atemmenge *verändern.* Außerdem können verschiedene motorische Muster durch den Gebrauch von Muskeln, die auch bei der Atmung beteiligt sind, die Atmung beeinflussen oder selbst von ihr beeinflußt werden. So wird z. B. jede starke Aktivierung der Rumpfsehnen auf die Atmung einwirken. Legen Sie sich mit dem Rücken auf den Boden und heben Sie die ausgestreckten Beine an, daß sich die Fersen fünf Zentimeter über dem Boden befinden. Sofort wird Ihnen der Einfluß auf die Atmung bewußt werden. Beachten wir dabei, daß ein motorisches Muster wie starke Aktivierung der Sehnen Teil eines emotionalen Syndroms, wie etwa Angst, sein kann. (Siehe *Body and Mature Behavior.*)

Die Atmung zu verbessern, ist oftmals eine wichtige, ja sogar unumgängliche Aufgabe. Andererseits ist Erleichterung des Atemvorgangs nichts weiter als eine Erinnerung an das System, daß es etwas gibt, was es schon sehr lange gegeben hat. Man lernt nicht zu atmen; man kann nur lernen, wie man weniger in dieses wohletablierte Muster eingreift, so daß es sich leichter auf verschiedene Umstände in der Umgebung und auf die biologischen Notwendigkeiten der eigenen Existenz anpassen kann.

Aus dem vorangegangenen wird klar, daß verschiedene Kontrollebenen an den unterschiedlichen Funktionen des Atmungsapparats beteiligt sind, daß man das basische Atemmuster erneuern oder wiederherstellen kann, indem man es in Verbindung mit Mustern der Kontrolle höherer Ebene durchleuchtet. Andersherum wird jede Verbesserung des Atemmusters die Qualität der entsprechenden Funktionen steigern.

Bei der Behandlung der motorischen Komponenten des Atmungsmechanismus sollte man die beiden Hauptbereiche im Auge behalten: *a.* die Bewegungen des Zwerchfells und *b.* die Bewegungen des Brustkorbs.

Der Zwerchfellmuskel trennt die Unterleibsorgane von den Organen im Brustkasten. Es ist ein gewölbeartiger Muskel mit einer nach oben gerichteten Kuppel. Seine Fasern verlaufen mehr oder weniger radial und sind innen an der unteren Umschließung des Thorax befestigt. Durch Kontraktion ziehen die Fasern den zentralen Teil des Muskels (die Zentralsehne) herab, so daß das Lungenvolumen vergrößert wird. Dies geschieht beim Einatmen. Die Senkung des Zwerchfells drückt die Bauchorgane nach unten, so daß der Abdomen leicht hervorsteht. Die äußeren interkostalen Muskeln, die synergetisch aktiviert sind, heben die Rippen, so daß sich das Volumen des Brustkastens durch transversale Weitung weiter vergrößert. Auch die Rippen bewegen sich in ihren Gelenkverbindungen mit den entsprechenden Wirbeln und dem Brustbein. Jedes Rippenpaar bildet eine Oberfläche, die schräg nach unten, hauptsächlich nach vorn und etwas seitlich gerichtet ist. Die oben erwähnte Rippenbewegung, die beim Einatmen auftritt, hebt die Rippen an, so daß der Schrägabfall vermindert wird, die Rippen brechen nach den Seiten aus und das Brustbein hebt sich, bewegt sich von der Wirbelsäule weg. Für das Zwerchfell könnte man die kombinierte Bewegung innerhalb des Rippengefüges kurz beschreiben als eine Senkung des Bogens und einer Weitung seines Umkreises.

Beim Ausatmen entspannt sich das Zwerchfell. Der elastische Rückstoß der thorakischen und abdominalen Wände, unterstützt von den inneren interkostalen Muskeln und bisweilen zusätzlich noch durch die Bauchmuskeln, bringt die Rippen nach unten und die Wölbung des Zwerchfells nach oben. Dieses senkt das Lungenvolumen, und die Luft wird ausgestoßen. Wie stark einzelne Muskeln bei der Erzeugung der Atembewegungen oder bei der Einwirkung auf diese beteiligt sind, unterliegt zahlreichen Bedingungen. Es gibt daher rein vom motorischen Blickpunkt her zahlreiche unterschiedliche Atembewegungen. Dies sieht man an der unterschiedlichen Aktivität eines Menschen und ist auch von Person zu Person verschieden. Zusätzlich besteht eine quantitative Variabilität, was Frequenz und Menge des bereits erwähnten Luftaustausches angeht.

Es gibt eine überraschend große Anzahl von Bedingungen, die auf die Regulierbarkeit der Atmungsfunktion einwirken können. Ein wichtiges Beispiel ist das *Körpermuster der Angst*, das Feldenkrais (in *Body and Mature Behavior*, S. 83 ff.) als eine instinktive, angeborene Kontraktion der Sehnenmuskeln bei gleichzeitiger Hemmung der Streckmuskeln (der antigravitätischen Muskeln) beschrieben hat. Dies ist eine Reaktion auf ein Gefühl unmittelbarer Gefahr, z. B. wenn man angegriffen wird, oder bei Fallangst oder bei Angst, den Boden unter den Füßen zu verlieren.

Eine gewaltsame Stimulation des Vestibülapparats (der Beschleunigung von Bewegung wahrnimmt und entsprechende motorische Reflexe auslöst) oder ein plötzliches lautes Geräusch erzeugen im Normalfall ein Muster, bei dem man auf Fallangst reagiert. „Dieses Muster der Sehnenkontraktion wird jedesmal wieder in Kraft gesetzt, wenn ein Mensch zurückkehrt zum passiven Schutz seiner selbst und keine Mittel hat, bzw. seine Kraft in Zweifel stellt, sich aktiv zu wiedersetzen. Die Extensoren oder antigravitätischen Muskeln werden also teilweise notgedrungen zurückgehalten." (Ebd., S. 92). Darüberhinaus kann dieses Muster in vielen Fällen bestehen bleiben und so zu einer Gewohnheit werden, die von unterer Ebene kontrolliert wird, lang nachdem das angstverursachende Agens verschwunden ist.

Neben dem Angstkomplex gibt es andere Vorgänge, die eine starre Muskelverbindung zwischen Becken und Thorax verursachen und so die Anpassungsfähigkeit des Atmungsapparats verringern.

Bei A. S., einer Frau von sechsundzwanzig Jahren, war z. B. eine leichte Skoliose (seitliche Rückgratverkrümmung) zu erkennen. Sie wies im lumbalen Rückgrat eine leichte Krümmung auf und hatte Schwierigkeiten mit ihrer Atmung. Es stellte sich heraus, daß ihr vor drei Jahren der Blinddarm entfernt worden war und sie immer noch glaubte, sie müsse die Narbe schützen. Sie hielt sie für eine „Schwachstelle". Als sie mit Hilfe der Funktionalen Integration die Möglichkeit erkannte, ihre rechtsseitigen Rippen bei der Atmung zu beteiligen, waren nicht nur ihre Bauchmuskeln (einschließlich der Narbe) gelockert, sondern es war auch die Skoliose verschwunden, was beweißt, daß sie von dieser einseitigen Muskelkontraktion herrührte.

S. D., eine Frau von sechsundvierzig Jahren, sagte, als sie sich eines Atemmusters bewußt wurde, daß die Bewegung ihre Rippen mehr einbezog als ihr normales, gewohntes Muster: „Wissen Sie, ich hatte jahrelang Schwierigkeiten mit der Atmung. Ich weiß sogar, wann es anfing damit." Ich fragte: „Vielleicht im Alter von zwölf Jahren?" Sie sagte: „Ganz genau! Ich machte mir Sorgen, meine Brüste könnten zu groß werden, und ich habe immer meinen Bauch eingezogen. Jetzt macht es mir nichts mehr aus, und da ich jetzt die Verbindung erkannt habe, weiß ich, wie ich mit dieser Gewohnheit umgehen muß."

Es folgt eine kurze Auflistung von Manipulonen für die Arbeit des Atmungsapparats. Jeder dieser Manipulonen stimuliert oder fördert eine Komponente des komplexen Atmungssystems. Bei sporadischer Anwendung müssen sie nicht unbedingt die Atmung beeinflussen, werden sie jedoch als integrierende Manipulonen genutzt (nach Vorbereitung durch entsprechende Muster), führen sie sehr wohl zum Ergebnis. Es gibt hier keinen Versuch, ein bestehendes Muster starrer Verbindung zwischen Becken und Thorax zu verändern, vielmehr soll eine Situation geschaffen werden, in der das System des Schülers positiv und auf eine ihm bereits „bekannte" Weise reagieren kann.

Der Schüler liegt auf der linken Seite, Knie und Hüftgelenke sind bequem gebeugt. Unter dem Kopf befindet sich eine leichte Stütze. Der Lehrer sitzt hinter dem Kopf des Schülers und sucht die Stelle, an der die Wirbelsäule dem Boden am nächsten ist. An diesem Punkt stützt er mit den Fingern (beider Hände) einige Wirbel (zwei oder mehr) unterhalb ihrer spinalen Verläufe, so als versuche er, die Säule parallel zum Boden auszugleichen. Ausgehend von einem untersuchenden Manipulon, über ein sanftes, leitendes Manipulon (Arbeit mit dem Einatmen) bis hin zu einem einschränkenden Manipulon, stützt der Lehrer ununterbrochen die Wirbelsäule. Falls nötig, wird nur die rechte Hand zur Stütze der Wirbelsäule benutzt, während die Linke flach auf dem Schulterblatt des Schülers liegt und dieses leicht in die Abduktion führt, so als wolle man dem Schüler helfen, den rechten Ellbogen vor dem Gesicht „auszustrecken". Dies gibt der Wirbelsäule eine leichte Drehung, läßt den Kopf gestreckt und den rechtsseitigen Rippen die Möglichkeit, auszubrechen.

Der Schüler liegt wie vorhin auf der linken Seite. Durch leichten Druck hinter dem rechten Darmbein zur Schulter hin (einschränkendes Manipulon) reduziert der Lehrer die Anspannung der Bauchmuskeln, indem er die rechten unteren Rippen mit dieser Krümmung verbindet. Während er dieses mit der rechten Hand

Abb. 10

macht, stützt er (wie vorher) mit der Linken die Wirbelsäule, so daß der Winkel zwischen Säule und rechtsseitigem Becken etwas verringert wird (Abb. 10). Man löst den Druck gegen das Becken, sobald das Einatmen einsetzt, jedoch bleiben die Hände weiterhin an ihrem Platz (gestaltendes Manipulon). Nun setzt man mit der nächsten Ausatembewegung wieder ein.

Der Schüler liegt auf einer Seite. Beide Hände liegen auf Schultergelenk und Scapula, und mit kleinstmöglichem Druck wird langsam und äußerst vorsichtig die Scapula in verschiedene Richtungen über die Rippen geschoben (untersuchende und gestaltende Manipulonen alternieren mit leitenden Manipulonen). Schließlich wird der Schüler herausfinden, wie er die Muskelverbindung zwischen den Rippen und den beweglichen Teilen verringern kann, so daß die Scapula „schwebt" und die Rippen ausbrechen können.

Der Schüler liegt auf dem Bauch, das Gesicht zeigt zur linken Seite, das linke Knie ist gebeugt und nach vorn gezogen, so daß das Becken an der linken Seite angehoben ist. Der rechte Arm ruht am Körper und der linke Arm ist gekrümmt, so daß der Ellbogen sich in etwa vor dem Gesicht befindet. Der Lehrer sitzt mit Blick auf den linken Arm des Schülers und greift mit beiden Händen das linke Schultergelenk des Schülers, die Finger stützen dabei von unten und die Daumen berühren von oben. Während er die kleinstmöglichen Bewegungen ausführt, verhilft der Lehrer dem Schüler zu einem Weg, die Schulter „schweben" zu lassen. Diese Position wird für einen Augenblick beibehalten, bis das Muster als durchführbar und angenehm erkannt ist.

Der Schüler liegt auf dem Rücken, die Knie sind angezogen, und die Füße ruhen auf der Bank und sind ein wenig voneinander weggespreizt. Der Lehrer berührt die beiden vorstehenden frontalen Erhebungen des Beckenknochens auf beiden Seiten des Unterbauchs (der vorstehende obere Darmbeinwirbel). Die Hände liegen flach auf, als wollten sie das Becken krümmen, und bringen diese beiden Punkte näher zum Brustkasten (Abb. 11). Dabei fühlt man den Tonus der Bauchmuskeln in Nähe ihrer Insertion. Die Sanftheit der Berührung kann zusammen mit einer äußerst leichten Krümmung des Beckens (einschränkendes Manipulon) den Schüler veranlassen, diesen Sehnentonus zu reduzieren.

Abb. 11

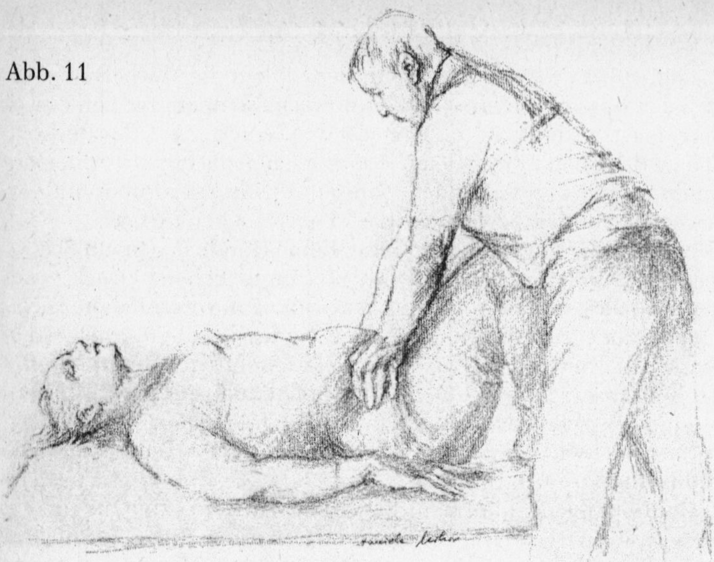

8. Einige zusätzliche Bemerkungen zu den Kontrollebenen

Für gute Arbeit ist es wichtig, daß sich der Lehrer ständig über die Kontrollebene des Schülers im klaren ist. Damit kann er der vorherrschenden Ebene in der angemessenen „Sprache" begegnen. Dazu ein paar ausführlichere Erläuterungen.

Allgemein sollte man beachten: Ist das System des Schülers gesteigert *aufmerksam* in bezug auf jede Einmischung in seine Sicherheit, dann sollte zuerst dieses Anliegen beruhigt werden. Dies kann z. B. geschehen, indem man das Interesse des Schülers verschiebt oder in einen Handlungsbereich dirigiert, der Sicherheit, Bequemlichkeit und erfolgreiches Funktionieren schafft.

Es wurde bereits angedeutet, daß es in einem *Regressions*zustand zu einer *Überreaktion der Sehnen* kommen kann, egal wodurch diese Regression erzeugt wurde. Da es nicht ratsam wäre, direkt gegen die Sehnen zu arbeiten, könnte man eine *undifferenzierte* Bewegung erzeugen, die nicht die Beteiligung einer gespannten Sehne erforderlich macht. Dann könnte man graduell zu einer *differenzierten* Bewegung kommen, bei der eine leichtere Beteiligung dieser Sehne bereitwilliger erfolgen kann. Hier eine Methode: Das schützende Muster um diese Sehne läßt man unbehelligt, während die Sehne als Antagonist zum entsprechenden Streckmuskel fungieren kann. Letzteres haben wir auch im Rahmen des Mechanismus der reziproken Hemmung, auf den man vielleicht vorher schon gestoßen ist.

Jede Streckbewegung von der Körpermitte weg sollte langsam erfolgen, ganz besonders auf der Untersuchungsstufe. So können Unsicherheits- oder Gefahrenempfindungen weniger leicht auftreten. Die Rückkehr zur gewohnteren Position durch Beugung geschieht schneller als die Streckung aus der gewohnten Position heraus. So läßt sich dem Schüler auch die Erfahrung von Bewegungen vermitteln, die *schnell und sicher* ausgeführt werden können. „Nach Hause zurückkehren" hat immer etwas sicheres und läßt sich schnell unternehmen; „weggehen" muß ziemlich langsam und sorgfältig vonstatten gehen. Die Möglichkeit schneller Bewegungen zu erkennen, ist von Zeit zu Zeit eine wichtige Lernerfahrung, die das Leistungsbild des Menschen steigert.

Bei der *Erforschung des Umfangs* einer Bewegung trägt der Lehrer zunächst dafür Sorge, daß der gewohnte Sektor dieses Bereichs wohlbekannt und vertraut ist. Der mittlere Teil dieses Bewegungsumfangs liegt normalerweise um den neutralen Punkt der geringsten Anstrengung. Nur wenn dieser neutrale Bereich als sicher gekennzeichnet ist, kann man sich selbst mit der oberen Kontrollebene des Schülers vertraut machen. Danach kann man „grenzüberschreitend" die Untersuchungsbereiche angehen.

Einer Streckbewegung, die für den Schüler „neu" ist, geht am besten eine korrespondierende Beugung voraus, auch wenn die erstere ungefährlich ist. Durch repetitives Alternieren von Beugung und Streckung kann man dem Schüler ein Sicherheitsgefühl vermitteln, das er mit Beugung (oder Nicht-Streckung) verbindet, indem man einfach den *Akzent* auf die Beugung verlegt. Dies läßt sich z.B. erreichen, indem man nach jeder Beugung einen kurzen Augenblick innehält und eine Streckung ausführt, so als sollte sie auf die nächste Beugung vorbereiten. Dieser Akzent auf eine Richtung kann natürlich später auf eine andere Richtung verlagert werden, jedoch nicht, bevor der Lehrer fühlt, daß das Bild des gesamten Musters geklärt wurde.

Im folgenden ein Beispiel für die Lockerung der Überaktivität eines gespannten Brustmuskels: Der Schüler liegt auf dem Rükken. Der Lehrer nimmt die rechte Hand des Schülers und legt sie auf die linke Schulter des Schülers (oder auf eine Stelle nahe der Schulter), so daß der Ellbogen auf dem Brustkasten ruht. Mit dieser linken Hand drückt der Lehrer den Ellbogen leicht gegen den Brustkasten, um die Nicht-Streckung zu betonen, während er mit seiner anderen Hand von unten die Scapula stützt. Diese Bewegung wird im Wechsel mit einem verschwindend kleinen Anheben des Ellbogens vom Brustkasten weg wiederholt. Die Betonung liegt immer noch auf der Beugung des Schultergelenks. Der Augenblick kommt, wenn der Lehrer fühlt, daß anstelle der Brustmuskelspannung des Schülers die Anspannung von außen getreten ist. Die Betonung kann schrittweise auf eine leichte Armstreckung verlagert werden, wobei die Stützbewegung der Scapula fortgesetzt wird, zuerst mit der Beugung, dann mit der Streckung. Schließlich wird sich der Ellbogen leicht anheben und der Oberarm sich diagonal über den Kopf strecken.

Hier ein weiteres Beispiel. Den Hals zu strecken, während man das Kinn vom Brustkasten wegbewegt, empfinden viele Menschen als gefährlich oder gar unmöglich (wir sprechen hier nicht von einer Situation, wo irgendein struktureller Defekt besteht). Der Schüler liegt auf dem Rücken. Der Lehrer hält den Kopf des Schülers, er stützt ihn mit einer Hand in bequemer Höhe. Mit seiner anderen Hand bewegt er das Kinn des Schülers leicht nach unten, so als ließe er den Schüler „auf den Nabel schauen". Bei Wiederholung dieser Beugung kann der Lehrer die Wirksamkeit dieser Handlung verbessern, indem er dem Schüler vorschlägt, nach oben und unten zu sehen, den Bewegungen mit seinem Kopf zu folgen. Die Verbindung der Augenbewegungen mit den Halsbewegungen hilft, diesen Vorgang zu verdeutlichen. Die Augen-Hals-Verbindung ist natürlich von unterer Ebene kontrolliert. Mit dieser Methode kann der Lehrer ein neues oder erneuertes Muster schaffen – er nutzt die Funktionsweise, die bereits im ZNS fest verankert ist.

Diese Beispiele sollen nicht besagen, daß man die Streckung unter allen Umständen erreichen muß. Es ist jedoch wichtig, daß man dem Schüler die Einsicht vermittelt, daß es unnötig ist, fortwährend gegen die Streckung zu arbeiten. Anders gesagt, der Schüler sollte sinnlich und nicht nur intellektuell zwischen der Möglichkeit unterscheiden können, eine bestimmte Bewegung nicht zu *wählen*, oder *unfreiwillig* und fortwährend den Körper gegen eine solche Bewegung zu organisieren. Ist diese Einsicht sensorisch verankert, kann sie sehr gut dazu dienen, gewisse überflüssige Vermeidungsmuster loszuwerden.

Ist das ZNS des Schülers verhältnismäßig ruhig und befindet sich nicht in Alarmbereitschaft gegenüber möglicher Gefahr, dann lassen sich „riskante Muster" erproben. Das Selbstbild des Schülers läßt sich ergänzen und erweitern. Der Schüler ist dann besser ausgerüstet, im täglichen Leben immer wieder auftretende Situationen zu regulieren – Situationen, in denen es nicht immer möglich ist, auf wohlvertraute Handlungsmuster zurückzugreifen. Ein Bewegungsmuster, das neu und überraschend ist, ohne dabei gefährlich zu sein, könnte der Schüler als riskant erachten und es sollte erst nach angemessener Vorbereitung versucht werden. Manchmal liegt das Risiko natürlich klar auf der Hand, etwa wenn es an die strukturellen Grenzen des Schülers rührt.

Nehmen wir an, es ist eine Klärung der Bewegungsmuster von Unterarm (Streckung und Drehung nach innen), Handgelenk und Fingern nötig. Das gewohnte Muster soll aufgegeben werden und ein anderes erzeugt werden. Dazu läßt man den Schüler sich auf den Bauch legen, sein Gesicht ist nach links gedreht, der rechte Arm liegt am Körper. Der rechte Ellbogen wird nun leicht angehoben, so daß der Handrücken leicht auf das Becken oder noch höher, auf dem Rücken, plaziert werden kann (Abb. 12). Diese Position könnte als unsicher empfunden werden, da sie ziemlich weit entfernt ist von der gewohnten Position. Falls nötig, läßt sich diese Stellung durch Bewegungen von Schulter und Schulterblatt entsprechend vorbereiten. Andererseits wird der feste Kontakt des Unterarms des Schülers mit seinem Rücken – unterstützt bei den fortlaufenden Manipulationsstufen durch Berührung des Lehrers – ein Großteil des Risikogefühls verschwinden lassen und mehr Vertrauen und Kooperation erzielen.

Oft ist es ratsam, die Arbeit *an der besseren Seite* zu beginnen. Gibt es an einer Seite z. B. ein „Problem" (Schmerz oder Verletzung), egal ob rechts oder links, kann man zuerst die „gute" Seite klären, sich selbst und auch den Schüler mit dem Muskeltonus und den Bewegungsbereichen, wo Vorsicht gegenüber Veränderung und Gefahr *weniger* betont sind, vertraut machen. Geschieht das gleiche an der „schlechten" Seite, dann ist das Programm bereits *vorher* bekannt, und der Schüler weiß, was zu erwarten ist. Der Weg ist nun frei, die Situationen auf beiden Seiten zu vergleichen. Erworbene Fähigkeiten lassen sich nun von der einen Seite des Körpers – und des Gehirns – auf die andere verlagern.

Abb. 12

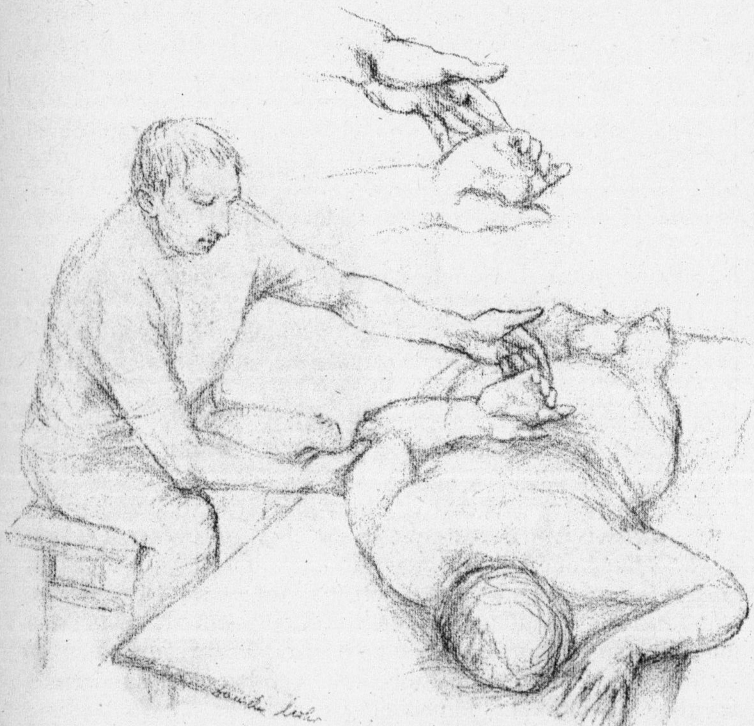

TEIL III
WEITERE TECHNISCHE ÜBERLEGUNGEN

6. Einige physikalische Prinzipien bei der Funktionalen Integration

Ich möchte an dieser Stelle einige der physikalischen Begriffe und Prinzipien von Beschreibung und Analyse der Bewegungen des menschlichen Körpers erläutern. Diese Begriffe sind nicht nur für das Verständnis der physikalischen Aspekte motorischer Funktion wichtig, sie haben auch Bedeutung als gewisse technische Aspekte der verschiedenen Manipulationsweisen. Durch dieses Verständnis kann der Lehrer auf der einen Seite seine Effizienz steigern und ebenso die Deutlichkeit des Informationsflusses in der Schüler-Lehrer-Interaktion stärker hervortreten lassen. Zusammen mit dieser Diskussion physikalischer Prinzipien werde ich Beispiele für Manipulonen anführen, bei denen die Einhaltung und Anwendung dieser Prinzipien besonders offen zutage tritt. Der Leser sollte dieses Kapitel nicht so sehr als eine Art Einführung in die Physik begreifen, sondern vielmehr als einen Weg, bestimmte grundlegende Fakten zu erörtern.

Nehmen wir z.B. die Begriffe *Kraft* und *Druck*, wie sie in der sogenannten klassischen Mechanik auftauchen. Kraft, die auf einen Körper einwirkt, enthält Beschleunigung (oder Verlangsamung) dieses Körpers, seine Deformation, oder beides – Beschleunigung stellt die Veränderungsrate der Körpergeschwindigkeit dar. Die genaue Formulierung dieser Beziehungen findet man in den Newton'schen Gesetzen und im Deformations-Gesetz hinsichtlich elastischer Körper.

Wirken zwei Körper durch direkten Kontakt aufeinander ein, dann unterliegen beide korrespondierenden Beschleunigungen (oder Verlangsamungen), ebenso unterliegen sie elastischen Deformationen durch Kräfte *gleicher Größe*, die in ihrer Richtung *entgegengesetzt* sind. Dies ist Newtons 3. Gesetz. Die Beschleunigungen stehen in entgegengesetzter Beziehung zur Körpermasse, d. h., je größer die Masse, desto kleiner die Beschleunigung (Newtons 2. Gesetz). Die Art der Kräfte, denen wir in dieser Arbeit begegnen, sind, abgesehen von der Muskelkraft, elastische Kräfte (Kräfte, die mit elastischer Deformation zu tun haben), gravitätische Kräfte und Reibungskräfte.

Druck ist die Menge der Kraft pro Flächeneinheit, ausgedrückt z. B. in Kilogramm pro Quadratzentimeter oder Pfund pro Quadratzoll. Druck ist das, was sich in den Begriffen örtlichen Zusammentreffens abspielt, wenn zwei Körper in engem Kontakt zueinander stehen. Wird die in diesem Kontakt enthaltene Kraft in einen größeren Bereich übermittelt, dann wird der Druck proportional kleiner und umgekehrt. Diese Tatsache ist natürlich bestimmend für das, was lokal am Druckpunkt geschieht. Sie erklärt, weshalb z. B. ein scharfes Messer leichter etwas durchdringt als ein stumpfes; die Oberfläche, auf die die Kraft angewandt wird, ist gering, und daher ist der Druck proportional gesehen sehr groß. Die Grundfläche des Skis ist ungleich größer als die der Schuhsohle, und somit wird verhindert, daß der Ski im Schnee versinkt. Auf einer gepolsterten Oberfläche läßt es sich bequemer liegen, ganz einfach, weil die vergrößerte Kontaktfläche den örtlichen Druck verringert.

Die letzte Bemerkung kennzeichnet die offensichtliche Wichtigkeit, den Schüler sich wohler fühlen zu lassen, damit er bereit wird für eine Lernerfahrung. Die Kraft, die der Lehrer bei Manipulationen einsetzt, so gering sie auch sein mag, wird als erfreulicher und weniger störend empfunden, wenn der Lehrer sie mit flacher Hand und nicht mit den Fingerspitzen auf einer größeren Oberfläche ausübt.

Druck, der auf einen Bereich ausgeübt wird, ist eine Kraft, die in rechtem Winkel auf die Kontaktoberfläche einwirkt. Die Rolle, die *Reibung* spielt, wird deutlich, wenn wir zwei Körper betrachten, die von einer Kraft aneinander gepreßt werden, einer Kraft, die nicht rechtwinklig verläuft. In diesem Beispiel wird das eine *gleitende* Bewegung des einen Körpers zur Folge haben, falls nicht genug Reibungskraft besteht, dieses Gleiten zu verhindern. Die Diagonalkraft soll in so einem Fall aus zwei Komponenten bestehen, die sich auf zwei Handlungen beziehen: die eine ist der Druck selbst, er agiert im rechten Winkel zur Oberfläche; die andere ist die Erzeugung des oben erwähnten Gleitens, wenn ihr nicht durch Reibung entgegengearbeitet wird. Die maximale Menge der Reibungskraft, die ein Gleiten verhindern wird, ist in sich selbst wieder vom Druck abhängig; „je größer der Druck, um so größer auch die Reibung". Abgesehen davon hängen Reibungskräfte ebenso von der besonderen Beschaffenheit des Materials zweier Körper ab.

Wird die handelnde Kraft im rechten Winkel zur Oberfläche dirigiert, kommt es nicht zu Reibung. Allgemein bekannt ist, daß Stehen auf äußerst schlüpfriger Oberfläche nur möglich ist, wenn die Oberfläche horizontal liegt, denn die Schwerkraft, die den Druck produziert, verhält sich dann im rechten Winkel zur Oberfläche. Wir können nur auf einer geneigten Oberfläche stehen, weil Reibung präsent ist. Darüber hinaus wird unsere Fähigkeit zu beschleunigen (oder zu verlangsamen) in den meisten Fällen durch Reibung ermöglicht: wir können uns auf einer horizontalen Oberfläche vorwärts bewegen oder anhalten, indem wir die existierende Reibung nutzen.

Diese Tatsachen sind im alltäglichen Leben so grundlegend, daß wir ihnen nur geringe Beachtung schenken. Nur wenn Reibung ausfällt, sind wir überrascht, sind gezwungen, uns auf schnellagierende Reflexe zu verlassen, etwa wenn wir aus Versehen auf einer glitschigen Oberfläche ins Stolpern geraten.

Schmierung ist eine Art, Reibungskräfte erheblich abzumindern, und wird eingesetzt, wenn leichte Bewegung möglich sein soll. Andererseits wird verstärkte Reibung beim Bremsen, beim Anhalten oder bei der Verhinderung von Bewegung benötigt. Um Reibung zu vergrößern, werden bestimmte Materialien verwandt. Der entscheidende Faktor jedoch, der Reibung bestimmt, ist, wie bereits gezeigt, die Druckmenge, die Körper gegeneinander drückt. Ein nasses Glas, das wir zwischen den Fingern halten, könnte uns wegrutschen, doch indem wir den Druck unserer Finger verstärken, verstärken wir auch die Reibungskraft und verhindern damit ein Wegrutschen.

Abnutzung, durch Reibung erzeugt, oder ein *Erhitzen* sich bewegender Körper bei präsenter Reibung sind allgemein bekannte Phänomene – denken wir nur an die Handlung, ein Streichholz anzuzünden. Reibung im oder auf dem menschlichen Körper kann genauso destruktiv wirken. Alle Gelenke, die bei Bewegung benutzt werden, besitzen eine Art von Schmierung, die im großen und ganzen recht befriedigend arbeitet. Dennoch kann Reibung in Gelenken zunehmen und destruktiv werden, nicht nur weil diese Lubrikation versagt, sondern auch dann, wenn die Knochen kraftvoll gegeneinander gestoßen werden, sei es durch übermäßigen Muskeleinsatz oder durch irgendeine gewaltsame Manipulation.

Jedes Behandeln, das nicht im rechten Winkel zur Berührungsoberfläche abläuft, enthält demnach Reibung zwischen der Hand des Lehrers und der Haut (oder Kleidung) des Schülers. Manchmal will man dies absichtlich erreichen, will man etwa das Gewebe eines verspannten Muskels untersuchen. In diesem Fall sollte es äußerst vorsichtig geschehen. Ein Gleiten sollte dabei vermieden werden. Falls möglich, benutzt der Lehrer immer einen hervorstehenden Knochenteil, etwa den Fortsatz (Processus) oder Kondylen, als „Haltepunkt", um ein Gleiten der Hand zu verhindern.

Kraft läßt sich auf vielerlei Art durch den Körper des Schülers vermitteln. Etwa indem man vom Kopf zum Becken hin drückt oder von den Füßen hinauf zum Kopf. Um eine wirksame Übermittlung durch das Skelett zu erreichen, sollte der Druck *im rechten Winkel* zur Oberfläche der betreffenden Gelenke erfolgen. Dies ist bei den Wirbeln besonders wichtig. Geschieht es nicht, entsteht parallel zur Kontaktoberfläche zwischen den angrenzenden Knochen eine Kraftkomponente, die dazu tendieren wird, einen quergerichteten Gleiteffekt zu erzeugen, den man „Schubbeanspruchung" nennt. Dies kann die Struktur verletzen und wird auch bei vorsichtiger Ausführung unangenehm für den Schüler sein.

Schubbeanspruchung sollte der Lehrer vermeiden. Natürlich wird von ihm nicht erwartet, daß er zu jeder Zeit im exakten Winkel arbeitet; das Anliegen ist nicht rein geometrischer Art. Man sollte es jedoch immer im Sinn haben. Und man sollte auch an die dabei tätigen Körperfunktionen denken. Beginnt man mit dem leichtesten Schub und sucht nach der Richtung, die weiteste Übermittlung dieses Schubs zuläßt, dann sollte dies beim Schüler keine Abwehrreaktion verursachen.

Verstärkte Reibung in einem Gelenk ist manchmal auf arthritische Veränderungen zurückzuführen, die in diesem Gelenk aufgetreten sind. Durch Verringerung des Drucks zwischen den beiden Knochen kann die Reibung zurückgehen und Unwohlsein und Schmerz, die von überarbeiteten Muskeln herrühren, gelindert werden.

Es ist bekannt, daß, mechanisch gesehen, Teile des Skeletts als *Hebel* arbeiten. Viele Knochen können wie an einem Punkt gedreht betrachtet werden, während zwei Kräfte an zwei verschiedenen Stellen auf sie einwirken, die in einer bestimmten Entfernung vom Drehpunkt liegen. Sie arbeiten – anders ausgedrückt – als Hebel. Nehmen wir als Beispiel den Fuß: Stellt man sich auf die Zehen, wird der Fuß unterhalb der Zehen am Boden einen Drehpunkt bekommen, und zwei Kräfte wirken auf ihn ein: 1. die gespannten Wadenmuskeln, die durch die Achillessehne die Ferse vertikal hochziehen und 2. die Schwerkraft (das Körpergewicht oder ein Teil desselben), die durch die Beinknochen zum Knöchelgelenk vertikal nach unten zieht. Doch kann der gleiche Fuß, wenn er verschiedene Funktionen ausführt, auf andere Art als Hebel gesehen werden.

In sitzender Position – man drückt etwas mit den Zehen von sich weg – arbeiten die gleichen Muskeln an der Ferse, doch der Fuß hat seinen Drehpunkt am Knöchelgelenk, und das gedrückte Objekt drückt gegen die Zehen zurück.

Ein anderes interessantes Beispiel ist der Kopf in aufrechter Stellung. Der Schädel hat seinen Drehpunkt am höchsten Wirbel. Das Schwerkraftzentrum des Kopfes hat seinen Sitz vor diesem Drehpunkt. Damit der Kopf nicht nach vorn fallen kann, muß somit die Schwerkraft (das Gewicht des Kopfes), die vertikal durch diesen Punkt nach unten agiert, durch ein Ziehen der Nackenmuskeln ausgeglichen werden. Dies ist ein Beispiel für eine Muskelgruppe, die gewohnheitsmäßig und nahezu ununterbrochen arbeiten muß, sogar dann, wenn der Körper auf wirksamste Art und Weise organisiert ist, das bedeutet: ohne daß es uns bewußt ist, ist in den Nackenmuskeln stets ein gewisser Tonus präsent. Dem Menschen wird dieser nicht bewußt, es sei denn, der Tonus wird aus irgendeinem Grund übermäßig und beunruhigend. Ein ähnlicher Tonus ist konstant in den Muskeln präsent, die verhindern, daß das Kinn durch sein Gewicht nach unten fällt.

Die quantitative Art, Hebel zu betrachten, drückt sich in einer allgemein bekannten Formel aus, die die Bedingung für das Gleichgewicht eines Hebels festsetzt: Das Kräfteverhältnis ist gleich dem umgekehrten Verhältnis der Hebelarme. Die „Arme" des Hebels sind die Entfernungen des Drehpunkts zu den geraden Linien, auf denen die Kräfte agieren. Ohne diese Formel numerisch anwenden zu müssen, hilft sie einem doch, bestimmte mechanische Aspekte motorischer Funktionen und wirksamer Manipulationen zu verstehen.

Es ist nützlich, wenn der Lehrer klarstellt: 1. welcher Körperteil des Schülers an der Bewegung beteiligt sein wird, 2. den Drehpunkt (falls vorhanden) als unbeweglichen Punkt, um den herum die Bewegung stattfindet und 3. die beiden Kräfte oder Kräftegruppen: die Kraft des Lehrers und die Widerstandskraft. Letztere könnte bestimmt sein durch Gewicht, Reibung, elastische Kräfte oder die Muskelanspannung des Schülers. Wenn ich sie „Widerstandskräfte" nenne, will ich nicht sagen, es sollte den Versuch geben, diese zu überwinden. Die Entscheidung darüber, ob dies der Fall sein wird oder nicht, kann niemals aus mechanischen Gründen allein getroffen werden.

Es könnte passieren, daß der Lehrer keine andere Wahl hat, als in der Nähe des Drehpunkts eines „Hebels" zu arbeiten. Doch idealerweise sollte man an einer Stelle arbeiten, die vom Drehpunkt ein wenig entfernt liegt. Die einwirkende Kraft ist dann geringer und sanfter, die Bewegung wird größer und somit hinsichtlich ihrer Richtung und Quantität leichter zu kontrollieren sein.

Die Rumpfbewegungen bei Beugung und Streckung können als Hebelvorgang gesehen werden, wobei die obere Hälfte des Rumpfs an den Lenden ihren Drehpunkt erhält. Die in Richtung der Beugung agierenden Kräfte sind das Gewicht der oberen Körperhälfte vom Drehpunkt aufwärts und die Zugkraft der Bauchmuskeln. Die Rückenstreckmuskeln reagieren auf diesen „Hebel" in entgegengesetzter Richtung, d. h. in der Streckung. Die letzteren Kräfte arbeiten ungleich näher am Drehpunkt als die Bauchmuskeln. Daraus folgt, daß bei jeder gesteigerten Anspannung der Bauchmuskeln eine gesteigerte Anspannung der Rückenmuskeln nötig wird, um die gleiche Stellung halten zu können. Dabei ist die

Anspannungssteigerung der Rückenmuskeln um ein mehrfaches intensiver als die der Bauchmuskeln. Geschieht dies kontinuierlich, ist klar, daß ein leichter Anstieg des Bauchmuskeltonus die Rückenmuskeln einer großen Belastung aussetzt und daher die Beweglichkeit des lumbalen Rückgrats erheblich vermindert.

Die Begriffe „potentielle Energie" und „kinetische Energie" sind bereits weiter oben erwähnt worden, als wir uns mit antigravitätischen Mustern und dem wirksamen Gebrauch des Skeletts befaßten (Kapitel 5). Noch einmal wollen wir darauf hinweisen, daß der Zustand *höchstmöglicher potentieller Energie* gleichbedeutend ist mit Unstabilität. Doch zur gleichen Zeit schafft diese Unstabilität einen Ausgangspunkt für unvorbereitete Bewegung. So gesehen ist die aufrechte Haltung eine gute Ausgangsbasis für Handlung und Bewegung. Gehen (zumindest auf horizontaler Oberfläche) und Laufen bedeuten kontinuierliches Verlieren und Wiedererlangen des Gleichgewichts. Geht dabei nun ein äußerst geringes Senken und Heben des Gleichgewichtszentrums vonstatten, so ist der Haupt-Energieverbrauch („Arbeit" im mechanischen Sinne) gegen Reibung. Dies läßt sich am besten erreichen, wenn man die potentielle Energie auf dem höchsten Stand halten kann.

Mechanisch gesehen erzeugt Arbeit durch Muskelanspannung entweder kinetische Energie (Bewegung) oder Wärme (durch Reibung oder Deformation). Die zweite Möglichkeit ist gefährlich und destruktiv, wenn sie im Körper erzeugt wird. Wenn man hart gegen eine Wand drückt oder mit der Faust dagegen schlägt, wird das die Wand nicht sonderlich groß verändern, aber es wird die Faust verletzen. Der mechanische Blickwinkel läßt also ein *Kriterium für Wirksamkeit* zu, das auf die neuro-motorische Funktion eines Menschen angewandt wird. Muskelarbeit, die mehr Bewegung und weniger Wärme erzeugt, kann man als effizient betrachten. Allerdings ist dies ein recht fragmentarischer Blick auf menschliche Effizienz, da sie Betrachtungen der Qualität außerachtläßt.

Andererseits ist es von unschätzbarem Wert, wenn man einem Menschen die Erfahrung vermitteln kann, daß weniger als seine gewohnte Muskelanspannung nötig ist, um seine Haltung leicht und effizient zu halten, d.h. Muskeln nur zu benutzen, wenn es nötig ist oder gewünscht wird, anstatt einen überflüssigen Muskeltonus beizubehalten.

Der Begriff *Elastizität* wird normalerweise von der alltäglichen Vorstellung verwirrt, daß sich die Form elastischer Körper leicht verändern und danach gleich in die ursprüngliche Gestalt zurückverwandeln ließe, nachdem die Handlung der Zerrkräfte verschwunden ist – wie bei verschiedenen Federn, Gummi und anderen biegsamen Stoffen oder einer Menge gasförmigen Materials, das unter Druck gehalten wird, etwa einem Ballon oder einem Spielball. In der Tat sind bis zu einem gewissen, von den physischen Möglichkeiten des Körpers abhängigen Grad alle Körper elastisch. Wird die Grenze der Elastizität überschritten (wenn die Deformation, die von einer Kraft erzeugt wird, größer ist als diese bestimmte Menge), läßt sich die Veränderung nicht mehr rückgängig machen. Wir sind uns dessen vielleicht nicht bewußt, aber wenn wir einen Finger auf die Tischoberfläche legen oder auf irgendein starres Objekt, verformen wir den Tisch in verschwindend kleinem Ausmaß, und der Widerstand, den wir dabei fühlen, gering oder groß, ist genau die elastische Kraft, die mit dieser Deformation einhergeht. Innerhalb der Elastizitätsgrenzen (sofern das obenerwähnte Limit nicht überschritten wird) verhält sich die Verformungsmenge proportional zur Menge der Kraft, die sie erzeugt.

Die benötigte Kraft, eine ähnliche Deformation zu erzeugen, ist von Körper zu Körper verschieden. Ja, die Unterschiede in den Elastizitätsgrenzen bei verschiedenen Körpern und Materialien können ziemlich beträchtlich sein. Vergleichen wir z. B. die Veränderung in der Länge eines Gummibands, die graduell wachsende Kraft, die zur Verlängerung benötigt wird, und die Grenze, über die hinaus das Band reißen wird, mit einem ähnlichen Experiment, das wir mit einem Stück Garn ausführen. Vergleichen Sie auch das Biegen eines Stücks Pappe, das man faltet, mit dem Drücken gegen eine Fensterscheibe, bis sie bricht.

Bei der Funktionalen Integration finden wir Elastizität oder „Quasi-Elastizität" in bezug auf den Körper des Schülers in vielerlei Hinsicht. Es versteht sich von selbst, daß wir nicht an die im letzten Abschnitt genannten Grenzen rühren wollen. Oft merken wir, daß wir bei der Ausführung eines Manipulons einer Widerstandskraft begegnen, die größer wird, je stärker man die Bewegung macht. Lassen wir das bewegte Körperteil los, kehrt es zu seinem ursprünglichen Platz zurück. Anders gesagt, wir begegnen einem elastischen Widerstand.

Abgesehen von der inhärenten Elastizität verschiedener Körpergewebe gibt es andere Umstände, die eine Art von Interaktion erzeugen, so als sei eine elastische Kraft beteiligt. Diesen Unterschied zu erkennen, kann für das funktionale Verständnis bestimmter Situationen wichtig sein. Drei davon werde ich nun beschreiben.

Nehmen wir an, ein mit Wasser gefüllter elastischer Beutel (eine Wärmflasche) liegt auf einer glatten Oberfläche und wird von der Seite geschoben. Wenn man mit dem Schieben aufhört, kommt sie in ihre Ausgangsposition zurück, nicht unverzüglich, sondern nachdem sie einige Male vor und zurück gewackelt ist. Natürlich fügt der flüssige Inhalt des Beutels der elastischen Verzerrung einiges hinzu. Eine recht ähnliche Situation haben wir manchmal, wenn wir leicht gegen den Körper des Schülers drükken.

Eine Bewegung des Lehrers kann das Gleichgewichtszentrum anheben (anders gesagt, kann seine potentielle Energie steigern). Lassen wir das Körperteil los, wird dieses mit Hilfe der Schwerkraft in seine Ausgangslage zurückkehren wie ein Pendel, das nach einem Schwung aus der vertikalen Position, in der es gehangen hatte, wieder die ursprüngliche Position einnimmt. Nehmen wir an, der Schüler liegt auf dem Rücken. Ein leichter Schub mit dem gestreckten Bein wird das Becken in eine gebeugte Lage bringen, in der das Schwerkraftzentrum des Beckens leicht angehoben ist. Nach einem kleinen Stoß wird das Becken wieder zurückfallen.

In einer dritten Möglichkeit wird die Rückkehrbewegung auf einer mehr oder weniger bewußten Ebene vom neuro-motorischen System des Schülers ausgeführt. Sind im vorherigen Beispiel die Rückenmuskeln gespannt, kann die Rückkehrbewegung vom Dehnreflex ausgeführt werden, sofern der Druck diese Streckmuskeln verlängert hat. Es hätte auch auf einer bewußteren Ebene ablaufen können, ja sogar als willkürliche Bewegung. Sollte z.B. das Brustbein mit dem Ausatmen heruntergedrückt werden, wird durch die Rückenlage des Schülers das Ausatmen verlängert. Geschieht es im rechten Augenblick, wird sich das Brustbein beim

Einatmen von selbst heben – vielleicht über die Ausgangsposition vor Anwendung des Drucks. Hier sind wir von der rein physikalischen Elastizität, die wir vorher untersucht haben, schon weit entfernt, da mittlerweile biologische Funktionen mit im Spiel sind.

Bei der Anwendung von Manipulonen sollte der Lehrer diese Unterscheidungen beachten. Bedenken wir, was es hieße, wenn man die Elastizität des unterliegenden Polsters oder der Matratze mit der „elastischen" Reaktion des Körpers des Schülers verwechselt. Unter solchen Umständen könnten wir keine große Wirkung erwarten.

Der physikalische Aspekt *repetitiver Pendelbewegungen*, der bei verschiedenen Manipulonen auftaucht, sollte ebenfalls geklärt werden. Der Sinn von Pendelbewegungen wird weiter unten in Kapitel 7 erläutert werden. An einem simplen Beispiel, wie einem Pendel oder einer Wippe, sieht man aber, daß die Bewegungen von Fall zu Fall ihrer eigenen „selbst-regulierenden" Frequenz unterliegen. Die jeweils spezifische Frequenz wird bestimmt durch die Verteilung der Masse des Schwingkörpers im Verhältnis zu seinem Fixpunkt oder seiner Achse, bzw. im Verhältnis zu seiner Gleichgewichtsstellung. Bei einem einfachen Pendel ist das seine Länge: je länger das Pendel, desto kleiner die Frequenz, d.h., weniger Schwingungen pro Zeiteinheit (etwa eine Minute); die benötigte Zeit, eine volle Vor- und Zurück-Bewegung (einen geschlossenen Kreis) zu machen, ist größer. Die wiederherstellende Kraft, die das Pendel bei der Bewegung von der Mitte weg verlangsamt und es bei der Rückkehr wieder beschleunigt, ist eine Komponente des Gewichts des Pendels. Obwohl es eindeutig keine elastische Kraft ist, besitzt es immer eine mathematische Eigenschaft, die elastischen Kräften ähnlich ist, nämlich, Proportionalität zur Entfernung vom Mittelpunkt.

Pendelbewegungen wiederholen sich nicht endlos. Im allgemeinen verlieren sie, bedingt durch Reibung mit anderen benachbarten Körpern und andere Faktoren, nach und nach ihren Durchmesser. Dabei bleibt die Frequenz die gleiche. Gedämpfte Schwingungen müssen unter diesen Umständen letzten Endes zu einem Halt finden.

Ein elastischer Körper oder ein Körper, auf den elastische Kräfte einwirken, kann Pendelbewegungen erzeugen. Wird ein Gewicht, das an einer schraubenförmigen Feder hängt, leicht von seinem Gleichgewichtspunkt entfernt, wird es um diesen Punkt auf und niederpendeln. Ähnliches geschieht, wenn eine gespannte elastische Saite geschlagen wird, wie bei einem Musikinstrument mit Saiten, oder wenn das Fell einer Trommel geschlagen wird.

Oszillatorische oder Schwingbewegungen lassen sich auch als Übergang von potentieller Energie in kinetische Energie und umgekehrt beschreiben. Wenn bei diesem Übergang kein Energieverlust auftreten würde, dann könnte die Bewegung endlos weitergehen. Da die Schwingungen gedämpft sind, schließen wir, daß mechanische Energie schrittweise in Wärme (thermische Energie) umgewandelt wird, die ihre Ursache in Reibung und anderen Faktoren hat.

Wenn wir die Schwingungen andauern lassen wollen, wie bei einer Schaukel, müssen wir zur rechten Zeit einen leichten Stoß oder Schwung hinzugeben; anders gesagt, wir müssen zum bewegenden Körper eine geringe Menge Energie hinzugeben. Die Bewegung hat auf tatsächlich reguläre Art nur dann Bestand, wenn die hinzugefügte Energie genau den eben angesprochenen Verlust deckt. Sie darf nicht größer, aber auch nicht kleiner sein als der Verlust.

Daran sehen wir, daß wir durch kleine Manipulationen mit richtiger Frequenz und angemessener Intensität eine sichtbare oszillatorische Bewegung erzeugen und willkürlich aufrechterhalten können. Das Timing wird natürlich durch die selbstregulierende Frequenz des oszillierenden Körpers (oder Körperteils) bestimmt. Wieder wird diese besondere Frequenz bestimmt durch die Masse des oszillierenden Teils und durch die Art, wie die Masse um das Schwingungszentrum verteilt ist.

Hier einige Beispiele. Der Schüler liegt auf dem Rücken, und der Lehrer sitzt mit Blick auf die Beine. Ein kleiner Stoß gegen das Knie, etwa so, als wolle man das Bein abrollen, wird das gesamte Bein in eine Innendrehung bringen. Nach diesem Stoß wird das Bein mehr oder weniger in die Ausgangsposition zurückkehren. Dies läßt sich als geschlossener Kreis erkennen. Ohne Ruhepause wird durch einen erneuten Stoß der nächste Kreis eröffnet. Geht dieses sanft genug vor sich, wird das gesamte Bein in eine oszillatorische Rotation um die Achse gebracht, die sich vom Stützpunkt an der Ferse bis zum Hüftgelenk erstreckt. Drückt man zur falschen Zeit, entweder zu früh oder zu spät, gelangt das Bein entweder in forcierte Schwingungen, die eine andere Frequenz haben als die eigene, oder die Bewegung bricht ganz ab.

Manchmal liegt ein besonderer Grund vor, aus dem man Schwierigkeiten hat, diese natürliche, individuelle Frequenz zu finden. Der Schüler könnte in die Schwingungen eingreifen, indem er sie steigert oder hemmt. Erzeugt der Lehrer eine viel kleinere Bewegung als vorher, kann der Schüler seine eigene Reaktion als unproportioniert zur erwarteten Bewegung erkennen und die Einflußnahme aufgeben. In diesem Fall ist es zu einer Steigerung der betreffenden Kontrollebene gekommen.

Ein zweites Beispiel: Der Schüler liegt mit ausgestreckten Beinen auf dem Rücken. Der Lehrer drückt das Bein des Schülers von der Fußsohle in Richtung der entgegengesetzten Schulter oder des Kopfes. Der Schwingkörper ist dabei natürlich das Becken. Dies läßt sich im Normalfall ohne große Schwierigkeiten erreichen. Vergleichen wir dieses Beispiel mit dem vorangegangenen, finden wir, daß die Schwingungsfrequenz des Beckens bedeutend kleiner ist als die des Beins bei der Drehbewegung um die eigene Achse. Durch die Bauchmuskeln kann ein hemmender Effekt auftreten, der die Beweglichkeit der Verbindung zwischen Becken und Thorax verringert. Schließlich wird diese Verbindung flexibler, und mit leichter werdenden Schwingungen kann der Schüler eine Art Wandel im Muskeltonus feststellen, der mit größerer Leichtigkeit der Bewegung einhergeht.

Dem Lehrer wird diese Veränderung sogleich aufgehen, denn eine Veränderung der hemmenden Kräfte erfordert einen geringeren Aufwand an Schubkraft, um die Bewegung aufrechtzuerhalten.

Auch richtige Schwingungen des Kopfes können in dem soeben erwähnten Beispiel auftauchen. Abwechselndes Drücken und Ziehen durch die Wirbelsäule kann den Kopf genausogut zum Schwingen bringen – das hängt ab vom Muskeltonus, der den Kopf mit dem Thorax verbindet und von jeder Veränderung, die in diesem Tonus möglicherweise stattgefunden hat. In diesem Fall muß der Lehrer eventuell die Frequenz der Schwingungen regulieren.

Dem Leser sollte nun klargeworden sein, daß solche physikalischen Prinzipien für unsere Arbeit wichtig sein können. In jedem Fall haben wir dieses Wissen im Kopf, wenn es auch nicht das Hauptsächliche an der Funktionalen Integration ist. Es hat mehr mit einem technischen Aspekt der Arbeit zu tun und sollte Quelle sein, seine Lehrfähigkeiten an unterschiedliche Situationen anzupassen.

7. Steigerung von Effizienz: Bewegungsrichtungen, Timing und eigene Körper-Bewußtheit des Lehrers

Im rein physikalischen Sinn ist Effizienz eindeutig ein wünschenswertes Ziel bei der Erzeugung von Bewegung und der Leistung von Arbeit. Doch das Hauptanliegen der Funktionalen Integration ist der Lernprozeß des Schülers und die Übermittlung sensorischer Information. Dazu im folgenden einige Anmerkungen.

Die Bewegungsrichtung bei den unterschiedlichen Manipulonen sollte zumindest zu Anfang in die sogenannten Kardinal- oder Grundrichtungen zielen. Diese sind „oben" und „unten", „links" und „rechts", vorwärts" und „rückwärts". Wir benutzen den Begriff „Grundrichtungen" nicht im Sinne der Richtung von Bewegungen, die ein einziger Muskel oder eine Muskelgruppe erzeugt – eine von einem einzigen Muskel erzeugte Bewegung ist in gewissem Sinne „einfach", doch kann sie von der Person, die sie ausführt, auch als schwierig empfunden werden. Die Komplexität liegt im neuro-motorischen Muster, das die Hemmung anderer Muskeln, sensorisches Feedback und andere Faktoren einschließt. Wir sprechen von den Grundrichtungen, wie sie im räumlichen Orientierungssinn eines Menschen erfahren werden.

Die Richtungen „oben" und „unten" sind uns ziemlich klar, weil wir konstant mit der Schwerkraft zu tun haben, gleichgültig, wie der Grad unseres Bewußtseins diesbezüglich aussehen mag.

„Links" und „rechts" als Richtungsbegriffe haben ihre Wurzeln in der Tatsache, daß der Körper zweiseitig symmetrisch ist (wenn auch natürlich nicht vollkommen). Im Normalfall werden links/

rechts-Unterscheidungen bewußt getroffen durch den Vergleich unserer beiden Körperhälften in den Unterschieden struktureller und funktionaler Einzelheiten, z. B. Rechtshändigkeit.

„Vorwärts“ und „rückwärts“ sind verbunden mit dem Begriff der Annäherung an oder der Entfernung von einem Ziel; sie haben mit der Unterteilung der umgebenden Welt in zwei Teile zu tun: der Teil, den unsere Augen beobachten und der im Moment unser Interesse gefangen hält, das was vor uns liegt und alles übrige, was hinter uns liegt.

Ein Glied, das sich in eine dieser sechs Grundrichtungen bewegt, kann dies auf zweierlei Art tun: es kann sich vom Körper wegbewegen (Streckung, Abduktion) oder sich zum Körper hinbewegen (Beugung, Adduktion). Man darf annehmen, daß die Grundrichtungen innerhalb des Systems des Schülers bekannt und vollkommen akzeptiert sind, vielleicht mehr als ihre zahlreichen Kombinationen. Daher ist es besser, man beginnt die Klärung von Bewegungsmustern, ob gewohnter oder neuer, die noch erprobt werden sollen, mit diesen Grundrichtungen. Auf der nächsten Stufe käme man dann zu einer Kombination von Richtungen, etwa Diagonalbewegungen, Drehbewegungen usw.

Oft ist es wichtig, eine Bewegung zu isolieren, z. B. bei einem bestimmten Gelenk, das ein Bewegungselement eines komplexeren Musters darstellt. Die Schwierigkeit, in einem Gelenk eine Bewegung auszuführen, kann ihre Ursache in einer örtlichen strukturellen Veränderung im Gelenk haben oder in einem Bewegungselement, das zu diesem Gelenk gehört, aber lange Zeit ungenutzt blieb, so als sei es vergessen worden. Wie auch immer, eine Klärung der Gelenkfunktion ist wichtig für eine Erweiterung des Handlungsbildes beim Schüler – der Handlungen, die von diesen Funktionen abhängen.

Eine Klärung kann mit der Untersuchung besonderer neuromuskulärer Hemmungsmuster, durch die der Gebrauch des Gelenks vermieden wurde, beginnen. Bei diesem Vorgang findet der Lehrer die Kontrollebene, die dabei eine Rolle spielt. Die verschiedenen Gelenke sind anatomisch verschieden, ebenso die Art der Bewegungen, die sie erst möglich machen. Ein Wissen um die relevante Anatomie ist für den Lehrer ganz sicher notwendig, doch dies allein reicht nicht aus. Darüberhinaus benötigt man untersuchende Manipulonen, um herauszufinden, welches die vorherrschenden Bewegungsrichtungen und -umfänge sind. Man muß sich stets bewußt sein, daß der anatomisch mögliche Bewegungsumfang nicht unbedingt identisch ist mit dem gewohnheitsmäßigen Umfang.

Die Lösung des potentiellen Bewegungsumfangs des Schülers auf leichte, wirksame Art kann eine wichtige Lernerfahrung sein. Normalerweise wird eine Bewegung, die die Grenze des Bewegungsumfanges bei einem Menschen erreicht, begleitet von einer Ahnung oder Erwartung über den benötigten Aufwand, diese Grenze zu erreichen. Anders würde man die Grenze überhaupt nicht als solche erkennen können. Nehmen wir an, der Schüler nutzt von seinem Bewegungsumfang nicht mehr als den üblichen, gewohnten Teil. Nur das Wissen, daß er von der Grenze, bei deren Entdeckung Sie ihm geholfen haben, noch weit entfernt ist, wird dann die Bewegung innerhalb des beschränkten Bereichs erleichtern. Er ist befreit davon, eine Art von Anstrengung oder Einschränkung, die die Bewegung bislang begleitet hatte, zu erwarten.

Diese Idee läßt sich folgendermaßen erklären: Nehmen wir an, ein Mensch, der in einem kleinen Zimmer gelebt hat, zieht in ein viel größeres Zimmer um. Obwohl der Mensch in dem größeren Zimmer nicht mehr Raum nutzt, wird das Gefühl, weit weg zu sein von den Wänden, ihn sich freier bewegen lassen als in dem kleinen Zimmer, wo die Wände die Bewegung tatsächlichen Beschränkungen unterworfen hatten. Eine andere Erklärung: Beim Gehen nehmen wir nicht viel mehr als etwa 20 Zentimeter Breite ein. Doch ist ein Brett von exakt dieser Breite über ein tiefes Loch gelegt, wird das Gehen über dieses Brett ganz und gar nicht angenehm sein, weil wir uns nun der Grenzen bewußt werden, die beim normalen Gehen nicht vorhanden sind – die Möglichkeit, nach einer Seite auszuschreiten falls nötig, ist in der einen Situation präsent und in der anderen so gut wie völlig abwesend.

Wir können erwarten, daß die Bewußtheit vergrößerten Bewegungsumfangs in verschiedenen Körperteilen vom Schüler als eine Leistung erfahren wird. Es ist nützlich, diese mit entsprechenden vergleichenden Manipulonen anzureichern und vielleicht sogar verbal die Aufmerksamkeit des Schülers auf diese Unterschiede und Veränderungen zu lenken. Es gilt immer noch, daß wir nicht gegen etablierte Anti-Muster angehen dürfen.

Z.B. sollten einige Streckbewegungen mit besonderer Vorsicht versucht werden, etwa das Strecken des Oberarms, wobei der Ellbogen über den Kopf reicht, Streckung des Kopfes, wobei sich das Kinn von der Brust fortbewegt, vollständige Streckung des Hüftgelenks oder Streckung des Kniegelenks. Manchmal stellt sich heraus, daß sogar das Ellbogengelenk, das normalerweise recht beweglich ist, sich nicht leicht strecken läßt.

Die Möglichkeit solcher Streckung muß zuerst durch vorsichtige Untersuchungen geklärt werden. Gibt es einen deutlichen Hinweis auf Widerstand, sollte die Streckung unterbleiben, zumindest für den Augenblick, und stattdessen eine Beugung in die entgegengesetzte Richtung versucht werden. Die Stützung des Gelenks durch angemessene Polster kann die Überwachsamkeit des Schüler-Systems beruhigen. Eine weiche Stütze unter der Schulter, unter dem Kopf oder hinter dem Kniegelenk kann oft nötig sein, wenn sich der Schüler in der Rückenlage befindet. Bei der Einleitung von Beugebewegungen kann der Lehrer erkennen, ob der Schüler der Rückkehrbewegung aus der Beugung hilft oder ihr entgegenarbeitet. Ein Widerstand deutet an, daß der Muskel in Gegenrichtung der Beugung von unterer Ebene kontrolliert ist. Ändert sich dieses, wird es dem Lehrer auffallen, und er kann zu einem bestimmten Grad die Streckung versuchen. Daraus folgt, daß nur durch Zuhilfenahme der verfeinerten Sensibilität in den Händen des Lehrers sich die Muskelanstrengung des Schülers wirkungsvoll ersetzen läßt. Beim obigen Beispiel muß der Lehrer herausfinden, ob die Hilfe, die er vor Einleitung der Beugung vom Schüler erfahren hat, immer noch existiert oder nicht. Ist dies der Fall, und die Rückkehrbewegung aus der Beugung (die eigentlich eine Streckung ist) geschieht mit Leichtigkeit, dann ist die Bewegung mittlerweile von höherer Ebene kontrolliert und neue Muster können untersucht werden.

Um den *Zeitfaktor* bei der Funktionalen Integration zu verdeutlichen, wollen wir drei Beispiele für Manipulonen anführen. Zuerst gibt es ein Manipulon, das nur einmal in zeitweiliger Isolation ausgeführt wird. Dieses erfüllt klar und deutlich einen augenblicklichen Zweck. Auf diese Weise werden zahlreiche untersuchende

Manipulonen, aber auch ausrichtende Manipulonen ausgeführt. Auch bei Wiederholung sind sie im Charakter immer noch unterschiedlich, obwohl kein besonderes Timing vonnöten ist. Ein Beispiel dafür wäre die Untersuchung, wie leicht eine bestimmte Bewegung sich ausführen ließe. Alternierend wird der dabei beteiligte Muskel betastet. Jedes Manipulon wird einmal zur Zeit ausgeführt.

Jedes einschränkende Manipulon könnte als weiteres Beispiel gelten. Die Bewegung wird in eine Richtung begonnen und dann in einer bestimmten Position angehalten. Der Lehrer wartet nun, auf einen Wechsel, den der Schüler erzeugen muß. Diese Veränderung komplettiert das Manipulon. Hier braucht es eine erhöhte Sensibilität, was das Timing betrifft. Manchmal braucht man eine Vorinformation über das Timing, etwa wenn die Bewegung des Lehrers synchron zum Ausatmen des Schülers verläuft (oder, im anderen Fall, synchron zum Einatmen).

Schließlich gibt es noch die repetitiven Manipulonen. Abgesehen von der Schwingung erfolgt eine Art der Wiederholung, die den Schüler mit einer neuen Situation oder einem neuen Handlungsmuster vertraut machen soll. Die Bewegungen lassen sich ohne Pause, aber gleichzeitig auch ohne Hast, wiederholen, damit das Muster oder eine mögliche Anpassungs- oder Abwehrreaktion leicht zu erkennen ist. Ist das Muster kompliziert, oder wird der Eingriff eines anderen Musters erwartet, sollte zwischen den Wiederholungen eine Pause von einigen Sekunden liegen.

Eine andere Art repetitiver Manipulonen mit bestimmter Frequenz und Schwingung ist bereits im vorangegangenen Kapitel erörtert worden. Hier wurde gezeigt, daß Pendelbewegungen dem Lehrer ein dienliches Werkzeug sein können. Der Lehrer benötigt einen Sinn für Rhythmus, um die angemessene Frequenz eines schwingenden Körpers im allgemeinen und bei der Arbeit mit dem Schüler im besonderen feststellen zu können. Die Möglichkeit, durch Anwendung kleinstmöglicher Stöße einen Körper zum Schwingen zu bringen, hängt davon ab, ob man die natürliche Frequenz dieses Körpers für eine besondere Art von Schwingung erkennt. Dieses ließe sich an leblosen Objekten ausprobieren. Ein Auto z. B. läßt sich tatsächlich in Schwingung versetzen, wenn man mit nur einem Finger dagegen drückt, und es wird sich mit einer anderen Frequenz bewegen, wenn es von einer Seite zur anderen geschaukelt wird, als wenn man es auf und nieder bewegt.

Um widerstandsfähige Schwingungen zu erzeugen, muß der Lehrer Teile des eigenen Körpers mit einer vorgeschriebenen Frequenz in Schwingung versetzen. Sein Körper bewegt sich dann mit dem Körper des Schülers auf der gleichen Frequenz, d.h. sie stehen in *Resonanz* zueinander, um einen physikalischen Ausdruck zu gebrauchen. Wenn dies eintritt, kann der Lehrer den Vorgang leicht steuern und alle möglichen Veränderungen in der Organisation des Schüler-Körpers unmittelbar erkennen.

Ein praktisches und nicht so sehr theoretisches Verständnis des Resonanz-Begriffs ist notwendig, um dieses wirksam nutzen zu können. Resonanz steht in bezug zu dem, was man normalerweise „Einstimmen" nennt. Das offensichtlichste Beispiel ist hier, eine Schaukel in Schwingung zu versetzen. Ein anderes Beispiel ist das Einstellen des Radios auf einen bestimmten Sender. Einstimmen bedeutet, Transmitter und Empfänger in Resonanz zu bringen, so daß beide auf der gleichen Frequenz arbeiten. Das Einstimmen des Empfängers ist ein gradueller Wechsel auf die Frequenz der elektrischen Schwingungen innerhalb eines bestimmten basischen Schaltkreises. Nur wenn die Frequenz die gleiche wie die des Transmitters ist, werden die elektromagnetischen Schwingungen, die letzterer erzeugt, die Schwingungen im Empfänger beeinflussen. So befinden sie sich in Resonanz. Die gleiche Situation finden wir z.B. bei zwei Saiten eines Musikinstruments oder bei zwei verschiedenen Musikinstrumenten. Arbeiten diese beiden Saiten auf der gleichen Frequenz, dann werden die Schwingungen (Vibrationen) des einen das andere in Schwingung versetzen. Man sagt, die beiden befinden sich in Resonanz. Der Begriff selbst ist in seiner generellen Bedeutung der Akustik entlehnt.

„Einstimmen" bedeutet für den Lehrer zuallererst, beim Schüler die natürliche Frequenz des schwingenden Körpers zu erkennen, und zweitens, wie schon erwähnt, entsprechende Körperteile an dieser Schwingung teilnehmen zu lassen. Z.B. läßt sich die Hand bis hinauf zum Handgelenk für Bewegungen hoher Frequenz nutzen, und der Arm bis hinauf zur Schulter, oder weiter noch, einschließlich des Rumpfs, für Bewegungen niedriger Frequenz. Resonanz im angesprochenen Sinn können Lehrer und

Schüler sinnlich erfassen als eine leichte, anhaltende Schwingung, an der beide Systeme in vollkommen verbundener Aktivität teilhaben.

Die Veränderung, die wir in solchen Fällen erwarten, ist gewöhnliche eine Verringerung der hemmenden Kräfte. Bestehen diese aus Muskelanstrengung allein, dann liegt der Wandel in der verbesserten Kontrolle, die der Schüler über dieses Muster gewinnt. So gesehen erzeugen Schwingungsmanipulonen einfach eine weitere Situation, in der neuro-motorisches Lernen stattfinden kann.

Das Timing bei der Funktionalen Integration hat noch einen anderen Aspekt. Repetitive Manipulonen, mit oder ohne Schwingung, werfen bestimmte Fragen auf: *Wieviel? Wie lange?* Wieviel kann das System des Schülers aufnehmen? Das Hauptanliegen ist, eine bestimmte Information deutlich zu übermitteln, doch bei der Veränderung bestimmter Handlungsweisen kann der Schüler manchmal in eine brenzlige Situation geraten. Gewohnte Handlungsmuster sind oft die Methode, mit der sich das System auf bestimmte strukturelle Beschränkungen eingestellt hat, die im früheren Leben aufgetreten sein können. Bei strukturellen Schwierigkeiten sollte jeder Wechsel der Funktionsweise, wenn überhaupt, langsam versucht werden. Veränderungen sollten den Schüler niemals der wohlverdienten Gefühle von Sicherheit berauben. Diese behält er nur, wenn er sich auf das beschränkt, was schließlich zu gewohnten Handlungsmustern wird.

Langsam vorgehen heißt auch, die Bewegungen langsam auszuführen. Schwingbewegungen können in manchen Phasen recht schnell sein und sollten nicht erfolgen, wenn langsame Bewegungen angebracht scheinen.

So verlangen z. B. bestimmte strukturelle Veränderungen in den Halswirbeln, etwa Spondylosis, daß jede Kopf- oder Halsbewegung äußerst langsam erfolgen muß und nur kleine Bewegungen – kleiner als die, die der Schüler selbst macht – in Frage kommen sollten. Zu Beginn sollte keine Bewegung direkt mit dem Kopf ausgeführt werden. Relativ zugeordnete Bewegungen mit den Armen, Schultern und dem Rumpf sollten hier vorgezogen werden.

Ein anderes Beispiel: Das Kniegelenk hat vielleicht bei einem Unfall eine Verletzung des Bandgewebes davongetragen. Ist dieses nicht chirurgisch behandelt worden, was ja nicht immer möglich ist, dann wird die Person die Muskeln um das Kniegelenk wahrscheinlich auf andere Weise benutzen, vielleicht mit einem verstärkten Tonus, um dem Gelenk Stabilität und Sicherheit zu geben. Diese geschwächte Struktur von solchen schützenden Mustern zu befreien, ist destruktiv und sollte daher unterbleiben. Es könnte sein, daß diese Art von Schutz exzessiv ist, so daß sie verstärkt gegen die Bewegung arbeitet, sie einschränkt und womöglich sogar Schmerz verursacht. Dann sollte man dem Schüler helfen, in dem beeinträchtigten Bereich zu einer höheren Kontrollebene über seine Handlungen zu kommen, damit er auf diese Weise das verletzte Gelenk auf die bestmögliche Art nutzen kann.

Beispiele wie diese, die betonen, wie vorsichtig man vorgehen muß und eventuell sogar eine Behandlung unterläßt, sind unzählig. Besteht andererseits bei der Erforschung neuer Möglichkeiten keine Gefahr, kann die bloße Gegenüberstellung der veränderten und der unveränderten Funktion für den Schüler sehr überzeugend sein und außerdem eine Bewußtheit neuer Bewegungsmöglichkeiten schaffen.

Das Vorangegange sollte uns erinnern, daß die eigenen Körperteile des Lehrers sich während seiner Manipulationen stets mitbewegen. Das ZNS ist befaßt mit dem Gewicht, dem Gleichgewicht, der Bequemlichkeit und anderen Anliegen, genau wie es über das Beschäftigtsein des Schülers in diesem speziellen Augenblick wacht. In seiner Bewußtheit sollte man beide Systeme mit gleicher Leichtigkeit umschließen können.

Das Kriterium der *Wirksamkeit* sollte auf Körper und Bewegungen des Lehrers in gleicher Weise angewandt werden, wie auf den Schüler und den Lernprozeß im allgemeinen. Man sollte erkennen können, wie das eigene Skelett genutzt wird, wie die proximalen Muskeln die plumperen Bewegungen erzeugen und die distalen Muskeln für sanfte Berührung und Wahrnehmung mobilisiert werden. Beispiele wie diese sind recht klar. Um Druck mit der Hand auszuüben, sollte der Unterarm des Lehrers in gerader Linie zur Druckrichtung zeigen, damit die entsprechenden Skeletteile die Kraft übermitteln können. Im Sitzen kann der Lehrer seinen Ellbogen auf das Knie stützen. Die Bewegung des Unterarms wird unterstützt von den Becken- und Rumpfmuskeln, sie beseitigen die unnötige Anstrengung der distalen Muskeln in Hand und Fingern. Die Finger können nun als eine Art kinästhetisches Sinnesorgan agieren, sie sind aufmerksam für jeden noch so kleinen Unterschied oder Wandel, der bei der Manipulation auftritt. Ist dies der Fall, dann fungieren beide Systeme, das von Lehrer und Schüler, gemeinsam in einem komplexen System innerhalb des neuro-motorischen Bereichs. Die Bewegungen sind wie die Bewegungen eines komplexen Körpers, die sensorische Kommunikation fließt frei in beide Richtungen innerhalb dieses Feldes gegenseitiger Interaktion auf beide Gehirne hin. Die sinnliche Information, die beide Gehirne erreicht, hat sowohl mit dem eigenen Körper als auch mit dem des anderen zu tun. Das Wichtige dabei ist, daß der Schüler neue Information über sich selbst gewinnt. Wenn dies eintritt, dann haben wir eine Lernsituation, die der Lehrer möglichst zum besten nutzen wird.

TEIL IV
ARBEIT IN BEHANDLUNGSSITZUNGEN

8. Die Form der manipulativen Sitzung

Nachdem wir recht detailliert verschiedene Manipulationen beschrieben haben, sollten wir diese nun aus einem anderen Blickwinkel betrachten. Klar ist uns, daß der Schüler das „Lernmaterial“ oder die sensorische Information, die er über mögliche Veränderung neuro-motorischer Muster gewinnt, als *adäquat*, *interessant*, *hilfreich bei der Lösung von Problemen* und als *biologisch lebenswichtig* erfahren sollte. Anders besäßen die ins Auge gefaßten Veränderungen nicht genug Kraft, sich gegen gewohnte, festgewachsene Handlungsmuster durchzusetzen. Wir dürfen nämlich nicht erwarten, daß wir bei jemandem das motorische Verhalten ändern können, ohne daß wir ihm ein Gefühl geben, dieser Wechsel sei sicher, wohltätig, befriedigend und notwendig. Es besteht die Möglichkeit, daß der Schüler eine Serie offenbar nicht miteinander verbundender Manipulationen nicht versteht. Er kann sie geschehen lassen (sofern sie nicht allzu aggressiv ausgeführt werden) und sie als eine Anhäufung von Dingen erfahren, die sich *zufällig* ergeben. Hier würde kein Lernen stattfinden und daher auch keine Umprogrammierung der Handlungsmuster des Schülers.

Um bei einer manipulativen Sitzung den *Lernprozeß* nach den oben erwähnten Attributen einzusetzen, muß der Lehrer den Inhalt dieser Sitzung *didaktisch* aufbauen. So wird die Sitzung zu einer *Lektion*, und eine Serie von Lektionen zu einem Kurs in *neuromotorischer Schulung*.

Die *didaktische Vorgangsweise* einer manipulativen Sitzung enthält eine Anzahl von Überlegungen prinzipieller und auch rein praktischer Art:

1. Der Lehrer sollte für den Schüler eine *Lernsituation* schaffen (manchmal geschieht dies verbal) und eine angenehme Atmosphäre, damit dieser bereit ist, an der Erprobung neuer Bewe-

gungsmuster teilzunehmen. Man sollte eine angenehme *Ausgangsposition* wählen, die der Bequemlichkeit des Schülers äußerst förderlich ist und auch über Schmerz oder Unfähigkeit und Gebrechen nicht hinwegsieht. Die Position sollte außerdem noch Spielraum lassen zur Untersuchung der Grundbewegungen von Rumpf, Kopf und Gliedern.

2. Im Verlauf dieses Untersuchungsvorgangs sollte sich der Lehrer bemühen, irgendeine *Veränderung* im etablierten Bewegungsmuster des Schülers zu entdecken. Er sollte diese als *neues Element* der Bewegung kennzeichnen oder als neues Element der neuro-motorischen Organisation des Schülers. Der Schüler wird dieses nur dann zulassen, wenn man der Veränderung *spielerisch* und *erforschend* auf die Spur kommt und er sie als sicher und risikolos ansehen kann. Sie sollte sich nicht vollkommen vom etablierten Handlungsmuster unterscheiden, und sie sollte den Schüler nicht überraschen oder erschrecken. Schmerz, der durch eine Manipulation verursacht wird (oder auch nur mit ihr in Verbindung gebracht wird), kann die Lernsituation nur zerstören, indem er Abwehrreaktionen erzeugt (die nicht immer bewußt sein müssen), die jeder Bereitschaft, neue Handlungswege zu erproben, entgegenarbeiten werden.

3. Für mich ist ein „neues" Element folgendes: *a.* der Schüler wird sich bewußt, daß er einige angespannte Muskeln lockern und somit neue Bewegungen zulassen kann; *b.* der Schüler gewinnt sensorische Einsicht (kinästhetisch oder anders) über Verhaltensmuster; *c.* der Schüler findet einen Weg, den Tonus eines Muskels oder einer Muskelgruppe zu verstärken – Muskeln, die, aus welchem Grund auch immer, bislang nicht benutzt oder differenziert werden konnten.

4. Ein neues Element im obigen Sinn kann aus einem gewohnten Muster entstehen (einem Bewegungsmuster, das der Schüler bislang ausführen konnte) und das Element wird „arglos" dem zu verändernden Muster *hinzugefügt.* Eine undifferenzierte Bewegung wie diese, sei sie durch Assoziation oder Kombination des neuen Bewegungselements mit einem gewohnten Bewegungselement zustande gekommen, wendet jeden Verdacht oder jedes Mißtrauen im Nervensystem des Schülers ab. Ist die Bewegung einige Male wiederholt worden, darf man annehmen, daß das

zusätzliche Element, oder besser, die Art, wie der Schüler dieses repräsentiert, sich noch als möglich und durchführbar etabliert hat. Nun läßt sich das neue Element durch eine differenzierte Bewegung isolieren und kann durch vorsichtiges Abteilen und Unterscheiden von anderen Mustern weiter verdeutlicht werden.

5. Ich sollte erwähnen, daß ein eingegrenzter Bereich von Bewegungsmustern oftmals durch tatsächliche Selbstzwänge (Vermeidungsmuster oder „Anti-Muster") verursacht wird, deren sich der Mensch zumeist nicht bewußt ist. Man wird z.B. feststellen, daß angespannte Muskeln sich „in Alarmbereitschaft" befinden oder bereit sind, bei den leisesten Anzeichen einer Bewegung einzugreifen. Natürlich können wir den Schüler nicht in eine Richtung führen, die gegen solch einen Zwang arbeitet. Das neue Element läßt sich besser finden, indem man eine Bewegung versucht, gegen die kein Widerstand besteht, vielleicht eine Bewegung, die in rechtem Winkel zu der verläuft, die man bislang vermieden hatte. Das neue Element läßt sich auch in irgendeiner „neuen Kombination" von Elementen finden. Das Bild dieser kombinierten Bewegung kann für den Schüler „etwas Ungewöhnliches" sein, weil sie aber vorsichtig geschieht, dürfte sie bei ihm eine Neugier erzeugen, aus der sich eindeutig eine gute Lernsituation ergeben wird.

6. Nehmen wir an, innerhalb eines festgelegten Kontextes ist ein „neues Element" geklärt worden. Es paßt in eine festgelegte Situation hinein oder dient einem ganz bestimmten Zweck. Beläßt man es als isolierte, sporadisch wahrgenommene Erfahrung, dann kann es leicht vergessen werden. Es hätte kaum eine Chance, in die normalen Funktionswege des Schülers zu gelangen. Der Schüler sollte die Möglichkeit erhalten, sich mit diesem neuen Element vertraut zu machen. Es soll für ihn etwas Offensichtliches werden, etwas, das er vollkommen verstanden hat. Das heißt natürlich, wir müssen den Schüler durch verschiedene Bewegungsmuster führen und mit Hilfe dieser *unterschiedlichen Zusammenhänge* die Rolle dieses neuen Elements verdeutlichen. Diese neuen unterschiedlichen Zusammenhänge oder *Variationen* werden beim Schüler schließlich zu einer Veränderung des „Leistungsbildes" führen. Der Erfolg stellt sich schneller ein, wenn wir die Verbindung dieses Elements mit Funktionen, die man als wichtig und biologisch vital wahrnimmt, aufzeigen können.

7. Ein neues Element einzuführen, kann auch bedeuten, daß man die Ausgangsposition des Schüler-Körpers verändern muß. Der Lehrer muß entscheiden, ob er alle Möglichkeiten, die sich aus der Ausgangsstellung ergeben, ausschöpfen will, oder ob er lieber eine andere Position wählt. Für eine Variation im Kontext erzeugt man die gleiche Bewegung in unterschiedlicher Richtung, man bringt den Schüler z. B. von der Seitenlage in die Rückenlage. Solche Veränderungen der Körperstellung schaffen ein unterschiedliches Bewegungs- oder Handlungsmuster, da sich mit diesem Wandel der räumlichen Orientierung auch das muskuläre Muster ändern wird. Die Umgebung und die Gravitätsrichtung, wahrgenommen durch die entsprechenden Sinneskanäle, sind Komponenten des gerade vorliegenden Handlungsmusters; so entsteht bei einer einfachen Richtungsänderung bereits eine Veränderung der inneren Repräsentation dieser Handlung.

8. Manchmal wird der Lehrer lieber den Hauptvorgang zurückstellen, um ein Detail oder irgendein anderes Element, das ihm bei der Etablierung der Rolle des neuen Elements begegnet, zu verdeutlichen. Nachdem er in diesem „Zweigbereich“ gearbeitet hat, lenkt der Lehrer das Interesse wiederum auf den eigentlichen „Stamm“. Von Fall zu Fall kann der Lehrer den Akzent verlagern, die Arbeit mit dem ersten neuen Element zurückstellen und bis zum Ende die Funktionen eines zweiten neu entdeckten Elements verfolgen.

9. Wie bei jeder effektiven Lernmethode gelangt man an einen Punkt, wo es nützlich ist, *zusammenzufassen*, eine Rückschau zu halten auf das bisher Gelernte. Durch die Zusammenfassung kann der Schüler die neue Erfahrung, die neue Erkenntnis oder das neue Wissen gleichzeitig anerkennen und es als etwas klares und einfaches wahrnehmen. Ein kurzes *Erinnern* an die Veränderung, die assimiliert werden soll, wird diese dem Schüler näherbringen. Jede leichte, spielerische Bewegung, die aus dem Vorangegangenen resultiert, kann, schnell und effizient ausgeführt, dem Zweck dienlich sein. Manchmal erhöhen eine leichte, gutplazierte Stütze oder Druck durch die Hände des Lehrers die Funktion des neuen Elements, weil dadurch Veränderungen in der relativen Orientierung der Körperteile erzeugt werden. Dies hat einen zusammenfassenden Effekt. Man nennt es den *clé de voûte* (oder den Schluß-

stein) im Feldenkrais'schen Jargon, denn schließlich ist es der zentrale Baustein, der die neu erlernten Muster zusammenhält.

10. Es ist klar, daß der Lehrer an eine Lektion nicht herangehen sollte wie an etwas, das schon vorprogrammiert ist, bei dem die Entscheidung über alle Abweichungen und Seitenwege bereits getroffen sind, bei dem man ein festumrissenes Ziel vor Augen hat. Vielmehr sollte es sich um eine *Forschungsreise* handeln, auf der sich das Ziel oder die Ziele jederzeit ändern können, je nachdem, was einem begegnet und wie die Reaktionen des Schülers aussehen.

11. Die Erfahrung zeigt, wenn eine Sitzung effizient ausgeführt wird, d. h. ohne irrelevante Manipulationen und unnötige Abweichungen, braucht sie nicht lägner als 35 bis 45 Minuten zu dauern. Die Menge der tatsächlich neuen Information, die das System des Schülers auf einmal assimilieren kann, ist begrenzt. Nach einer gewissen Zeit wird der Lehrer merken, daß der Schüler nicht mehr „bei der Sache" ist; es kommt zu einer Art Ermüdung, da Teile des Gehirns, die mit der Programmierung geplanter Handlungen befaßt sind, stärker als gewöhnlich beansprucht waren. Man sollte daher lieber jeder Ermüdungserscheinung aus dem Weg gehen, denn sonst würde sie den Effekt unserer Zusammenfassung schmälern.

12. Ein vorläufiger *Plan für die nächste Lektion* kann dem Lehrer gegen Ende einer Lektion einfallen. Man kann beginnen mit der Überprüfung, zu welchem Ausmaß das neue Element nun weniger „neu" und somit eher integriert ist in die normale Funktionsweise des Schülers. Manchmal wird der Schüler erzählen, was sich zwischen den Behandlungssitzungen getan hat – er hat sich z. B. auf andere Art bewegt oder hat Veränderungen in seiner Haltung oder seinem Selbstbild festgestellt. Die Lektion läßt sich nun mit weiteren Variationen (wie unter 6. beschrieben) fortsetzen. Man beginnt mit einer neuen Position, der man „Abzweigungen" folgen läßt.

Wir wollen nun zusammenfassen, was über Struktur und Aufbau einer Lektion in Funktionaler Integration gesagt wurde:

Bei der Erforschung und Überprüfung von Basismustern, die für den Schüler charakteristisch sind, *führt* der Lehrer *ein neues Element ein*, das bislang unklar war, vermieden wurde oder im Leistungsbild des Schülers überhaupt nicht vorhanden war, – das aber trotzdem für die Umprogrammierung seiner neuro-motorischen Muster von hoher Bedeutung ist.

Der Lehrer vermittelt dem Schüler die Erfahrung *neuer Zusammenhänge*, in denen das neue Element relevant ist (z. B. verschiedene Bewegungsmuster) und in denen es Wirksamkeit, Veränderung und Leichtigkeit steigert. In diesem Stadium lassen sich Abweichungen vornehmen, damit andere Elemente verdeutlicht werden können, die vielleicht im Verlauf entdeckt worden sind.

Die Rolle des neuen Elements kurz und bündig *zusammenzufassen* durch Einleitung einer leichten, annehmbaren Bewegung, wird die unterschiedlichen Muster, die Lehrer und Schüler behandelt haben, stärken und verdeutlichen. Die Zusammenfassung dient als erfreuliche Erinnerung an diese Veränderung.

Im nächsten Kapitel werden wir einige ideal entworfene Lektionen vorstellen, die helfen werden, den Inhalt des vorliegenden Kapitels etwas plastischer darzustellen. Sie können zugleich auch als schematische Modell-Lektionen dienen, die sich hernach in der Praxis anwenden lassen.

9. Schematische Skizzierung einiger mustergültiger Behandlungssitzungen

Die schematischen Beschreibungen, die hier erfolgen, sollen nicht wie exakte Formeln ausgeführt und wiederholt werden. Sie sollen einfach als Ausgangsbasis dienen und dann auf die speziellen Bedürfnisse des Schülers angewandt werden. Die Wahl der verschiedenen *Ausgangspositionen* trifft man, um zuallererst dem Bedürfnis des Schülers nach Bequemlichkeit und Sicherheit nachzukommen; zum zweiten soll dadurch die Fähigkeit des Lehrers genutzt werden, auf leichte Weise Bewegungen zu erzeugen, die auf besondere neuro-motorische Funktionen einwirken. Was hier über Ausgangspositionen gesagt wird, sollte ebenfalls nicht als unabänderlicher Vorgang verstanden werden. Wird die Technik vollkommen beherrscht, dann soll sie so angewandt und entwikkelt werden, daß der Lehrer aus jeder möglichen Position heraus arbeiten kann.

Die *Reihenfolge*, in der die Manipulonen in dieser Beschreibung auftauchen, folgt einer festgelegten Logik, doch wird es in der Praxis immer Akzentverschiebungen und eine andere Auswahl der Manipulonen geben. Gibt es z. B. in einem distalen Körperteil ein Problem, dann sollte man mit Manipulonen beginnen, die den entsprechenden proximalen Teil behandeln, und umgekehrt. Manchmal wird nur ein Teil dieser Sitzungen angewandt, und manchmal wird die Sequenz unterbrochen. Man beginnt mit etwas anderem, das sich aus den Bestimmungen des Lehrers ergeben hat.

Untersuchende Manipulonen, obwohl äußerst wichtig, werden hier nur wenig betrachtet werden, aus dem einfachen Grund, weil sie sich in jedem Fall ändern. Wenn der Lehrer beschließt, nur einen Teil dieser Sitzungen auszuführen, sollte es dennoch eine Zusammenfassung mit entsprechenden integrierenden Manipulonen geben, und zwar in Einklang mit dem, was im vorherigen Kapitel gesagt wurde.

Es ist nicht notwendig, die quantitativen Parameter der Manipulonen genauestens zu definieren, z.B. Geschwindigkeit oder Tempo der Bewegung, die Menge der Kraft, die angewandt wird, Ausmaß und genaue Richtung der Bewegung oder die Anzahl der Wiederholungen dieser Bewegung. Mit wachsender Erfahrung wird der Lehrer diese Faktoren immer besser bestimmen können.

Daß sich die folgenden Beschreibungen mehr mit Bewegung befassen (dem aktiven Bestandteil der Manipulonen), soll nicht heißen, daß der aktive Teil wichtiger ist als andere Faktoren, die wir erwähnt haben. Der erforschende und spielerische Charakter der Manipulonen im allgemeinen und der Akzent auf die zweiseitige Kommunikation sind beides vorherrschende Merkmale dieser Methode.

Die hier beschriebenen Sitzungen sollen nicht eine nach der anderen in der Reihenfolge ihres Erscheinens ausgeführt werden. Diese Ordnung hat keine spezielle Bedeutung; die Numerierung der Sitzungen dient lediglich zur Identifizierung, damit wir im weiteren auf sie verweisen können.

Sitzung 1: Klärung der Verbindung von Becken und Thorax (Seitenlage)

Der Schüler liegt auf einer Seite. Nehmen wir an, es ist die linke Seite. Durch eine angemessene weiche Stütze unterhalb des linken Ohrs wird der Hals auf angenehme Weise mit der Wirbelsäule ausgerichtet. Die Knie, in annähernd rechtem Winkel angezogen, liegen übereinander, die Schenkel sind in den Hüftgelenken gebeugt, ebenfalls in annähernd rechtem Winkel. Die Arme werden übereinander gelegt, so daß sich die Hände in etwa vor dem Gesicht befinden. Diese Position ist der Fötusstellung ähnlich.

Ein leichter Druck gegen den rechtsseitigen Verlauf des siebten Halswirbels in Richtung auf das Becken, gleichzeitig ausgeführt mit einem helfenden Druck (falls nötig) gegen die Schädeldecke, läßt den Lehrer leicht die funktionale Verbindung zwischen Bekken und Rest des Körpers überprüfen. Die gleiche Verbindung wird in der entgegengesetzten Bewegung untersucht – durch Ziehen des Kopfes (Abb. 13). Dieses Ziehen sollte in einer Linie mit den Halswirbeln erfolgen. Genauer gesagt, die Richtung sollte mit der Richtung der Tangente zur zervikalen Krümmung in ihrem höchsten Punkt zusammentreffen (im rechten Winkel zu den Facetten der Wirbel), damit eine Schubbeanspruchung vermieden wird. Eine Korrektur der Kopflage oder seiner Stellung in bezug zur Beugung-Streckung ist nicht gemeint.

Beginnen Sie nun mit einer Klärung der Becken-Thorax-Verbindung durch die distaleren Teile, die möglicherweise beteiligt sind. Schulter und Schulterblatt werden in die verschiedenen Grundrichtungen bewegt: zum Becken hin und vom Becken weg, zur Wirbelsäule und zurück („vorwärts") und in einer Art (gegen den Uhrzeigersinn verlaufenden) Drehbewegung (in die Richtung, die sie z.B. einschlagen würde, wenn man den Ellbogen „vor-

Abb. 13

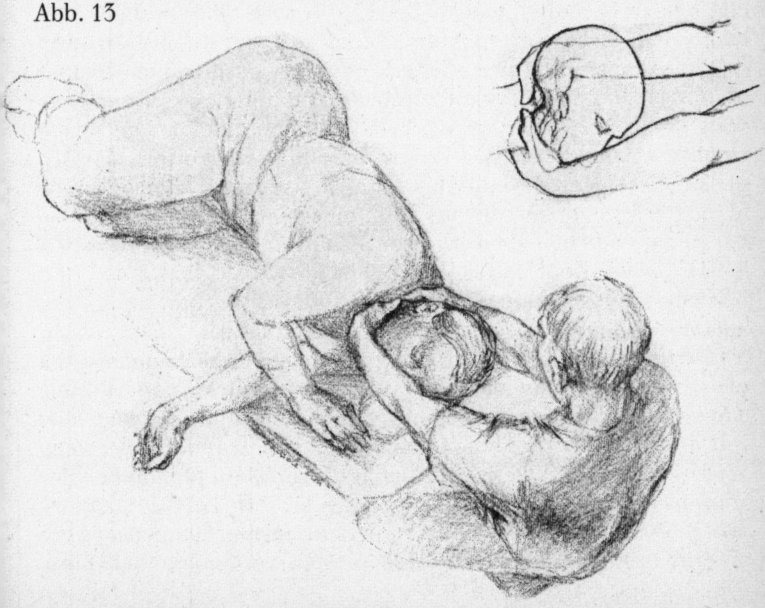

wärts“ und „nach oben“ bewegte). Falls nötig, kann der Akzent auf die Bewegung der unteren Schulterblattspitze verlagert werden.

Als nächstes hält der Lehrer den rechten Arm des Schülers am Ellbogen horizontal zum Körper und hebt den Arm diagonal (vom Schüler gesehen „nach oben“), während er mit der anderen Hand das rechte Schulterblatt des Schülers berührt. Der Lehrer kann diese Hand nun vom Schulterblatt zur Wirbelsäule verschieben, um auch deren Beteiligung an dieser Streckung des rechten Arms zu verstärken.

Hat der Schüler Schwierigkeiten, das Schulterblatt an dieser Armbewegung zu beteiligen, kann man dies vielleicht durch eine relativ zugeordnete Bewegung folgendermaßen klären: Der Unterarm des Schülers wird vertikal auf den Tisch gelegt, so daß sich die Hand des Schülers auf einer Ebene mit seinem Gesicht befindet. (Ist die nötige Überstreckung des Handgelenks schwierig, legt man nur den Daumen auf den Tisch, während die Finger um die Tischkante greifen). Der Lehrer legt seine linke Hand auf den Ellbogen des Schülers und seine rechte Hand auf die Schulter oberhalb des Schultergelenks. Bewegungen des Oberarmbeins entlang seiner Achse (im rechten Winkel zum Brustbein) sind nun möglich und können anschließend mit den verschiedenen Grundrichtungen der Schulterblattbewegungen kombiniert werden, während der Unterarm in seiner Vertikalstellung bleibt. Die rechte Hand wird durch leichten Druck auf den Ellbogen unbeweglich gehalten. All dies wird die Bewegungen der proximalen Armteile klären, während der distale Teil (die Hand) bewegungslos ist. Vorrangig sollte man darauf achten, daß diese Bewegungen geschehen, während Kopf und Hals ruhig liegen (Abb. 14).

Nach einer solchen Vorbereitung sollte es leichterfallen, den rechten Unterarm auf dem Tisch ruhen zu lassen. Das Schulterblatt wird danach ein wenig weiter von der Wirbelsäule entfernt sein als vorher, und der Kopf wird eine gestrecktere Haltung einnehmen. Der Lehrer sitzt nun mit Blickrichtung auf den Rükken des Schülers und betont, durch Unterstützung der dorsalen Wirbel von unterhalb ihres spinalen Verlaufs, die Beteiligung der Wirbelsäule bei der Ausgreifbewegung des rechten Arms. Ist dies klar geworden, kann der Lehrer mit dem rechten Handrücken die untere Grenze des Thorax an der rechten Vorderseite berühren,

Abb. 14

um die Aufmerksamkeit des Schülers auf Position und Bewegungen der falschen Rippen zu lenken, sowie auf ihre Verbindung mit der Ausgreifbewegung des Arms und den Atembewegungen.

In der Zwischenzeit werden die Wirbel wie oben beschrieben mit der linken Hand von unten gestützt (integrierendes Manipulon).

Ein anderes integrierendes Manipulon läßt sich erzeugen, wenn man wie oben erwähnt mit der rechten Hand den Arm ausstreckt und mit der linken Hand den großen Trochanter (Abb. 15) berührt. So ist es möglich, den Arm zu ziehen und das Becken abwechselnd in die entgegengesetzte Richtung zu drücken, bzw. diese Bewegungen gleichzeitig zu erzeugen.

Ein weiteres integrierendes Manipulon ergibt sich, wenn man den rechten Arm auf dem Tisch beläßt – der obere Teil des Körpers bleibt dabei in der eben erreichten leicht verdrehten Position – und das obere Knie – in diesem Fall das rechte – hinter das untere Knie bewegt. Dies läßt sich leicht erreichen, indem man das gestreckte Bein ein kleines bißchen anhebt und das Becken abwechselnd „auf“ und „ab“ in eine wiegende Bewegung drückt und zieht. Geht diese Bewegung mehr oder weniger leicht vonstatten, wird das rechte Knie leicht zum Tisch absinken und sich hinter dem linken Knie plazieren. Wenn der Lehrer nun eine Hand aufs Schultergelenk und die andere aufs Hüftgelenk legt, hilft er dem Schüler, sich des vergrößerten Abstandes zwischen diesen Gelenken und der Leichtigkeit, mit der die Position sich erreichen läßt, bewußt zu werden. Es ist sogar möglich, die Aufmerksamkeit des Schülers verbal auf diese Situation zu lenken, indem man ihr die normale kurze Distanz zwischen diesen beiden Punkten gegenüberstellt.

Um dieses Muster ein wenig zu verstärken, kann der Lehrer folgendes tun: er sieht den Schüler von vorn an und legt den Teil des rechten Unterarms nah am Ellbogen auf das Schultergelenk des Schülers und die linke Hand auf sein Hüftgelenk, während die Finger beider Hände die spinalen Verläufe von unten stützen. Mit kleinen Bewegungen werden die beiden Gelenke nach und nach voneinander weg gedrückt, wobei die Wirbelsäule mit den Fingern angehoben wird (Abb. 16).

Nach dieser Klärung der Aufwärtskrümmung des oberen Körperteils bei einer Verlängerung der rechten Körperhälfte ergibt sich das entgegengesetzte Muster: Das rechte Knie wird in die Ausgangsposition zurückgebracht, d.h., es wird mit dem linken Knie ausgerichtet oder, falls möglich, wird das rechte Knie vor das linke plaziert, das dabei leicht zurückgeschoben wird. Das untere rechte Bein liegt somit vollständig auf der Tischplatte. Man legt

Abb. 15

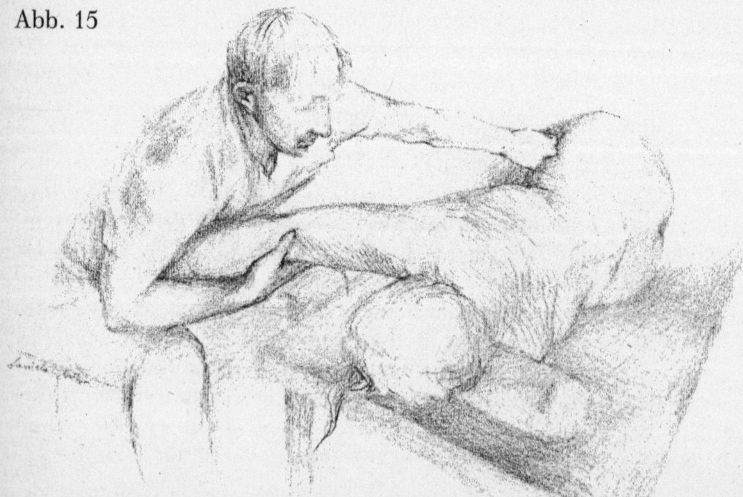

eine Hand auf die Stirn des Schülers und faßt seinen Ellbogen mit der anderen Hand. Der Lehrer dreht nun den Kopf mit Arm und Schulter als eine Einheit, so als solle der Schüler zur Decke sehen (ein ausrichtendes Manipulon, erzeugt durch eine undifferenzierte Bewegung). Geht dies nicht problemlos, dann reicht auch ein kleinerer Positionswechsel, und wenn das rechte Knie vorher auf dem Tisch lag, kann es nun wieder aufs andere Knie gelegt werden, so daß die Drehung des Rumpfs weniger betont ist. Vielleicht muß man den linken Arm, der sich auf dem Tisch befindet, links nach außen ziehen, damit das linke Schulterblatt seinen Platz in dieser neuen Position leichter einnehmen kann.

Ein bequemes Ziehen des rechten Arms über den Kopf (des Schülers), das einige Male sanft und ohne den Ellbogen vollständig zu strecken, wiederholt wird, kann die Beteiligung der Brustbewegung und das Wiegen des Beckens bei der Ausgreifbewegung des Arms verdeutlichen, jedoch in eine andere Richtung als bislang. Wenn das rechte Schulterblatt an dieser Armbewegung nicht leicht, wie oben beschrieben, teilnimmt, kann man die Situation klären, indem man den äußeren Hügel der Scapula gegen die Wirbelsäule drückt, während das Oberarmbein (Humerus) sich nach unten bewegt, oder indem man sich mit einer kleineren

Abb. 16

Streckung des Arms zufrieden gibt. Nach der Klärung kann der rechte Arm wieder weggezogen werden.

Als nächstes legt der Lehrer den rechten Arm des Schülers hinter dem Rücken auf den Tisch, wobei die Knie in derselben Stellung verbleiben und die Handfläche nach unten zeigt (Abb. 17). Ein leichter Druck des Kopfs in Richtung der Halswirbel, einer Richtung, die in der Tat schräg zum Tisch verläuft, wird die Drehung des oberen Körperteils nach rechts hin weiter verstärken. Der Kopf wird dann, falls nötig, auf einer weichen Stütze gelassen.

Weil die Bauchmuskeln, besonders auf der rechten Seite, sich wegen der Rumpfdrehung spannen könnten, oder vielleicht schon gespannt sind, kann man dieses lösen, indem man einen Ersatz für ihre Anstrengung schafft. Dies geschieht durch Stützen des siebten Halswirbels von unten. So eine Stütze kann recht hilfreich sein, wenn der Lehrer dabei den Kopf des Schülers mit der linken Hand in leicht gebeugter Stellung hält, während die Finger der rechten Hand den siebten Halswirbel unterhalb seines linksseitigen spinalen Verlaufs stützen, so daß äußerst leichtes Anheben möglich ist. Dieses Heben sollte gerade ausreichen, die falschen Rippen auf der rechten Seite etwas näher an das Becken zu bringen (einschränkendes Manipulon). Ein tiefes Einatmen des Schülers zeigt an, daß der Bauchmuskeltonus tatsächlich gesenkt wurde.

Abb. 17

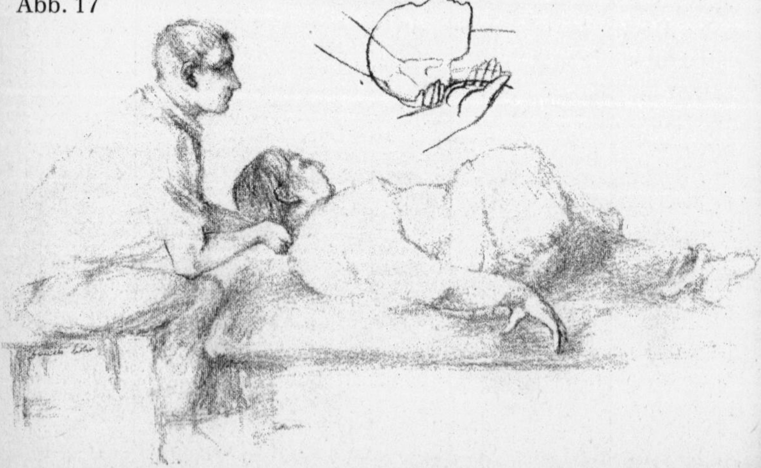

In dieser Situation ließe sich ein integrierendes Manipulon ausführen: Der Lehrer drückt den siebten Halswirbel an seinem rechtsseitigen Verlauf in Richtung Becken, während er mit der linken Handfläche leicht von unten das Kinn des Schülers faßt, so als wolle er den Kopf überstrecken, und diese beiden Bewegungen rhythmisch alternieren läßt. Die rechte Hand drückt zum Becken hin, die linke Hand zieht von ihm weg. Lassen sich diese alternierenden Bewegungen in eine Pendelbewegung verwandeln, dann sollte das Becken mit diesen Schwingungen anfangen zu wiegen. Wenn dies geschieht, kann der Lehrer die rechte Hand aufs Becken legen und dieses wegdrücken. Diese Bewegung läßt er wie vorher mit dem Ziehen des Kinns alternieren. Dadurch bekommt der Schüler das Gefühl, seine gesamte Wirbelsäule würde sich kettenartig bewegen. Geschieht dies, sollte man verbal die Aufmerksamkeit des Schülers darauf richten.

Diese neue Beweglichkeit im Becken ist von solcher Bedeutung, daß man weitere Schritte zu ihrer Integration unternehmen sollte. Der Lehrer schaut auf den Rücken des Schülers, dieser bleibt in seiner gekrümmten Stellung. Der Lehrer legt die linke Hand, oder die Finger der linken Hand, unter die spinalen Verläufe der unteren Rückenwirbel. Dabei wird die rechte Hand von oben aufs Becken gelegt. Indem nun diese beiden Stellen etwas näher aneinander gebracht werden, wird ein Ersatz geschaffen für die Anstrengung der oben erwähnten rechtsseitigen Bauchmuskeln (einschränkendes Manipulon). Gewöhnlich kommt es hier beim Schüler zu einem tiefen Einatmen.

Der rechte Arm kann nun wieder in die Ausgangsposition gebracht werden. Genau so auch das rechte Knie. Der Lehrer plaziert von oben die Hände. Die eine Hand auf die rechte Seite der Rippen, die andere auf die rechte Beckenseite. Gleichzeitiger Vorwärtsdruck gegen das Becken und Zurückdrücken gegen den Brustkasten – hier kann eine Drehung in eine Richtung erfolgen – alterniert mit der Umkehrung dieser Bewegungen. Geschieht dies vorsichtig, kann man eine langsame Drehbewegung erzeugen (beachten Sie dabei die Frequenz!). Dieses Manipulon faßt die leichte Beckenbeweglichkeit in bezug zum Brustkasten, bzw. die äquivalente Beweglichkeit des Brustkastens in bezug zum Becken, zusammen.

Als abschließendes integrierendes Manipulon kann man zum ersten Manipulon zurückkehren (S. 152) und die Beweglichkeit des Beckens durch Drücken des siebten Halswirbels gegen das Becken oder Ziehen des Kopfs überprüfen. Nicht nur dem Lehrer, sondern hoffentlich auch dem Schüler wird auffallen, wie leicht diese Bewegung zustande kommt.

Für die Fortsetzung der Behandlungssitzung gibt es nun zwei Möglichkeiten. 1. Die gleiche Sequenz wird auf der anderen Körperseite wiederholt. Dies sollte leichter und schneller vorangehen, weil der Schüler die einhergehenden Veränderungen bereits bemerkt haben wird und voraussehen kann, was passieren wird.

Die andere Möglichkeit: an der anderen Körperseite *nicht* das gleiche zu tun, und so dem Schüler einen Sinn von Asymmetrie zu vermitteln. Ist diese Asymmetrie recht deutlich und offensichtlich, dann kann es passieren, daß der Schüler von selbst beide Seiten gleichstellen wird. Diese Gegenüberstellung der beiden Situationen ist eine wichtige Erfahrung im Lernprozeß des Schülers. Da sein Interesse und seine Neugier bei Vergleich und Unterscheidung beteiligt sind, sind die Veränderungen durch Kontrolle höherer Ebene gesteuert und in Wirkung gesetzt. Die Erfahrung, sich dieses selbst zu erarbeiten, zu entdecken, daß man die Fähigkeit besitzt, Wissen zu übermitteln, ist wichtig und wird dem Vertrauen des Schülers in seine Lernfähigkeit und Verbesserungsfähigkeit Auftrieb geben.

Sitzung 2: Klärung der Verbindung von Becken und Thorax (Bauchlage)

Der Schüler liegt auf dem Bauch, hält die Beine gerade, das Gesicht ist nach links gedreht und der linke Arm leicht gebeugt, so daß die Hand in etwa vor dem Gesicht zu liegen kommt. Der rechte Arm ruht am Körper. Gibt es einen Hinweis, daß es schwierig ist, die Knöchel zu strecken, dann sollte man ein weiches, rundes Polster aus Schaumgummi darunterlegen. Der Lehrer prüft die Rückenstreckmuskeln, um ihren Tonus festzustellen. Ebenfalls wird untersucht, ob sich die linke Beckenseite heben läßt. Dieses Heben der linken Beckenseite sollte jedes noch so verzerrte Gefühl im Nacken leichter erscheinen lassen, weil es diese Verkrümmung teilweise aufhebt. Die leichte Beckendrehung wird deutlicher, wenn ihr eine Bewegung des distalen Teils (das linke Bein des Schülers) vorausgeht. Der Lehrer stützt mit der rechten Hand das linke Bein unterhalb des Knöchels und hebt es vom Tisch, so daß das Knie im rechten Winkel gebeugt ist und der Schenkel auf dem Tisch bleibt. Wenn der Lehrer das untere linke Bein vor und zurück bewegt (oder aus der Sicht des Schülers nach „links" und „rechts"), bringt er den Schenkel in eine Drehbewegung, vor und zurück, mit der es sich selbst auf den Tisch abrollt - der Bewegungsumfang ist hier leicht festzustellen. Das linke Knie wird dann eine äußerst kurze Distanz nach außen geschoben (eine leichte Abduktion des Schenkels), und der Lehrer bringt - während er mit der linken Hand von unten das Hüftgelenk stützt - das Bein nach unten, so daß es gekreuzt über dem rechten Knöchel des Schülers liegt.

Diese Position läßt sich durch leichtes Verkürzen der Rückenstreckmuskeln auf der rechten Seite des Schülers bequemer machen. Das geschieht, indem man die Hand rechts am Brustkasten auf die Rippen legt und die andere Hand auf die rechte Beckenseite. Man steht hinter dem Schüler und bringt beide etwas näher aneinander heran.

Wir sollten beachten, daß bei dieser Bewegung die rechten Rückenstreckmuskeln ihre Antagonisten in den linken Abdominalmuskeln haben. Dies ist im übrigen ein Beispiel für *diagonalen Antagonismus* zwischen Muskelgruppen. Er taucht analog auch bei Kopfbewegungen in bezug zum Brustkasten hin auf. Die Bedeutung wird dem Schüler hier vielleicht klarer, wenn der Lehrer mit einer Hand gleichzeitig von unten das Ende des Brustkorbs nah an der linken Seite des Abdomens berührt und mit der anderen Hand den vorderen oberen Beckenknochen, der in dieser Stellung leicht vom Tisch angehoben ist. Diese simultane Berührung von Insertion und Ursprung der linksseitigen Rumpfbeuger kann die größere Distanz zwischen diesen beiden Punkten und genauso auch die Bewegung, die sich dort beim Atmen ergibt (gestaltendes Manipulon), klären.

Ein zusätzliches integrierendes Manipulon läßt sich durch leichtes Ziehen der rechten Hand nach unten erzeugen, kombiniert mit einer leichten Außendrehung des Arms. Dies geschieht, indem man die Handfläche des Schülers in einer Ausgreifbewegung auf die rechte Hinterbacke legt, oder den siebten Halswirbel über seinem rechtseitigen Verlauf in Richtung Becken drückt. So werden die rechten Streckmuskeln ein weiteres Mal verkürzt.

Die letztere Bewegung läßt sich außerdem durch gleichzeitiges Stützen der linken Schulter mit der rechten Hand und, falls möglich, des Kinns des Schülers mit den Fingerspitzen der gleichen Hand erreichen – so als erzeuge man eine leichte Kopfstreckung (Abb. 18). Diese kombinierte Bewegung läßt sich entweder repetitiv oder als einschränkendes Manipulon ausführen, was schließlich als Reaktion ein tiefes Einatmen zur Folge hat (und besonders auf der linken Seite des Schülers betont ist).

Nach diesen Vorbereitungen kann das linke Knie des Schülers leicht angezogen werden. Das neue Element, das dieses möglich macht, ist die Beckendrehung – das gleiche, als würde man das Hüftgelenk „zurück" und „weg" bewegen. Der Lehrer demonstriert dies durch Stützen des Hüftgelenks mit einer Hand. Er schiebt dann Knie und Bein nach vorn, damit der Schenkel nun in annähernd rechtem Winkel im Hüftgelenk gebeugt ist.

Abb. 18

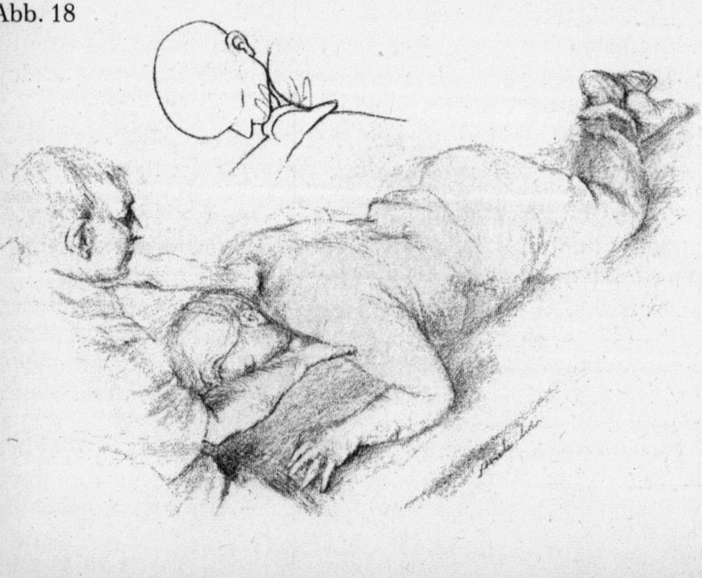

Bei dieser Positionsveränderung ist es nun ratsam, die neutrale Kopfstellung bei Vor/Zurück-Orientierung und im Beuge/Streck-Vermögen zu untersuchen. Dazu legt der Lehrer die linke Hand um den Schädel (an der hinteren Kopfseite des Schülers) und die rechte Hand um die Kinnlade, so daß die Finger näher unten am Tisch sind und die Daumen von oben greifen. In der neutralen Position kann der Lehrer den Kopf leicht ziehen, um zu prüfen, ob dies zum Becken übermittelt wird oder vielleicht sogar bis zur rechten Ferse. Dies sollte mit äußerster Vorsicht entlang der Halswirbel geschehen. Das Kinn darf dabei nicht gehoben werden, damit nicht die Drehung der Halswirbelsäule verstärkt wird.

Das linke Bein ist nun wieder gestreckt, und der rechte Arm wird symetrisch zum linken Bein nach vorn gebracht. Nun wird durch leichtes Heben beider Schultern von unten die Kopfdrehung vorbereitet – abwechselnd und simultan – während man sieht, wie sich die Scapula über die Rippen schiebt. Dies kann als vergleichendes Manipulon dienen, weil der Schüler die Möglichkeit erhält, die Kräfte zu vergleichen, mit denen beide Schultern oben gehalten werden. Vielleicht kann er auch die zusätzliche Anspannung in der rechten Schulter, ähnlich der in der linken Schulter, lockern. Nun wird mit äußerster Vorsicht der Kopf zur linken Seite gedreht. Der Lehrer hält den Kopf und zieht diesen leicht. Allein dadurch, daß er mit den Fingern den Kopf vom Tisch anhebt, kann der Lehrer das Kinn sozusagen reinstecken (die rechte Hand hält es unterhalb der Kehle), so daß der Kopf nun gerade steht und der Hals nicht mehr gedreht ist (vermeiden Sie eine Überstreckung des Halses oder Berührung der Kehle). Von hier aus läßt sich die Drehung vervollständigen, entweder mit den Händen, den Griff am Kopf des Schülers beibehaltend, oder durch einen Wechsel der Handstellungen.

Nach diesem schwierigen ausrichtenden Manipulon folgt ein leichteres, das darin besteht, den linken Arm am Körper zu plazieren. Manchmal stellt die Kopfdrehung überhaupt kein Problem dar. Ist dies der Fall, kann man den Schüler einfach auffordern, den Kopf selbst zur anderen Seite zu drehen.

Der Lehrer fährt fort und wiederholt diese Sequenz an der anderen Seite.

Sitzung 3: Klärung der Verbindung von Becken und Thorax (Rückenlage)

Der Schüler liegt auf dem Rücken, beide Arme liegen am Körper an. Die Knie sind angezogen, so daß die Füße in angemessenem Abstand zueinander, etwa schulterbreit, auf dem Tisch stehen. Der Lehrer sitzt in Kopfnähe des Schülers, legt die Finger unter die Schulterblätter und prüft, wie leicht sich diese vom Tisch anheben lassen. Er untersucht ebenfalls, ob er den siebten Halswirbel seitlich nach unten drücken kann, oder von jeder Seite diagonal in die entgegengesetzte Richtung des Knies. Das bedeutet nicht, daß der siebte Halswirbel sich in bezug zu den benachbarten Wirbeln bewegen soll, sondern daß der gesamte Bereich der Wirbelsäule leicht und elastisch auf solchen Druck reagieren sollte.

Die Möglichkeit, Becken und lumbales Rückgrat zu bewegen, läßt sich analog auch auf andere Art prüfen. Der Lehrer sitzt und schaut auf das rechte Hüftgelenk des Schülers. Er drückt von unten den rechten großen Trochanter zur rechten Schulter hin (Abb. 19). Während er dies mit der rechten Hand tut, drückt er mit der linken die rechte vorstehende Spitze des Darmbeins, schrägt sie diagonal über die vordere Körperseite, als wolle er sie näher zur linken Schulter bringen. Er wiederholt diese Untersuchung der Becken- und Lumbalbewegungen an der linken Seite des Schülers.

Eine Verbesserung dieser proximalen Bewegungen läßt sich in dieser Sitzung auch durch Beobachtung entsprechender distaler Körperteile überprüfen.

Der Lehrer streckt die Beine des Schülers und spreizt die Füße bequem voneinander ab. Er steht nah am linken Hüftgelenk des Schülers, nimmt dessen rechten Arm und zieht ihn sanft in diagonale Richtung, gleichsam zu einem Punkt, der vertikal über dem linken Hüftgelenk liegen würde. Geht diese Armbewegung in die angemessene Richtung, dann sollte das Schulterblatt daran beteiligt sein. Geht die Streckung des Ellbogens mit Schwierigkeiten oder unbeholfen vor sich, sollte der Lehrer den Arm an zwei Stellen halten, am Unterarm in der Nähe des Handgelenks und am Oberarm in der Nähe des Ellbogens, um so bei der Bewegung eine volle Streckung des Ellbogens zu vermeiden. Bewegt sich das

Abb. 19

Schulterblatt des Schülers scheinbar nicht leicht genug, dann soll der Zug des Arms kleiner werden, leichter und in eine Richtung gehen, die näher zur Vertikalen verläuft.

Weil der Brustkasten auf gewisse Weise an dieser Armbewegung beteiligt ist, kann die Notwendigkeit zunehmen, diese Bewegung von der Beckenbewegung zu differenzieren. Der Lehrer hält weiterhin den rechten Arm des Schülers gestreckt, nur mit der rechten Hand, und legt seine linke Hand auf die rechte Beckenseite des Schülers, um dessen Unbeweglichkeit zu betonen.

Eine ähnliche Situation kann beim Kopf eintreten. Der Kopf des Schülers wird mit jedem Ziehen am Arm des Schülers in die gleiche Richtung rollen (nach links), und zwar in einer undifferenzierten Bewegung. Dann kann der Lehrer fortfahren und den Arm nur mit der linken Hand ziehen, während er die linke Kopfseite des Schülers mit dem Handrücken seiner Rechten hält, um die Kopfbewegung zu unterbinden (einschränkendes Manipulon). Nach einigen Bewegungen dieser Art kann beim Schüler der Groschen fallen, und er wird sich der Möglichkeit bewußt, seine Schulterbewegungen von den Halsbewegungen zu differenzieren.

Der Lehrer sitzt wiederum an der Kopfseite des Schülers. Von unten stützt er das rechte Schulterblatt. Dies sollte nun viel leichter sein als zu Anfang. Die rechte Hand des Schülers wird auf seine linke Schulter gelegt, so daß der Ellbogen in etwa über der Brustmitte zu liegen kommt. Immer noch das Schulterblatt stützend, legt der Lehrer seine linke Hand auf den rechten Ellbogen des Schülers und erzeugt eine leichte Dreh-Beuge-Bewegung des

Brustkastens zum linken Hüftgelenk. Extreme Vorsicht ist geboten, da die Bewegung wohl nicht vertraut sein dürfte. Der Lehrer greift das Schulterblatt bei seinem „Rückgrat" zwischen Daumen und Zeigefinger und legt den Ellbogen mit der linken Hand auf den Brustkasten. So kann er in verschiedene Richtungen leichte Schiebebewegungen des Schulterblatts ausführen.

Bei all diesen Bewegungen, besonders beim Anheben des Schulterblatts vom Tisch, wird der Hals leicht zurückgebeugt und der Kopf hängt zurück. Der Lehrer verschiebt nun den Hinterkopf leicht nach rechts, legt ihn „über" die rechte Schulter, eine Bewegung, die eine leichte Kopfdrehung nach links einleitet (Abb. 20). Jetzt ist es möglich, mit jedem Schieben des Schulterblatts die Kopfspitze unmerklich in Richtung der Halswirbelsäule zu drükken, als wolle man gleichzeitig die rechte Körperseite des Schülers krümmen und verkürzen.

Der Lehrer hält mit der rechten Hand weiter das rechte Schulterblatt angehoben und bringt den Kopf des Schülers in die normale, gerade Haltung. Mit der linken Hand greift er den rechten Ellbogen des Schülers und versucht, den Humerus langsam über den Kopf des Schülers zu strecken. All das Vorangegangene war natürlich ein Ersatz für die Anspannung der rechten Bauchmuskeln und hat deren Tonus wahrscheinlich verringert, so daß die Streckung des rechten Arms nun leichter möglich sein sollte.

Es besteht kein Grund, daß man die volle Streckung des Arms sogleich und direkt erreichen muß. Durch eine relativ zugeordnete Bewegung kann das folgendermaßen geschehen: Die linke Hand des Lehrers hält den Ellbogen an einer Stelle fest im Raum, an der die Streckung leicht zu schaffen ist, während die rechte Hand das Schulterblatt nach außen und vom Tisch weghebt, so daß es bei jeder Wiederholung dieser Bewegung mehr gestreckt ist. Dann kann der Lehrer den ganzen Arm und das Schulterblatt auf den Tisch legen, den Arm über den Kopf des Schülers, und den Schüler möglicherweise durch die Leichtigkeit, mit der diese Streckung sich eingestellt hat, überraschen.

Ein wiederholtes Ziehen des gestreckten Arms wird ohne Zweifel den ganzen Streckumfang erzeugen und ebenfalls die Beteiligung von Schulterblatt und Brustkasten bei der Ausgreifbewegung des Arms einleiten.

Abb. 20

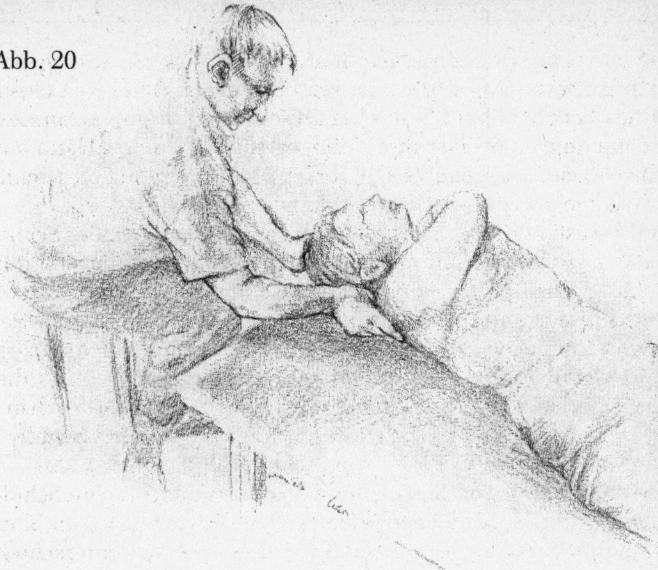

Der rechte Arm wird wieder an den Körper gelegt, und die gleiche Sequenz wiederholt sich nun an der linken Seite.

Was beim Brustkasten mit Hilfe von Arm- und Schulterbewegungen erreicht wurde, läßt sich nun mit Beinbewegungen für das Becken tun. Wieder sind die Knie gebeugt und die Füße in der gleichen Stellung wie zu Beginn der Sitzung. Der Lehrer steht und schaut aufs rechte Knie. Er hebt den Fuß an, so daß das untere Bein horizontal und der Schenkel vertikal liegt. Der Lehrer hält mit beiden Händen das Bein und überprüft die Bewegungen des Schenkels in die Grundrichtungen, nämlich innen und außen (Adduktion und Abduktion), oben und unten (Beugung und Streckung), sowie Drehung um sich selbst.

Um bei dieser Bewegung die Beteiligung des Beckens zu untersuchen, hält der Lehrer nun mit der rechten Hand das rechte Bein in sicherer Stellung. Er hält es möglichst nah am eigenen Körper, wobei er die linke Hand hinter dem rechten großen Trochanter plaziert. Der Schenkel ist nach links gedreht und das Becken mit der linken Hand ganz leicht seitlich gekippt. Dadurch kann man sogleich eine Steigerung des Bewegungsumfangs dieser Drehung feststellen. Nun werden einige solcher Bewegungen ausgeführt, sie ermöglichen, daß die „Elastizität" des Körpers die Rückkehrbewegung des Schenkels einleitet. Der Lehrer schiebt seine linke Hand vor den großen Trochanter, so daß durch den Druck des Beckens in die entgegengesetzte Richtung (das rechte Hüftgelenk wird vom Körperzentrum wegbewegt) die Rückkehrbewegung unterstützt wird.

Diese letzte Sequenz beginnt mit etwas, das eine Fußbewegung nach links und rechts zu sein scheint, und endet mit einer Beckenbewegung im Kreuz. Somit wird der ursprüngliche Bewegungsumfang vergrößert. Ein integrierendes Manipulon zur weiteren Klärung der Beckenbewegung läßt sich folgendermaßen ausführen: Der Lehrer legt das rechte Bein des Schülers gegen das aufgestellte linke Bein und legt, während er die rechte Hand aufs rechte Knie des Schülers legt, den rechten Ellbogen über und um dessen linkes Knie. So läßt sich der Unterarm als Hebel nutzen, um das Becken des Schülers in eine ähnliche Bewegung wie vorher zu bringen. Diesesmal jedoch dient das linke Bein des Schülers als Achse. Zur Unterstützung dieser Bewegung kann die linke Hand des Lehrers hinter dem rechten großen Trochanter des Schülers drücken (Abb. 21). Damit dies bequem ist, kann sich der Lehrer z. B. auf den Tisch setzen, etwas unterhalb vom Becken des Schülers.

Während der Schüler noch auf dem Rücken liegt, steht der Lehrer nah den Füßen und hat die rechte Hand auf das rechte Knie des Schülers gelegt. Mit seiner Linken greift der Lehrer nach der linken Hand des Schülers und orientiert sie in Richtung des rechten Knies. Das Knie wird nun diagonal zur linken Schulter bewegt. Dieses alterniert mit dem Ziehen des linken Arms zum rechten Knie. Die alternierende Bewegung wechselt sodann in eine simultane, wobei der Rumpf des Schülers zur gleichen Zeit *gebeugt und gedreht* ist. Nach ein paar dieser Bewegungen kann der Lehrer dem Schüler zeigen, wie weit dieser seine linke Hand zur Außenseite des rechten Schenkels ausstrecken kann, um sie dort auf die rechte Hinterbacke zu legen.

Die obige Sequenz wird nun mit beiden Beinen an der linken Seite ausgeführt und gelangt schließlich in die entgegengesetzte Drehung des Rumpfs.

Schließlich werden Lehrer und Schüler merken, wie leicht sich beide Beine auf dem Tisch strecken lassen. Ins Auge fällt auch die Analogie zu dem, was vorher mit den Armen passierte. Sanfter Druck und Ziehen an den Füßen in Kopfrichtung, gefolgt von einer Untersuchung der neutralen Kopfstellung mit besonderer Beachtung der Atmung, schließen diese Sitzung ab.

Sitzung 4: Klärung der Verbindung von Knöchel- und Kniegelenken und Becken (Rückenlage)

Der Schüler liegt auf dem Rücken. Die Knie sind gebeugt und die Füße stehen angenehm gespreizt auf dem Tisch. Der Lehrer prüft die Funktion des Knöchels, zuerst die Ausrichtung von Bein, Knöchelgelenk und Fuß, sowie mögliche Unterschiede zwischen links und rechts. Nun legt der Lehrer eine Hand auf ein Knie des Schülers und greift die Malleolen zwischen Daumen und Zeigefinger der anderen Hand (die Malleolen sind die vorstehenden runden Knochen an jeder Seite des Knöchelgelenks). Der Lehrer hält das Knie fest im Raum und versucht vorsichtig, den Knöchel nach außen und zurück zum Zentrum zu bewegen und genau so nach

Abb. 21

innen und wieder zurück, ohne daß dabei der Fuß über den Tisch gleitet. Auf diese Weise läßt sich die Beweglichkeit des Knöchels bezüglich *Inversion* und *Eversion* des Fußes prüfen.

Dann streckt der Lehrer die Beine des Schülers und hält eines davon mit einer Hand unterhalb des Knöchels, um die Ferse leicht vom Tisch anzuheben. Nun werden am Knöchelgelenk mit der anderen Hand die Fußbewegungen in die Grundrichtungen untersucht. Also Beugung und Streckung, Inversion und Eversion. Manchmal ist es ratsam, statt die Ferse anzuheben, sie genau wie das Knie durch ein leichtes Polster zu stützen, damit eine Überstreckung vermieden wird.

Abweichungen vom wirksamen Gebrauch der Knochenstruktur des Beins lassen sich manchmal durch visuelle Beobachtung feststellen, doch eine maßgebende Untersuchung ist nur bei Bewegung möglich.

Abweichungen bei der Funktion des Knöchels sind ziemlich normal und jede Veränderung muß integriert werden durch entsprechende Veränderungen im Gebrauch von Fuß, Bein, Knie und Hüftgelenk; kurz, im Gebrauch des ganzen Körpers. Jede Störung, die ein Mensch im Knöchel oder im Fuß verspürt, wird die Art und Weise beeinflussen, wie dieser Mensch den Fuß aufsetzt, das Körpergewicht aufs Bein verlagert, wie er geht und zahlreiche andere Funktionen ausführt. Daher wird die Hilfe, die der Schüler bei der Reorganisierung des Knöchels erfährt, nur dann Bedeutung haben können, wenn sie mit so vielen anderen motorischen Funktionen wie möglich integriert ist.

Der Schüler liegt weiterhin auf dem Rücken. Der Lehrer dreht nun das linke Bein leicht nach außen. Dabei ist das Knie leicht gebeugt, damit der äußere Malleolus nah an den Tisch kommt. Der Knöchel ist somit leicht nach innen gedreht, und die Fußsohle ist zu sehen. Eine weiche Stütze, die von außen unter das Knie gelegt wird, kann nötig sein, um die Belastung des Adduktorenmuskels zu verringern. Der Lehrer lokalisiert das Kahnbein, das in dieser Position leicht vorsteht und etwas unterhalb und vor dem inneren (medialen) Malleolus liegt – in einer Linie, die den Malleolus mit dem großen Zeh verbindet. Vorsichtiger Druck gegen das Kahnbein von unten in Richtung Knie, doch schräger Druck leicht gegen den Tisch, wird die Inversion vergrößern, weil das

Gelenk zwischen Kahnbein und Talus besser genutzt wird. Der Talusknochen ist der höchstgelegene Fußknochen; er ist verbunden mit den Beinknochen. Hier kann man mit der anderen Hand nach und nach den Fuß drehen, wobei man unterhalb der großen Zehe greift.

Die Inversion des Fußes erfolgt normalerweise mit der Außendrehung des Beins, und dieses Element läßt sich verstärken, indem man dem Druck gegen das Kahnbein einen Druck gegen das obere Ende des Wadenbeins (Fibula) in Richtung aufs Becken hinzugibt (Abb. 22). Die Fibula ist der dünnere der beiden Beinknochen und liegt an der äußeren Seite des Beins. Der Fibula-Kopf liegt genau unterhalb des Kniegelenks an der Außenseite des Beins; er ist leicht zu lokalisieren, wenn wie hier das Knie leicht gebeugt ist. Diese Bewegung, ein gestaltendes Manipulon, geschieht simultan, und obwohl sie sehr gering ist, lindert sie ein wenig die Anspannung des Bizeps femoris-Muskels – der sich am Kopf der Fibula festhält – und legt auch klar die Richtung fest, in die sich das Kahnbein bewegen kann. Wir sollten darauf hinweisen, daß sich der Fuß bei dieser Bewegung fest und gestützt durch den Tisch um seinen äußeren Rand dreht, der als Achse dient.

Hat man dieses Manipulon durch einige Wiederholungen deutlich gemacht, kann man die elastische Rückkehrbewegung nutzen, um die Bewegung in die entgegengesetzte Richtung einzuleiten. Der große Zeh ist dabei über die oben erwähnte Achse hinaus gedreht, wie beim Drehen der Fußsohle zum Tisch hin; der Knöchel schiebt sich selbst nach innen, und der Fibula-Kopf bewegt sich leicht vom Becken weg (Eversion des Fußes und Innendrehung des Beins). Während man den Fibula-Kopf unterstützt, sich vom Becken wegzubewegen, sollte man vorsichtig vorgehen, weil es dabei zu Schmerz kommen kann. Man sollte auch nicht zu hart gegen den Fuß drücken. Und läßt sich diese Bewegung – so klein sie auch sein mag – nicht leicht erzeugen, sollte sie ganz aufgegeben werden. Egal welches Ergebnis, das Wegziehen des Fibula-Kopfs vom Becken läßt sich zumindest dazu nutzen, das Becken selbst in die diagonale Wiegebewegung zu ziehen. So vermittelt man dem Schüler ein ungewohntes Bewegungsmuster, an dem der gesamte Körper und besonders der Knöchel beteiligt ist.

Der Lehrer beläßt das linke Bein in seiner Lage (leicht zur Seite

Abb. 22

geneigt), nimmt das rechte Bein, das am Knie gebeugt ist und mit dem Fuß auf dem Tisch ruht, und dreht es nach innen zum anderen Bein hin. So eine Stellung ist nur dann möglich, wenn das rechte Hüftgelenk leicht und geschmeidig arbeitet und das Becken in eine leicht gestreckte und gekrümmte Haltung kommt. Damit der Schüler dies erreichen kann, sollte man es bis zu dem Punkt ausführen, bis zu dem noch keine besondere Anstrengung nötig ist. An diesem Punkt drückt man das Becken zurück, indem man das Knie entlang der Schenkellinie zum Hüftgelenk preßt (einschränkendes Manipulon). Dies führt zu einem Ersatz für die Anspannung der Muskeln, die Becken und Brustkasten verbinden. Auch eine Wiegebewegung des Beckens, erzeugt durch entsprechenden Druck gegen das Knie, ist möglich. Der Druck kann auf beide Knie gleichzeitig ausgeübt werden. Das rechte Knie läßt sich danach in dieser Position auf den Tisch hinuntersenken. Sollte dies immer noch schwierig sein, legt man eine weiche Stütze zwischen die Beine.

Der Lehrer steht nun hinter dem Kopf des Schülers und zieht leicht den rechten Arm, so daß Brustkasten, Becken und die Knie in eine wiegende Bewegung kommen (Abb. 23). Dann wird auf ähnliche Weise der linke Arm gezogen. Dabei untersucht und vergleicht der Lehrer, was er an beiden Seiten feststellen und fühlen kann. Auf Unterschiede muß man gefaßt sein, vor allem, weil beide Knie nach links gedreht sind. Es lassen sich auch beide Arme gleichzeitig ziehen. Ein leichtes Ziehen des Kopfes wird eine ähnliche Bewegung im Becken erzeugen (integrierendes Manipulon).

Die Arme sind wieder an den Körper gelegt, die Beine liegen gerade, und die gleiche Sequenz wird mit dem anderen Bein und dem anderen Knöchel wiederholt.

Sitzung 5: Klärung der Verbindung von Knöchel- und Kniegelenken und Becken (Bauchlage)

Der Schüler liegt mit ausgestreckten Beinen auf dem Bauch, das Gesicht ist zu der Seite gedreht, die ihm am bequemsten erscheint (vorausgesetzt, hier gibt es eine angenehmere Seite). Angenommen, das Gesicht ist nach links gedreht. Die Arme werden in eine bequeme Haltung gebracht. Dabei ist der linke Arm nach vorn gebeugt, so daß die linke Hand irgendwo vor dem Gesicht liegt und der rechte Arm zurück am Körper. Der Lehrer sitzt an den Füßen des Schülers und hebt mit beiden Händen den linken Knöchel, so daß das Knie, gestützt durch den Tisch, leicht angezogen ist. Diese Stellung sollte eine leichte Bewegung von Knöchel und Ferse nach links und rechts ermöglichen.

In dieser Position gibt es zwei Möglichkeiten: eine ist, das Bein im Raum zu halten, während sich das *untere Bein* dreht (Drehung um die eigene Achse, in der Tat eine äußerst eingeschränkte Bewegung); die andere Möglichkeit ist, den Knöchel links und rechts so zu bewegen, daß sich das ganze Bein bis hinauf zum Hüftgelenk wie ein Teil bewegt. Der Lehrer muß dafür Sorge tragen, daß sich die Ferse in einem bestimmten Bogen bewegt, damit der *Schenkel* um sich auf dem Tisch rollt. Das einzige tätige Gelenk bei dieser Bewegung ist somit das Hüftgelenk. Diese beiden Muster sind in der Repräsentation des Schülers vielleicht nicht sonderlich differenziert, beide stehen in bezug zur selben Bewegung der *distalen Ferse* (links und rechts). Es ist daher möglich, von einem Muster zum anderen einen leichten Übergang zu schaffen, indem man entweder das untere Bein um sich selbst dreht und dann in die Drehung des ganzen Beins und des Hüftgelenks wechselt, oder indem man die beiden Bewegungen in umgekehrter Reihenfolge ausführt, je nachdem, welches leichter erscheint.

Abb. 23

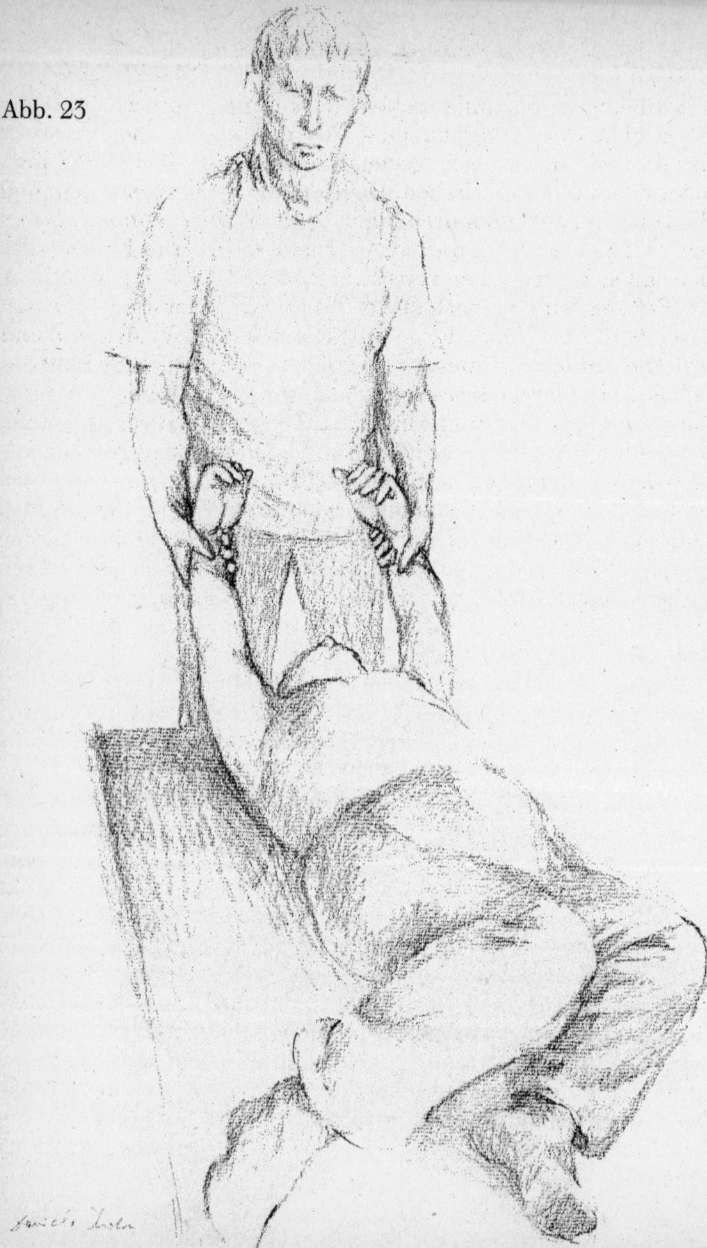

Sind diese Bewegungen geklärt, kann der Lehrer das linke Knie des Schülers leicht nach außen schieben, den Fuß anheben, wobei das Knie wie vorher leicht gebeugt ist, und versuchen, den Schenkel um sich selbst zu drehen. Dabei kann sich herausstellen, daß die Ferse bei der Innendrehung näher zum Tisch kommt als vorher. Der Lehrer bestimmt, bei welchem Winkel des Kniegelenks der Fuß sich am tiefsten zum Tisch hin senken läßt, während er das Bein nach innen (nach rechts) dreht. Wenn der große Zeh den Tisch berührt, benutzt der Lehrer ihn als Stütze für den Fuß und drückt den äußeren Rand der Fußsohle leicht in Richtung Kopf des Schülers. Er schrägt die Bewegung leicht nach unten, daß die Ferse näher zum Tisch kommt und das Hüftgelenk sich von selbst anhebt (Abb. 24). Bei dieser Bewegung agiert das gesamte Bein als Hebel, der Drehpunkt liegt an der Stelle, wo das Knie den Tisch berührt. Wir stellen bei dieser Bewegung eine leichte Eversion des Fußes fest. Nach einigen Wiederholungen führt man diese Bewegung als einschränkendes Manipulon aus, was im Normalfall ein tiefes Einatmen nach sich zieht.

Abb. 24

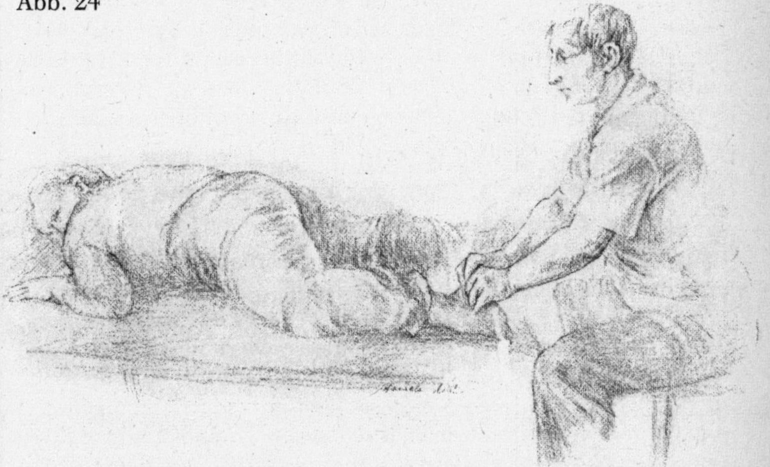

Schließlich bewegt der Lehrer das linke Knie ein wenig nach außen und fährt dann mit der Links-/Rechts-Bewegung der Ferse fort, senkt den Fuß nach innen und versucht erneut die hebelartige Bewegung, bringt den Knöchel nach unten zum Tisch und die Beckenseite nach oben und schließt mit einem einschränkenden Manipulon ab.

Einige graduelle Annäherungen dieser Art werden das Knie zur Seite bringen, das Hüftgelenk hat sich dabei vom Tisch und vom Brustkasten wegbewegt, und die Innenseite des Beins liegt auf dem Tisch.

Es ist wichtig, daß sich das Becken in Verbindung mit Druck gegen die Fußsohle als Teil eines Musters zu heben beginnt, wie etwa, wenn man sich auf die Füße stellt oder eine Treppe emporsteigt. Wichtig ist aber auch, daß es von anderen gravitätischen Handlungen isoliert ist, die normalerweise in aufrechter Stellung nötig sind.

Nun kann das Bein begradigt werden, Kopf und Arme sind auf der anderen Seite plaziert, und die gleiche Sequenz wird mit dem anderen Bein wiederholt.

Beachten wir, daß es in vielen Fällen hilfreicher wäre, diese Sitzung auf andere Art fortzusetzen, nämlich die beschriebene Sequenz mit dem gleichen Bein auszuführen, während der Kopf und korrespondierend auch die Arme wie oben auf der anderen Seite liegen. Bei seitlich angezogenem Knie ergibt sich eine Drehung im unteren Teil der Wirbelsäule in eine Richtung, wobei der obere Teil der Wirbelsäule in die andere Richtung gedreht ist. Anders gesagt, es ergibt sich entlang der ganzen Wirbelsäule eine betonte Drehung.

Hat man die oben beschriebenen Vorbereitungen getroffen, kann man diese weitere Drehung auf zweierlei Art fortsetzen. Eine ist, Kopf und Arme zu lassen, wie sie sind (der Kopf nach links), und dann am anderen Bein zu arbeiten (dem rechten Bein). Die andere Möglichkeit ist, den Kopf zu drehen und entsprechend die Arme zu verändern – vor allem, weil es für den Schüler unangenehm sein könnte, mit gedrehtem Hals so lang auf einer Seite zu arbeiten – und wieder am selben Bein zu arbeiten (dem linken Bein), wie in unserem Beispiel.

Um genauer zu sein, wollen wir annehmen, daß wir die erste

Möglichkeit gewählt haben. Diesesmal arbeitet der Lehrer am rechten Knöchel und am rechten Fuß. Bei der graduellen Verschiebung des rechten Knies nach rechts geht er vorsichtiger vor, weil im Rückgrat eine verstärkte Drehung besteht. Wenn sich das rechte Hüftgelenk ausreichend vom Tisch abhebt, legt man den rechten Arm des Schülers, der am Körper liegt, in die Öffnung, die sich unterhalb des Hüftgelenks gebildet hat (Abb. 25).

Hat der Lehrer das Knie in die abschließende angezogene Haltung gebracht, untersucht er die Rückgratkrümmung. Die Linie der spinalen Wirbelverläufe hat nun zwei Bogen, einer davon ist nach rechts gewölbt (im oberen dorsalen Teil) und einer nach links (im lumbalen Teil). Diese sollte der Lehrer lokalisieren, und aus der konkaven Seite mithelfen, daß die Wölbungen leicht verstärkt werden – die obere in der Drehung mehr nach rechts und die untere in entgegengesetzter Drehung mehr nach links. Als integrierendes Manipulon legt der Lehrer die rechte Hand unter die linke Schulter unter das Schlüsselbein des Schülers, um die Schulter vom Tisch anzuheben, und die linke Hand unterhalb und hinter den rechten Schenkel des Schülers, nah am Becken, wo sich die rechte Hand des Schülers befindet (Abb. 26). Er hebt diese beiden Teile vorsichtig an, abwechselnd und gleichzeitig. Dadurch

Abb. 25

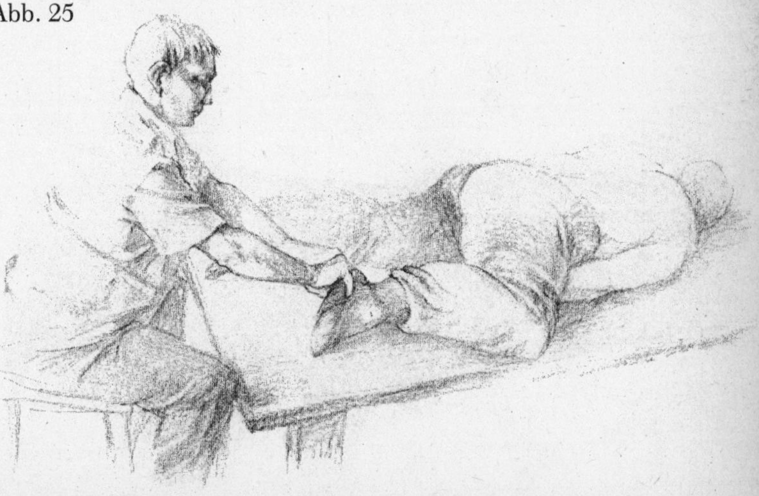

wird die bereits bestehende Drehung des Rückgrats verstärkt. Auch der Kopf sollte untersucht werden. Man zieht und drückt ihn dazu leicht in die Richtung der Halswirbelsäule. Die angemessene Richtung dieser Bewegungen soll auf äußerst sanfte und vorsichtige Art bestimmt oder besser entdeckt werden.

Die rechte Hand wird nun unter dem Hüftgelenk weggenommen und symmetrisch zur linken Hand nach vorn gelegt. Der Kopf ist nach rechts gedreht, und der linke Arm ist am Körper entlang zurückgedreht. Dieses ausrichtende Manipulon wird der Schüler als „Heimkehr“ zu einer vertrauten und bequemen Haltung empfinden.

Der Kopf wird wieder auf seine neutrale Stellung untersucht und das rechte Bein wird begradigt.

Der obere Teil des Körpers bleibt nach rechts gedreht. Der Lehrer führt die entsprechende Sequenz nun mit dem linken Bein aus, was schließlich zu einer verstärkten Drehung in die entgegengesetzte Richtung führt. Die folgende Auflösung der Drehung wird ähnlich wie im obigen Vorgang den Kopf des Schülers diesesmal wie zu Beginn der Sitzung nach links gedreht lassen.

Am Ende dieser Sitzung kann die Art, wie der Schüler sitzt, und die Art, wie er sich nach links oder rechts dreht, um (im Sitzen)

Abb. 26

nach hinten zu schauen, untersucht werden; anders gesagt, man untersucht, bis zu welchem Grad der Schüler in der Lage ist, die Drehung im Rumpf für alltägliche Handlungen zu gebrauchen. Man untersucht die Art, wie der Schüler geht, und bis zu welchem Grad er dabei das Becken bewegen läßt.

Sitzung 6: Klärung der Verbindung von Becken und Thorax (Knieende Haltung)

Der Schüler kniet auf dem Boden, die Knie stehen bequem und leicht auseinander, nah am Tisch und mit Blick auf eine der Tischkanten. Die Schenkel sind aufrecht, Bauch und Brustkasten liegen auf dem Tisch. Hier ist ein weiches Polster für die Knie notwendig. Der Tisch sollte so hoch sein, daß das Gewicht des Beckens zumindest teilweise von den Knien gehalten werden kann. Der Kopf des Schülers ist in die angenehmere Richtung gedreht und die Arme werden entsprechend plaziert. Ist der Kopf z.B. nach rechts gedreht, dann ist der rechte Arm gebeugt, und die Hand liegt etwa vor dem Gesicht, während der linke Arm am Körper liegt.

In dieser Position läßt sich das Becken des Schülers leicht in die Grundrichtungen bewegen und auf seine Beweglichkeit überprüfen. Das Becken ist schließlich das „proximalste" Körperteil, zumindest in der vorherrschenden kinästhetischen Repräsentation. In dieser Position sind alle Beckenbewegungen relativ zugeordnete Bewegungen in bezug auf die meisten gewohnten Bewegungsmuster des Schülers.

Charakteristisch ist, daß die Hüftgelenke nicht gestreckt und daher nicht gefährdet sind und daß die Muskeln im unteren Rükkenbereich sich nicht an antigravitätischen Mustern zu beteiligen haben. Damit es der Schüler dabei bequem hat, sollte besonders auf die Position des Nackens geachtet werden. Ist die seitliche Kopfdrehung für den Schüler unangenehm, und die Sitzung erscheint dennoch als wichtig, können die Hände des Schülers auf dem Tisch plaziert werden, wo sie als Stütze für seine Stirn dienen. Die Füße sollten gestreckt sein, und wenn dieses schwierig ist, kann man eine weiche Rolle unter die Knöchel schieben.

Die Vertikalität der Schenkel (von der Seite gesehen) sollte untersucht werden, damit der Schüler merkt, daß sein Becken durch die Schenkelknochen sicher gestützt wird. So können die Knie nicht nach vorn oder nach hinten wegrutschen. Die Schenkel sollten aus der Sicht des Lehrers, von hinten also, vertikal sein, es sei denn, der Tisch ist zu niedrig (oder der Schüler zu groß); dann werden die Schenkel leicht gespreizt. Das Beckengewicht sollte gleichermaßen auf beide Knie verteilt sein; andernfalls mag sich der Schüler veranlaßt sehen, seine Muskeln anzuspannen (auf unbewußte Art), um das Becken zu halten. Dafür ist eine symmetrische Stellung der Schenkel erforderlich. Man kann das Becken entweder seitlich verschieben, falls möglich, oder die Stellung eines der Knie korrigieren. Oftmals werden schon allein durch die Ausrichtung für den Schüler leichte Beckenbewegungen möglich.

Als nächstes setzt sich der Lehrer hinter den Schüler und studiert die charakteristische Beschaffenheit der Skeletteile des Beckens. Denn diese werden weiterhin gebraucht, um die Bewegungsmuster des Beckens untersuchen zu können. Der Lehrer lokalisiert seitlich die beiden großen Trochanter, von hinten und von oben, sowie das Ischium (das Sitzbein), das sich in dieser Stellung auf der Ebene der Trochanter, jedoch mehr nach innen, befinden kann. Die Untersuchung des Sitzbeins zeigt, daß es sich hier nicht einfach um zwei runde Knochen handelt, sondern um zwei flache und fast vertikale Knochen mit rundem Schnitt. Die Entfernung zwischen den beiden Sitzknochen ist von Person zu Person verschieden und bei Frauen gewöhnlich größer. Daran schließt sich die Untersuchung des Kreuzbeins (des Sacrums) an, wobei sich die Linie der spinalen Verläufe der Sacrum-Wirbel und der beiden bogenförmigen Erhebungen des Beckenknochens (hintere obere Darmbeinspitzen) nach beiden Seiten öffnen.

All diese Untersuchungen sollten äußerst vorsichtig ablaufen, weil man dabei auf ein paar recht schmerzhafte Stellen stoßen könnte.

Da die normalen Muster der Beckenbewegungen in Beugung und Streckung bestehen, und weil daher jedes mögliche Anti-Muster gegen diese gerichtet wäre, sollten die Beuge- und Streck-Muster zuletzt untersucht werden.

Nehmen wir an, das Gesicht des Schülers ist nach rechts gedreht. Die rechte Hand des Lehrers kann nun den rechten Sitzknochen von hinten nach vorn mit einer leichten Schräge nach oben drücken, während die linke Hand gleichzeitig hinter der linken Darmbeinspitze zum Zentrum des Rumpfs hin drückt (Abb. 27). Der Lehrer läßt beide Hände an ihrem Platz und lockert den Druck. So ermöglicht man, daß die Elastizität des Systems die Rückkehrbewegung erzeugt. Die optimale Richtung für die diagonale Beckenbewegung ist, im Hinblick auf die Bequemlichkeit des Schülers, nur mit äußerster Vorsicht herauszufinden. Nach einigen Bewegungen kann der Lehrer die rechte Hand über den rechten Sitzknochen legen, so daß durch vertikalen Druck des Sitzknochens nach unten die Rückkehrbewegung unterstützt wird (Abb. 28). Durch alternierenden Druck beider Hände läßt sich nun leicht eine schaukelartige Bewegung erzeugen. Diese Bewegung hat als Achse eine Linie, die durch die Hüftgelenke verläuft. Es kann sich herausstellen, daß die Abwärtsbewegung des Sitzknochens nicht genau vertikal verläuft, sondern leicht zur Mitte hin abgeschrägt ist.

Dann wird eine ähnliche Sequenz an der anderen Diagonalen mit dem linken Sitzknochen und der rechten Darmbeinspitze ausgeführt.

Abb. 27

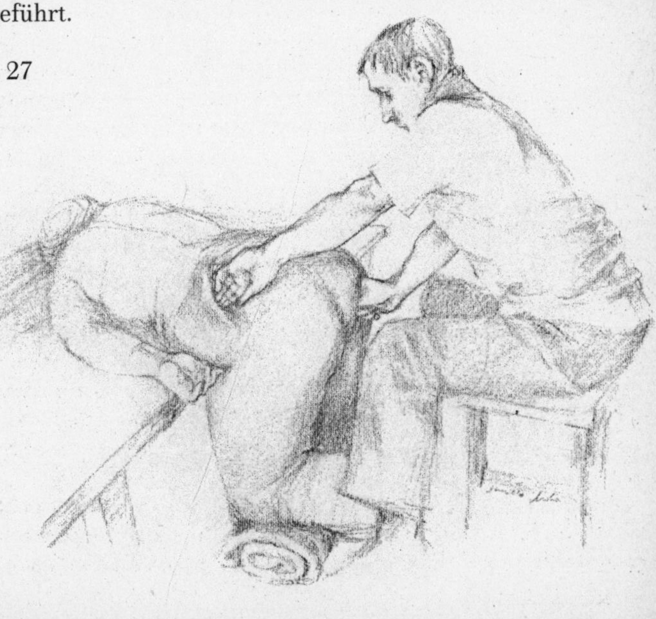

Nach Klärung dieser Diagonalen ist es gut, die gradlinigen Bewegungen zu untersuchen. Zuerst die Streckung des Rückens, wobei beide Sitzknochen gleichzeitig nach vorn in einer leichten Aufwärtsschrägung gedrückt werden, oder indem beide Darmbeinspitzen gleichzeitig leicht schräg nach unten gedrückt werden (einschränkende Manipulonen). Bei der entgegengesetzten Bewegung werden beide Sitzknochen mit den Fäusten von oben vertikal nach unten gedrückt. Dadurch entsteht eine leichte Beugung im Becken und eine hebelartige Bewegung, bei der die Hüftgelenke als Angelpunkte dienen. Die gleiche Bewegung läßt sich auf andere Weise durch leichtes Stützen des vorderen iliacalen Rückgrats mit den Fingern beider Hände erzeugen (einschränkende Manipulonen). Offensichtlich werden durch solch eine Beugung im Becken die Bauchmuskeln verkürzt, sie löst teilweise deren Anspannung und hebt leicht das lumbale Rückgrat an. Das Zwerchfell wird frei, als Reaktion ergibt sich im Normalfall ein tiefes Einatmen, an dem die falschen Rippen des Rückens beteiligt sind.

Abb. 28

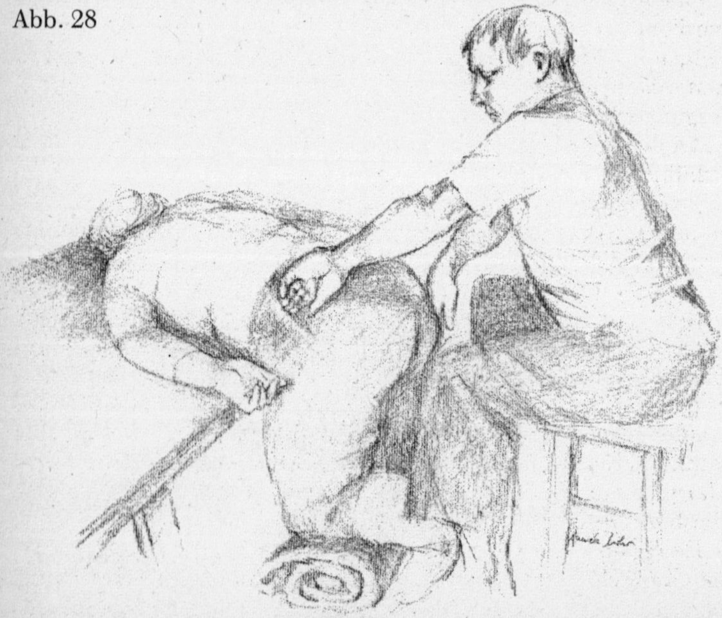

Als nächstes sitzt der Lehrer an der rechten Seite des Schülers und prüft, ob es möglich ist, die spinale Krümmung nach links in Einklang mit der bereits bestehenden Krümmung des oberen Rückgrats, die durch die Kopfstellung erzeugt wurde, zu verstärken. Hier wird sich eine gesteigerte Flexibilität des Rückgrats ergeben. Diese Krümmung verstärkt man, indem man an der rechten Seite Rippen und Becken näher aneinander bringt, auf verschiedenen Ebenen leicht die Wirbelsäule zur linken Seite des Schülers drückt und die leichte Beweglichkeit von Schulterblatt und Schulter in verschiedene Richtungen prüft (integrierende Manipulonen).

Der Lehrer sitzt dann hinter dem Kopf des Schülers und begibt sich an die Integration von Kopf, Hals und Schulter. Er arbeitet mit Veränderungen, die in der Organisation des Rückgrats erzeugt werden. Dazu gehört die Untersuchung der Kopfstellung (vorwärts und rückwärts, Streckung und Beugung), ebenso muß die neutrale Position ausfindig gemacht werden. Hierbei ist leichter Zug des Kopfes in Richtung der Halswirbelsäule möglich.

Der Kopf ist nun zur anderen Seite gedreht, die Armstellung wird entsprechend verändert. Die gesamte Sequenz wird wiederholt, mit angemessenen Abwechslungen auf linker und rechter Seite. Man sollte genau überlegen, welche der beiden Diagonalbewegungen zuerst erfolgen soll.

An diesem Punkt kann die Sitzung abschließen. Man kann den Schüler auch auffordern, sich mit dem Rücken auf den Tisch zu legen, die Knie anzuziehen und die Füße auf der Tischplatte ruhen zu lassen. Nun lassen sich je nach Wunsch einige zusätzliche integrierende Manipulonen ausführen (Abb. 29).

Gewöhnlich erkennt man die Funktionen, mit denen man sich in den verschiedenen Ausgangspositionen und auf diese Art angeordneten Sitzungen befassen kann. Schließlich erlangt der Lehrer die Fähigkeit, die Sitzungen oder die verschiedenen Manipulonen-Sequenzen für die spezifischen Funktionen entsprechend auszuwählen. Meistens jedoch muß diese „Entscheidung", mit welcher Funktion man sich befaßt, durch Untersuchung getroffen werden. Darüber hinaus können sich die eigenen vorgefaßten Gedanken diesbezüglich ändern, und manchmal recht radikal.

Eine ganze Menge von Manipulonen, die in den vorangegangenen Kapiteln beschrieben wurden, sind in den hier beschriebenen

Sequenzen nicht aufgetaucht. Ein einfallsreicher Lehrer wird weitere Sequenzen finden, die er nach den bereits festgelegten Prinzipien eines Sitzungsverlaufs einordnen kann. Noch einmal möchte ich darauf hinweisen, daß diese Sitzungen zuerst mit gesunden Menschen erprobt werden sollten, mit Familienmitgliedern oder engen Freunden. Dabei soll zu jeder Zeit der sanfte und unaufdringliche Charakter der funktionalen Integration bestehen bleiben.

Abb. 29

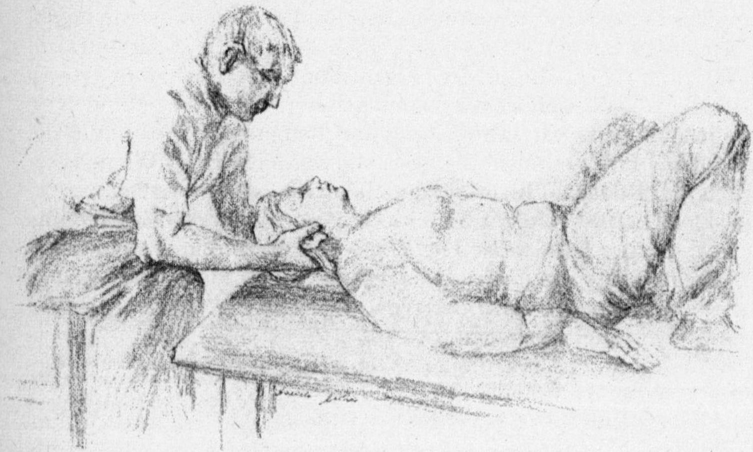

10. Einige typische und häufige Erscheinungen unwirksamer neuro-motorischer Organisation

Angenommen, es wäre möglich, sich ein vollständiges Wissen über die *funktionale Natur* des neuro-motorischen Systems eines Menschen zu verschaffen – alle gewohnten und willkürlichen Muster, auch die Art, wie sich jemand auf veränderte Bedingungen einstellt, etwa beim Lernen oder bei schöpferischer Tätigkeit. Wäre dies möglich, so hätten wir ein ziemlich genaues Bild vom lebenden Charakter und der Individualität dieser Person. Die Vielzahl der funktionalen Unterschiede ist so riesig wie die Menge menschlicher Individuen; es handelt sich dabei um eine funktionale Fülle, deren Umfang wir nicht ermessen können.

Ist die Natur des neuro-motorischen Systems eines Menschen in irgendeiner Weise unbefriedigend, gibt es normalerweise *etwas Auffälliges*, etwas, was die Aufmerksamkeit des Lehrers anziehen wird, oder etwas, über das sich die Person vielleicht schon hinreichend im klaren ist.

Dieses Kapitel behandelt einige typische Beispiele unwirksamer neuro-motorischer Organisation. Jedes Beispiel wird definiert durch ein vorstechendes Charaktermerkmal und durch die Art, wie der Lehrvorgang in Angriff genommen werden sollte. Wenn sich der Lehrer die Frage stellt, was für den Schüler am hilfreichsten ist, könnte jedes noch so kleine Detail der Funktionsweise des Schülers gesteigerte Bedeutung erhalten. Diesbezüglich stellt jeder Mensch für sich eine eigene „Kategorie" dar. Noch nicht einmal zwei Personen können in die gleiche Kategorie fallen, wenn wir all das betrachten, was sich in ihrem Leben bisher ereignet hat, wenn wir an die Unterschiedlichkeit ihrer Gewohnheiten, Erwartungen und Verbindungen denken, die allesamt funktional wichtig sind.

Auf der anderen Seite wollen wir zwei offensichtlich verschiedene Fälle untersuchen: ein zehnjähriges Mädchen, das eine funktionale Schädigung in einer ihrer Hände davontrug, nachdem sie in früher Kindheit an Polio erkrankt war, und einen fünfundvierzig Jahre alten Mann mit einer funktionalen Unfähigkeit in einer seiner Hände, die sich nach einem leichten Schlaganfall einstellte. Typisch ist, daß ein Unvermögen im distalen Teil zu gesteigerter Anstrengung in den proximalen Teilen führt (die Muskeln zwischen Schulter und Oberarm weisen eine Rigidität auf, die nicht in erster Linie auf neurologische Veränderungen allein zurückzuführen ist). Der Lehrer kann beiden Individuen ähnliches vorschlagen, um diesen zusätzlichen Aufwand der Kontrolle höherer Ebene zuzuführen und so den Weg für mögliche Verbesserungen im Gebrauch der Hand zu eröffnen.

Auf jeden Fall läßt es sich nicht vermeiden, von einem Fall zum anderen Schlüsse zu ziehen, wenn sich diese beiden ähnlich sind, ganz im Gegenteil. Wir haben es hier nämlich mit einer der Möglichkeiten zu tun, durch Erfahrung zu lernen.

An diesem Punkt sollte eine Warnung folgen: Menschen, die in die eine oder andere dieser Kategorien fallen, sollte man in bestimmten Fällen als klinische oder medizinische Fälle betrachten. Das medizinische Problem steht nicht immer in bezug zum vorherrschenden Merkmal unwirksamer Funktionsweise.

Deutlich sollten wir noch einmal darauf hinweisen, daß die Verfahrensweise der funktionalen Integration absolut unmedizinisch ist. Besteht auch nur das geringste Anzeichen eines medizinischen Problems, sollte man die Person unverzüglich an einen praktischen Arzt verweisen. Steht ein Mensch unter ständiger ärztlicher Beobachtung oder in medizinischer Behandlung – etwas über das von Anfang an Klarheit herrschen muß – dann besteht keine Möglichkeit, bei ihm die Funktionale Integration anzuwenden, es sei denn, sie geschieht in enger Zusammenarbeit mit dem behandelnden Arzt dieser Person, sowie mit dessen ausdrücklicher Zustimmung.

Wie bereits erwähnt, beschäftigt sich die Funktionale Integration nur mit der Art, wie ein Mensch mit strukturellen und funktionalen Schwierigkeiten fertig wird. Unser Ziel ist nicht Diagnose, Behandlung und Heilung – vielmehr ist unser Ziel rein erzieherischer Natur.

Im folgenden typische Beispiele unwirksamer neuro-motorischer Natur:

1. Ungestreckter Rumpf

Einen gebeugten Rumpf sollte man nicht von vornherein als negativ betrachten. Wenn ich etwas vom Boden aufheben muß, ist eine der Möglichkeiten, dies zu tun, meinen Rücken zu krümmen. Andererseits, wenn ich gebeugt bleibe, so als wolle ich einer Streckung oder einem Rückwärtslehnen aus dem Weg gehen, wenn ich mir nicht der Möglichkeit bewußt bin, daß ich meinen Rücken ausrichten kann, dann liegt bei mir ein Problem vor.

Visuelle Beobachtung von Haltung und Bewegungen des Schülers liefert uns den ersten Hinweis auf so einen Zustand. Eine vollständigere Antwort geben uns untersuchende Manipulonen zur Überprüfung von Beugung und Streckung des Rumpfs. Die Überprüfung dieser Funktionen könnte deutlich machen, daß hier Anti-Muster bestehen, die gegen Streckung arbeiten, daß die Streckung nicht nur vernachlässigt wird oder nicht genutzt wird, sondern daß eine aktive Anstrengung besteht, sich der Möglichkeit zu widersetzen. In einem Fall wie diesem befinden sich die Rumpfbeuger die meiste Zeit über in einem Zustand des verstärkten Tonus.

Den Zustand übermäßiger Tätigkeit der Beugemuskeln bei gleichzeitiger Hemmung der Streckmuskeln haben wir bereits im Hinblick auf das Angst-Syndrom erwähnt. Man sollte allerdings keine voreiligen Schlüsse ziehen, was die Ursachen dieses Zustandes oder die Notwendigkeit einer Korrektur angeht.

Natürlich sollten keine Streckversuche unternommen werden, die sich gegen bestehende Anti-Muster richten. Dadurch könnte man dem Schüler die Situation nicht erklären, es würde einzig das Anti-Muster verstärkt, das im übrigen ja zur gewohnten Methode geworden ist, Streckung zu vermeiden.

Andererseits, wenn wir eine Situation schaffen können, in der die Möglichkeit der Streckung *vom Schüler* gesucht wird (so daß das Muster vom ZNS des Schülers in einem anderen Zusammenhang erzeugt wird als in dem, der das Anti-Muster auslöst), dann besteht eine Möglichkeit, daß dieses Muster wiederhergestellt und als Alternative zum stereotypen Muster angenommen wird.

Das Problem des nichtgestreckten Rumpfs läßt sich auf folgende Weise behandeln: Der Schüler liegt auf der Seite. Der Lehrer kann damit beginnen, daß er nur an einer Seite die Anstrenung der Rumpfbeuger ersetzt und, wie in Kapitel 5 beschrieben, die von niedriger Ebene kontrollierten Funktionen dieser Beuger (z. B. Atmung) klärt.

Man sollte beachten, daß hier möglicherweise strukturelle Zwänge bestehen und daher keine unmittelbaren dramatischen Ergebnisse erwartet werden dürfen. Manchmal kann es so aussehen, als würde eine deutliche Veränderung eintreten, doch auch dann kann sie nur vorübergehend sein, da das ZNS des Schülers (zumindest auf unbewußter Ebene) die Organisierungsmuster, die vielleicht schon lange so arbeiten, womöglich nicht aufgeben kann. Solche Muster stehen, wie oben erwähnt, in bezug zu strukturellen Veränderungen, die geänderten neuro-motorischen Organisationsmuster haben sich auf die geänderten Bedingungen einzustellen. Wir können nicht erwarten, daß das ZNS einfach zu Handlungsmustern zurückkehrt, die der „gesunden" Struktur *vor* dem Eintreten irgendwelcher Veränderungen entsprechen.

Es ist klar, daß jede beabsichtigte Veränderung langsam und schrittweise erfolgen muß. Wir erwarten keine Veränderung bestehender Muster, obwohl diese nachträglich doch auftreten kann. Fortschritte bestehen in der Verdeutlichung von Alternativen zu bestehenden Mustern. Das System des Schülers kann aus diesen Alternativen nur die auswählen, die als angenehm und wirkungsvoll empfunden werden; nur dann läßt sich der zwanghafte und stereotype Handlungsweg abschütteln.

Hat man an beiden Seiten des Rumpfs eine gewisse Senkung des Rumpftonus erreicht, lassen sich die Funktionen untersuchen, die in Verbindung mit der Rumpfdrehung stehen, wie sie in der schematischen Sitzung 1 beschrieben sind, oder die in Verbindung stehen mit den Diagonalbewegungen (Drehung und Streckung) in Sitzung 3.

Die nächste Stufe kann in der Arbeit mit den Antagonisten der Beuger (der Streckmuskeln des Rumpfs) in einer der vorgeneigten Positionen – Bauchlage oder Kniestellung – oder in der Integration der Veränderungen in den Streckmuskeln mit denen der Beuger bestehen. Aus dieser Sequenz können ein leichter Anstieg der lumbalen Lordose (der Vorwärtskrümmung des Rückgrats) und erhöhte Beweglichkeit des dorsalen Rückgrats resultieren. Befindet sich der Schüler in der Rückenlage oder in sitzender Stellung, kann man seine Aufmerksamkeit auf die Bewegungen der falschen Rippen vorn oder hinten lenken, die beim Atmen auftauchen. Man könnte den Schüler auch dahin führen, mit den Handflächen den Brustkorb zu berühren und somit dessen Bewegungen zu steuern. Diese Erkenntnis deckt sich mit einer Senkung des Bauchmuskeltonus.

Es kann für den Schüler schwierig sein, in der sitzenden Stellung eine Streckung im Rücken und eine leichte lumbale Lordose zu erzeugen, weil dies dem vorherrschenden Anti-Muster, das gegen die Streckung arbeitet, direkt entgegengesetzt ist. Wenn man andererseits den Schüler bittet, sich hinzusetzen und nach hinten über die Schulter zu sehen, so kann dies die Beteiligung der falschen Rippen an der anderen Seite leichter auslösen.

Es können noch andere Muster vorgeschlagen und an beiden Seiten erprobt werden. Muster, die nicht direkt mit Streckung zu tun haben, bis die Streckung als offensichtliche Konsequenz auftreten muß.

Dieser gesamte Verlauf, den wir hier nur kurz beschrieben haben, soll über eine Anzahl von Sitzungen verteilt werden, damit der Schüler die Klärungen und die damit einhergehenden sinnlichen Erkenntnisse assimilieren kann. Die Integration mit anderen Basisfunktionen sollte in den Lernprozeß eingegliedert werden, nämlich in die Kopfbewegungen, die Bewegungen von Schulter und Schulterblatt und die der Hüftgelenke. Die Beckenbewegungen als Teil der Bewegungsmuster der Extremitäten sind ebenfalls wichtig.

2. Sich-nicht-drehender Rumpf

Ich schlage dem Leser nun ein Experiment vor, was auf sinnlicher Ebene etwas klärt, das später wieder auftauchen wird. Versuchen Sie, mit äußerst langsamen und kleinen Schritten zu gehen, und berühren Sie dabei mit den Fingern beider Hände die Rückenstreckmuskeln im lumbalen Bereich, etwa auf Höhe des Gürtels an beiden Seiten der Wirbelsäule. Bei jedem Schritt werden die tastenden Finger das alternierende Anspannen der Streckmuskeln nach links und rechts verspüren. Bei jedem Schritt hebt der korrespondierende Streckmuskel das Becken auf der Seite an, auf der das Bein vom Boden angehoben ist, und wenn der Fuß das Körpergewicht wieder stützt, verringert sich die Spannung oder verschwindet vollkommen.

Diese alternierende Aktivierung der Streckmuskeln links und rechts ist Teil eines Geh-Musters oder, allgemeiner ausgedrückt, Teil eines Musters, bei dem das Körpergewicht von einem Bein aufs andere verlagert wird. Wir sind uns dieses Musters normalerweise nicht bewußt, weil es von unterer Ebene kontrolliert wird, ein Muster, das so alt ist wie unser Gehen selbst und somit ein gewohntes Muster des Rumpfs. Wenn man bedenkt, daß jede Muskelanspannung in der Tat Muskelenden näher aneinander bringt, kann man sehen – vorausgesetzt das Körpergewicht ruht z.B. auf dem linken Fuß und man hebt wie beim Vorwärtsgehen den rechten Fuß vom Boden – daß die rechte Schulter oder sogar die rechte Seite des Brustkastens zurückgezogen wird.

Was tatsächlich beim Gehen geschieht, ist folgendes: Wenn eines der Beine einen Schritt nach vorn macht, geht die ipsilaterale Schulter zurück. Die kleine alternierende Drehung des Brustkastens in bezug zum Becken ist eigentlich recht vertraut, da jeder sich bewußt ist, daß seine Arme beim Gehen auspendeln, obwohl hier, wie bereits erwähnt, Kontrolle unterer Ebene vorliegt.

Die obenerwähnte Drehung taucht immer auf, es sei denn, sie wird von einem anderen Muster bekämpft oder verhindert, was recht oft der Fall sein kann. Solche Hemmung durch die Bauchmuskeln ist in sich selbst von unterer Ebene kontrolliert. Tatsächlich kann es für einen Menschen mit gestörter Funktion hilfreich sein, wenn man ihn darauf hinweist. Vielleicht erkennt man die Tatsache nicht, daß Muskelanspannung, die gegen solch ein Muster agiert, kontinuierlich ausgeführt wird. Oft genug wird dieser Mensch versuchen, die Situation zu rationalisieren, indem er Dinge sagt wie: „Muß ich wirklich so mit dem Körper herumwackeln? Wirkt das nicht ein bißchen zu sexy?" Anders gesagt, dieser Mensch kann nicht einmal die kleinsten Rumpfbewegungen zulassen. Die winzigste Drehung wird hier als übertriebene Bewegung angesehen.

Die *Korrektur*, die den Schüler aus einer extremen Situation herausführt – geschieht es nun tatsächlich oder wird es nur bedacht – *gilt* immer *als Abweichung* zum anderen Extrem hin. Das kinästhetische Urteilsvermögen des Menschen mit all seinen diesbezüglichen Assoziationen und Verbindungen ist durch Gewohnheit verzerrt und erfordert eine Neueichung. Um es so zu nennen: eine neue Einschätzung dessen, was durchfürbar ist, akzeptabel, bequem und wirkungsvoll.

Die Hemmung der Rumpfdrehung wird sich nicht nur beim Gehen sondern auch bei anderen Funktionen äußern. Beim Versuch, diese Situation zu klären, ist es ratsam, dies in Verbindung mit anderen Funktionen als Gehen und Stehen zu tun, Funktionen, die vielleicht ihre Muster als integrale Bestandteile des Menschenselbstbildes zu stark ausgebildet haben.

Die Bauchmuskeln, die dieses Anti-Drehungs-Muster bewirken, arbeiten undynamisch (tonische Kontraktion); sie erzeugen keine Bewegung oder Arbeit. Diese Hemmung geschieht nur durch gleichzeitige Aktivierung der Streckmuskeln des Rückens (ihrer Antagonisten), und dadurch ergeben sich Starrheit und mangelnde Flexibilität. Dies schmälert die Wirksamkeit, beeinträchtigt gutes Atmen (s. Kapitel 5) und ist außerdem ermüdend. Jede Bewegung, die gelegentlich vom Rumpf erzeugt wird, etwa wenn man sich nach vorn beugt, um etwas aufzuheben, wird also mit dauernd gespannten und müden Muskeln ausgeführt, die verkrampft und schmerzhaft zusammengezogen sind und die Wirbel gegeneinander pressen. Die Rumpfbewegungen, sollten sie überhaupt stattfinden, werden ohne jegliche Drehung (mit geradem Rumpf) erzeugt, was nicht eben die wirksamste Art ist, den Rumpf zu gebrauchen.

Verschiedene Körpertrainingsprogramme, die den Akzent auf Verstärkung der Bauchmuskeln legen, mögen diese tatsächlich stärken. Wenn man jedoch nicht lernt, sie zur gleichen Zeit wieder zu lockern, werden die andauernd verspannten Bauchmuskeln zu einem zwingenden und beunruhigenden Element.

Ein *guter* starker Muskel ist einer, den die Person in Abstufung von höchster Kraft bis zu vollkommener Entspannung gebrauchen kann. Bei so einem Muskel kann ein Mensch nach Wunsch die Kraft verändern, schrittweise oder augenblicklich. Außerdem sollte ihre Unterscheidung von der Aktivität anderer Muskeln oder jeder möglichen Kombination von Muskeln, leicht erkenntlich sein.

Es scheint, als befinde sich das, was wir von einem guten Muskel erwarten, nicht im Muskel selbst, sondern im ZNS, das den Muskel dirigiert, verschiedene Handlungsmuster auszuführen, wie differenziert oder komplex diese auch sein mögen.

Jede Klärung der Beziehung zwischen Becken und Thorax wird angemessen sein und sollte versucht werden. Zum Beispiel: Der Schüler liegt mit ausgestreckten Beinen auf dem Rücken, und der Lehrer zieht die Arme des Schülers diagonal über den Kopf nach oben. Man bittet den Schüler, die Finger der linken Hand rechts über dem Abdomen auf die falschen Rippen zu legen. Dabei kann der Schüler merken, daß diese falschen (kleinen) Rippen sich, wird der rechte Arm nach oben gezogen, zu einem gewissen Grad vom Becken weg nach oben bewegen. Nun wird der Schüler aufgefordert, sich dem Ziehen durch den Lehrer ohne Beugung des Ellbogens zu widersetzen, während er mit der linken Hand die Bewegung der rechtsseitigen Rippen steuert. Diesesmal wird der Schüler merken, daß sich die Rippen nicht nach oben bewegen. Wenn er den Widerstand aufgibt, werden sich diese Rippen wieder nach oben bewegen, vielleicht sogar stärker als zu Anfang. Nun kann man den Schüler auf die Tatsache aufmersam machen, daß die Bauchmuskeln mobilisiert werden, um den Brustkasten mit dem Becken zu „verankern", wenn er seinen Arm nach unten zieht. Der Lehrer kann nun fragen, ob der Schüler der Ansicht ist, daß dieses Verankern tatsächlich nötig ist, wenn er seinen Arm nicht nach unten zieht. Die Einsicht mag überraschend sein und könnte helfen, diese Muster auf die obere Kontrollebene zu bringen.

Eine solche Klärung sollte an der Seite beginnen, an der die Bewegung leichter scheint. Dann wird der Vergleich beider Seiten noch beeindruckender ausfallen.

Um dem Schüler zu zeigen, daß dieses „Verankern“ von Brustkasten und Becken nur für spezifische und begrenzte Handlungen genutzt wird, kann der Lehrer bitten, daß beide Fersen (bei immer noch geraden Beinen) zwei bis drei Zentimeter vom Boden angehoben werden, so daß diese Verankerung an beiden Seiten der Bauchmuskeln (gleichzeitig links und rechts) deutlich wird – diesesmal als eine Muskelanspannung, die dem willkürlichen Anheben der Beine dient. Das Atmen setzt aus, wenn die Beine angehoben werden, wenn die Beine gesenkt werden, wird es frei sein von dieser hinderlichen Handlung der Bauchmuskeln. Macht der Lehrer dies klar, wird sich der Schüler der Verbindung zwischen der gewohnten Rigidität und dem Atmungs-Muster bewußt, die, wie vorauszusehen war, nicht sonderlich befriedigend ist. Durch diese Erfahrungen veranlaßt, kann der Schüler bewußt versuchen, die Rumpfmuskeln zu kontrollieren.

3. Skoliose

Der Begriff „Skoliose“ bezeichnet die Krümmung der Wirbelsäule nach einer Seite hin. Es handelt sich dabei nicht um eine Krümmung der Wirbelsäule, die willkürlich erzeugt wird, denn das ist schließlich einer der normalen Wege, die Wirbelsäule zu gebrauchen. Der Begriff meint eine permanente Abweichung, die nicht der bewußten Kontrolle unterliegt.

Es ist viel über die Skoliose geschrieben worden, sowohl als medizinisches wie auch als entwicklungsmäßiges Problem. Wir sollten das Buch über die Skoliose von Cailliet* erwähnen, weil es den strukturellen Aspekt der Skoliose sehr gut verdeutlicht. Außerdem untersucht das Buch die derzeitigen medizinischen Behandlungsweisen der Skoliose.

Wir werden uns an dieser Stelle ausschließlich mit dem neuro-

* Rene Cailliet, *Scoliosis: Diagnosis and Management* (Philadelphia: F.A. Davis Co., 1975).

motorischen Aspekt der Skoliose befassen und mit der Art, wie *Verbesserung durch gesteigerte Selbstbewußtheit* zu erreichen ist.

Die Ursachen der Skoliose sind im allgemeinen unbekannt, wenn man von den Fällen kongenitaler struktureller Deformation absieht oder von Fällen neurologischer oder neuro-muskulärer Störungen, z. B. einseitige Parese usw. In einer großen Anzahl von Fällen wird die Skoliose kurz nach dem zehnten Lebensjahr eines Menschen entdeckt. Mit der Zeit wird sie sich verschlimmern.

Zu Anfang stellt sie ein ästhetisches Problem dar, doch innerhalb von ein paar Jahren kann es dadurch zu Schwierigkeiten bei Bewegung, Atmung und auch Funktionen der inneren Organe kommen.

Von Anfang an kann es einen Faktor geben, der das System davon abhält, die antigravitätischen Funktionen des Skeletts auf wirksamste Weise zu nutzen, d. h. sich auf die verschiedenen motorischen Funktionen bestens einzustellen.

Die Frage der Wirbelstellung ist nicht einfach. Es wäre natürlich ungenau zu denken, daß die Wirbel einfach eine Reihe kleiner Würfel sind, einer über den anderen gesteckt, und die einfach zusammenfallen würden, wenn sie aus der Linie gerieten. Die Wirbelsäule läßt sich eher mit einem elastischen, biegsamen Stock vergleichen, der sich wie ein Bogen über eine gespannte Saite biegen läßt.

Angespannte und verkürzte Muskeln findet man normalerweise an der konkaven Seite des bogenförmigen Teils der Wirbelsäule, der die Skoliose bildet. Was auch immer zu Anfang dieses muskuläre Muster erzeugt hat, ist nicht mehr von großer Bedeutung, wenn sich die Skoliose einmal entwickelt hat, denn der grundlegende Faktor ist, daß sie zu einer Gewohnheit wurde und daher von unterer Ebene kontrolliert ist.

Die Muskeln, die die Deformation aufrechterhalten, befinden sich nicht unbedingt in der Nähe der Wirbelsäule. Wir müssen z. B. beachten, daß jedes Rippenpaar in Verbindung mit dem korrespondierenden dorsalen Wirbel auf diesen Wirbel als Hebelpaar einwirken kann, und daß Muskeln oder alle anderen Kräfte, die auf die distalen Teile dieser Rippen einwirken, da sie größere Hebelkraft besitzen, die Orientierung der Wirbel direkt verändern können.

Abb. 30

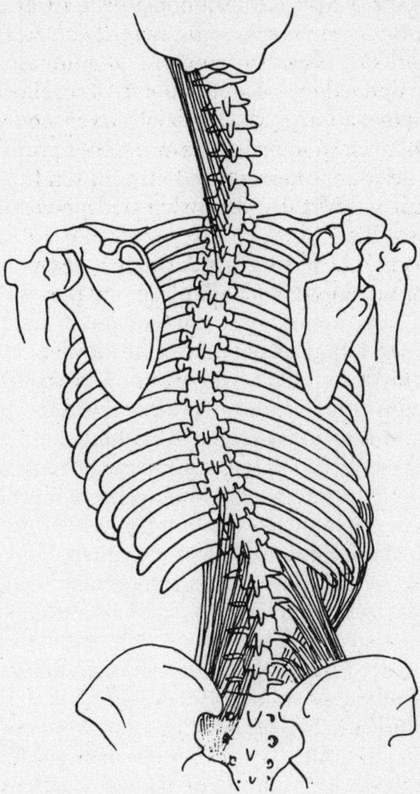

Einige weitere Umstände können zur Komplizierung dieser Situation beitragen. Die Tatsache, daß die Rippen nach unten hin abgeschrägt sind, bedeutet, daß die Muskeln, die die Deformation aufrechterhalten, sich nicht auf der gleichen Ebene mit der korrespondierenden Stelle an der Wirbelsäule befinden, wo die Deformation besteht. Letztere ist natürlich höher gelegen als die erste. Es kann z.B. im mittleren Dorsalabschnitt der Wirbelsäule irgendwo zwischen den Schulterblättern eine Konvexität nach links geben, während die Muskeln, die diese Deformation halten, die rechtsseitigen Bauchmuskeln und der rechte Quadratus-Lumborum-Muskel sind (s. Abb. 30).

Bei der Betrachtung des Kopfs als Sitz der Telezeptoren wird man darauf bedacht sein, daß er sich um eine vertikale Achse drehen kann. Es ist insofern möglich, daß sich im oberen Teil der Wirbelsäule (dem oberen dorsalen und zervikalen Rückgrat) mit einer Konvexität nach rechts eine ausgleichende Kurve bildet.

Bei konstanter Aktivierung der rechten Bauchmuskeln sind die Streckmuskeln an der linken Seite des unteren Rückenbereichs oftmals ebenso angespannt (ein „diagonaler Antagonismus“ dieser Art ist im letzten Kapitel behandelt worden). Dennoch arbeiten sie hier zusammen und nicht, wie wirksam funktionierende Antagonisten dies gewöhnlich tun, mit reziproker Hemmung.

Die angespannten linksseitigen Streckmuskeln des lumbalen Rückgrats können die lumbalen Abweichungen mit der Konvexität nach rechts aufrechterhalten, was als ausgleichender Mechanismus der linksseitigen dorsalen Abweichung gelten kann. Die Beschreibung einer solchen Situation bedeutet nicht, daß es leicht ist, festzustellen, welches wem vorausgegangen ist, was Ursache und was Wirkung ist oder welches das andere ausgleicht.

Betrachten wir schließlich die Tatsache, daß die verschiedenen Muskeln, die diese Muster stützen, sich nicht auf derselben geraden Ebene befinden, so sollte es uns nicht überraschen, daß eine Skoliose der hier beschriebenen Art zu einer Rückgratverkrümmung führt, die integraler Teil des neuro-motorischen Musters ist. Wenn wir mit der Beschreibung des schematischen Teils fortfahren, die wir vorher begonnen hatten, dann erkennen wir, daß die Anspannung der rechten Bauchmuskeln die rechten unteren Rippen nach vorn zieht. Allein dies erzeugt eine leichte Drehung des Thorax zum Becken in eine gegen den Uhrzeigersinn verlaufende Richtung (so, als würde man dies von oben betrachten).

Nun kommt das Selbstbild dieses Menschen ins Spiel. Will man sein eigenes Spiegelbild korrigieren, wird die rechte Schulter zurückgezogen und die linke nach vorn gedrückt, so daß die Linie, die die Schultergelenke verbindet, parallel zur Linie verlaufen wird, die die Hüften verbindet.

Beginnt solch ein Prozeß im frühen Teenageralter, und der Wachstumsprozeß ist noch nicht abgeschlossen, kann es passieren, daß sich das Skelett abweichend von einer normalen Skelettstruktur entwickelt. Dies wird verursacht durch unveränderte Haltung oder sogar durch den Druck der Knochen gegeneinander. Es können einige Knochen z. B. eine keulenförmige Gestalt annehmen, dann sind die beiden Facetten des Wirbelkörpers nicht parallel.

So eine Deformation läßt sich nicht rückgängig machen. Jedes Programm neuro-motorischer Umerziehung wird bessere Resultate erzielen, je früher es begonnen wird oder je enger es zeitlich mit dem Beginn der Abweichung zusammenfällt.

Der Lehrer kann mit der Untersuchung des Bewegungsumfangs beginnen, mit Untersuchungen der Leichtigkeit der Bewegung und der Flexibilität. Bewegungen, die „Abweichungen korrigieren" sollen, sollte man hier nicht einleiten – ganz im Gegenteil. Bewegungen, die die Abweichungen übertreiben, können die Muskeln, die die Abweichung stützen, freisetzen, und wenn sich deren Tonus verringert, haben ihre kontra-lateralen Antagonisten, die die meiste Zeit über gehemmt waren, die Möglichkeit, ihren Tonus zu verstärken.

Ein Beispiel dafür ist die schematische Sitzung 5, die in ihrem ersten Teil eine Skoliose-artige Position schafft.

Manchmal scheint es leicht, bei einem jungen Menschen die Skoliose der Wirbelsäule zu begradigen, wenn die Person horizontal liegt. Doch dies bedeutet nicht, daß die Ausrichtung beim Gehen oder gar im Sitzen beibehalten wird. Die Art, wie das System das Skelett bei seinen antigravitätischen Funktionen nutzt, ist, wie wir weiter oben besprochen haben, falsch. Das System des Schülers organisiert die Wirbel nicht so, daß die Kräfteverteilung durch das Skelett ohne Muskelanspannung vor sich geht. Daher sollte der Schüler eine solche Möglichkeit erfahren können. Durch sanften Druck gegen den Kopf läßt sich dies nahezu in jeder liegenden Stellung erreichen. Ebenfalls durch Druck gegen den siebten Halswirbel, gegen die Beine oder das Becken in Richtung der Wirbelsäule.

Der Flexibilität des Rumpfs und der Atembewegungen sollte besondere Aufmerksamkeit geschenkt werden; wenn durch dieses Muster eine bestimmte Haltung „eingehalten" wird, können diese mehr oder weniger in Mitleidenschaft gezogen werden. Die Leichtigkeit der Bewegungen von Schulterblatt und Schlüsselbein sollte sichergestellt sein, damit die unterliegenden Rippen bereitwilliger an den Atembewegungen teilnehmen können. Einige Rippen nehmen vielleicht unbefriedigend am Atemvorgang teil oder sind überhaupt nicht beteiligt. Diesem Problem kann man während des Ausatmens abhelfen, indem man die Rippen sanft nach innen und nach unten drückt, damit beim Einatmen die Dehnung ausgelöst wird.

All dies geschieht sehr vorsichtig, und jeder Fortschritt oder jede Leistung sollte vom Lehrer weiter gefördert werden. Jede Leistung, und sei sie noch so klein, kann der moralischen Verfassung des Schülers Auftrieb geben. Es wird allerdings nicht behauptet, die funktionale Integration sei ein Mittel, die emotionale Komponente dieses Problems zu behandeln. Auch sollte der Lehrer dem Schüler oder dessen Familie nicht versprechen, daß man die Skoliose begradigen könne. Was man erreichen kann, ist eine Verbesserung der Funktionen im Hinblick auf die Skoliose. Bei einem erwachsenen Schüler ist es unwahrscheinlich, daß man hier mehr erreichen könnte.

Andererseits gibt es Fälle, bei denen man zu vollständigen Bewegungen oder einer fast vollkommenen Wiederherstellung kommt. S. T., ein vierzehnjähriges Mädchen, kam nach Überweisung des behandelnden Arztes mit ihrer Mutter in meine Praxis. Sie wollten herausfinden, ob mit funktionaler Integration bei dem Mädchen etwas auszurichten sei. Es stellte sich hier eine Skoliose von fünfzehn Grad heraus, und die Mutter erzählte, es sei der Vorschlag gemacht worden, daß S. T. das sogenannte Milwaukee-Band trage (ein orthopädisches Hilfsmittel, das die meiste Zeit über getragen werden muß). Gewöhnlich wird es Teenagern mit betonter Skoliose verschrieben. Sie sollen es tragen, bis der Wachstumsprozeß der Knochen abgeschlossen ist. S. T.s Eltern hielten diese Behandlung für zu streng und suchten daher nach Wegen, das Problem auf andere Art zu beseitigen.

Ich stellte einige Fragen und fand heraus, daß S. T. vor zwei Jahren der Blinddarm entfernt worden war. In der anfänglichen Untersuchungssitzung entdeckte ich, daß S. T.s Bauchmuskeln an der rechten Seite extrem angespannt waren. Ich fragte sie, ob sie nach der Operation bestimmte Bewegungen nicht mehr habe machen können. Sie antwortete: „Ja, und ob!" Sie hatte sich beim Laufen und Treppensteigen einschränken müssen. Beides war ihr ein wenig unangenehm gewesen. Der ganze Vorgang hatte eine ziemlich deutliche Wirkung auf sie gehabt, wie sich aus ihrer Erzählung leicht heraushören ließ.

Das schützende Muster, das mit den rechtsseitigen Bauchmuskeln arbeitete, ließ sich recht leicht aufgeben, da sich S. T. bewußt wurde, was sie da unbewußt getan hatte. Ihre Atmung verbesserte sich, besonders auf der rechten Seite, auf der sie ziemlich behindert gewesen war. S. T. brauchte drei Sitzungen, um die Flexibilität der Rückgratbewegungen wiederzuerlangen, und die Bewegungsmuster des Rumpfs wurden symmetrisch.

4. Allgemeine Hypertonizität

Um zumindest eine ganz geringe Vorstellung davon zu haben, was Hypertonizität ist, kann der Leser folgendes tun: Pressen Sie die Ellbogen seitlich an den Brustkasten, so daß die Achselhöhlen eng geschlossen sind, halten Sie das Kinn eingezogen an die Kehle, pressen Sie die Hinterbacken zusammen, halten Sie die Knie eng aneinander, spannen Sie die Bauchmuskeln an, und versuchen Sie zu gehen. Tun Sie zusätzlich so, als wollten Sie mit Ihrer Kraft imponieren, und Sie sind sehr nah dran am Prototyp eines Menschen mit allgemeiner Hypertonizität, soweit es Muskelanstrengung und die Behinderung leichter Bewegungen betrifft. Kommt zu diesem Bild noch mangelnde Kontrolle über diesen Zustand hinzu, dann befinden Sie sich sogar noch näher am Prototyp. Während Sie all dies aus freiem Willen abbrechen können, gebraucht ein hypertonischer Mensch Hilfe. Man muß ihm zeigen, welche Alternativen es beim Abbau des Muskeltonus gibt.

Schon bei den allerersten Untersuchungen läßt sich die Rigidität der meisten Muskeln dieser Menschen erkennen. Man merkt, daß die Bewegungen, die der Lehrer deutlich macht, gegen den Hintergrund einer bereits bestehenden und kontinuierlichen Anspannung gerichtet sind. Wenn der Lehrer ein Glied bewegt, kann ihm dabei einfallen, daß es sich so anfühlt, als würde man eine dicke und zähe Flüssigkeit rühren. So einen Zustand kann man bei einem Menschen antreffen, der in gewisser Weise athletisch ist, jedoch nicht sehr effizient in seinen Bewegungen - bei diesem Menschen fällt einem eher die Muskelstärke als seine Beweglichkeit auf.

Am anderen Ende des Feldes der verschiedenen Möglichkeiten steht die ältere Person, die in ihrem Leben einige recht traumatische Erfahrungen machen mußte und Angst hat, beim Gehen zu stolpern oder auszurutschen; hier kann es sogar zu Gleichgewichtsstörungen kommen.

So ein Mensch muß erkennen können, daß sich Bewegungen leicht und schnell ausführen lassen und bis zu einem gewissen Punkt auch sicher ausgeführt werden können. Er muß erkennen, daß diese Leichtigkeit für eine bessere Funktionsweise nun einmal notwendig ist. Der Lehrer hat die grundlegenden neuromotorischen Funktionen zu untersuchen und dabei besonderen Gebrauch von integrierenden Manipulonen zu machen, die den Akzent auf Gewandtheit und Behendigkeit der Bewegungen legen.

Wurde der Bewegungsumfang z.B. dadurch geklärt, daß man den Ellbogen über den Kopf nach unten brachte, kann man den Ellbogen vom Bauch weg *langsam* in die Streckung des Schultergelenks bringen und ihn *schnell* zurückholen. Man kann sich hierbei auf einen kleinen und sicheren Punkt des Bewegungsumfangs beschränken, also z.B. näher am Bauch, und die Bewegungen einige Male schnell und langsam wiederholen. Andere ähnliche Manipulonen können etwas von der „Zähigkeit" der Bewegungen dieses Menschen verschwinden lassen, weil die Möglichkeit, die Bewegungen sicher ausführen zu können, sich wiederentdecken läßt. Dies geht mit einem Wandel der Kontrollebene einher.

Ein ähnlicher Einstieg ist der Gebrauch repetitiver Pendelbewegungen, wie sie in Kapitel 7 beschrieben wurden. Die Reduzierung der hemmenden Kräfte ist dann äquivalent zur Reduzierung des Tonus der verschiedenen Muskeln und gleichzeitig ein Schritt zur Umerziehung des neuro-motorischen Systems des Schülers.

Die folgende Fallgeschichte wird uns zeigen, wie Hypertonizität zu einem sehr ernsthaften Problem werden kann und wie sich dieses behandeln läßt: N.O., eine schlanke Frau Ende dreißig, verheiratet und Mutter eines Kindes, hatte ein Jahr, bevor sie zu mir kam, einen größeren chirurgischen Eingriff am Beckenknochen gehabt. Wie sie sagte, sei der Grund für die Operation die Korrektur einer kongenitalen Verformung in ihrem linken Hüftgelenk gewesen. Einige Zeit vor der Operation hatte sie in diesem Hüftgelenk große Schmerzen verspürt. Sie schien ziemlich deprimiert zu sein, vielleicht deswegen, weil sie ein Jahr nach der Operation immer noch Schmerzen hatte und die Bewegung im linken Hüftgelenk unterdrückte. Ebenso hatte sie Schmerzen im unteren Rückenbereich.

Die Muskeln ihres gesamten Körpers erwiesen sich als angespannt und zäh. Nach der zweiten Sitzung waren die Bewegungen dieser Glieder ein wenig gelockert, und die Bewegung besonders des linken Beins war leicht und weniger schmerzhaft. Sie lernte auch, wie sie unter Beteiligung der Rippen atmen konnte, was natürlich bedeutete, daß sie den überflüssigen Tonus der Bauchmuskeln aufgegeben hatte. Leichte Atembewegungen ergaben sich erst, als Kopf und Hals sich mühelos bewegen konnten. Als sie aufstand, ließ die plötzliche Zunahme des Sauerstoffvorrats sie ein paar Sekunden lang schwindlig werden und bewies damit, wie wirkungslos ihre Atmung bislang funktioniert hatte. Nach und nach verringerte sich ihr allgemeiner Muskeltonus, ihr allgemeines Befinden verbesserte sich radikal, und der Schmerz war nach vier oder fünf Sitzungen verschwunden. Ihre Gehbewegungen wurden leichter, flexibler und waren nun voller Lebendigkeit. Das Bild, das sie sich von sich selbst machte, nämlich, einen verkrüppelten Körper zu haben, änderte sich in das Bild eines Menschen, der mit Selbstvertrauen und Effizienz agiert.

5. Schmerz im unteren Rücken

Wie bei allen neuro-motorischen Defekten kann auch Schmerz im unteren Rücken in Verbindung mit strukturellen, funktionalen, emotionalen, traumatischen oder neurologischen Problemen stehen. Durch Funktionale Integration läßt sich Schmerz im unteren Rücken bis zu dem Grad begegnen, zu dem Kontrollebenen beteiligt sind. Es könnte gut der Fall sein, daß hier der vorrangige Aspekt liegt. Dann kann so eine Hilfe von höchster Bedeutung sein.

Das ZNS reagiert mit seinem motorischen Wirkungssystem auf Schmerz und Unbehagen mit Anspannung, offensichtlich aus Schutzgründen. Dies geschieht natürlich instinktiv, oder anders gesagt, es wird von unterer Ebene kontrolliert. Die Tendenz, zu schützen, dient einem biologischen Zweck: gegen jede mögliche bedrohliche Bewegung zu handeln. Andererseits kann ein unkontrollierter Muskelkrampf in sich selbst Ursache von Schmerz und Unbehagen sein. So wird das Problem hin und wieder verstärkt, und das System wird in einen Teufelskreis aus Schmerz – Verkrampfung – größerer Schmerz – größere Verkrampfung geworfen.

Um diesem Teufelskreis zu entkommen, ist es notwendig, die spastische Reaktion des ZNS zu verändern. Dies könnte durch Beteiligung einer anderen Kontrollebene, offensichtlich einer höheren und bewußteren, geschehen. Der Instinkt scheint manchmal gegen sich selbst gerichtet zu sein. Es ist vielleicht ratsam, die instinktive Reaktion zu beruhigen und dann eine andere Reaktion vorzuschlagen. Folgendes Beispiel:

Der Schüler soll auf einer Seite liegen. Er wählt sich die ihm angenehmere (die Fötusstellung, Sitzung 1). Man würde sich wohl auf die Seite legen, die einen am wenigsten stört. Nehmen wir an, der Schüler liegt mit rechtwinklig zum Bauch angezogenen Knien auf der linken Seite. Der Lehrer beginnt und ersetzt die Anspannung der Rückenstreckmuskeln auf der rechten Seite hauptsächlich im lumbalen Bereich, indem er Brustkasten und Becken näher aneinander bringt (einschränkendes Manipulon). Die Richtung des Drucks oder der Sitz der Hände müssen, falls nötig, berichtigt und verändert werden. Um dem System das Gefühl zu vermitteln, es könne auf die Stütze durch die Hände des Lehrers vertrauen, könnten schon der leichteste Druck und die winzigste Bewegung ausreichend sein. Der Lehrer sollte sich der Tatsache bewußt sein, daß Kommunikation mit einem Bestandteil unterer Ebene stattfindet. Ein Wechsel des Tonus dieser Muskeln ist vielleicht nur geradeeben wahrzunehmen.

Wenn der Lehrer fühlt, daß eine Veränderung des Tonus auftritt, läßt sich das Beispiel für verschiedene Bewegungsmuster nutzen. Dies muß natürlich mit äußerster Vorsicht und sehr langsam geschehen, damit auch nicht das geringste Gefühl von Unsicherheit oder „Gefahr“ auftreten kann. Man sollte keine direkte und bilaterale Beugung oder Streckung im Rücken versuchen, die die gestörten Streckmuskeln in ihrer primären Funktion direkt beteiligen; das Augenmerk muß vielmehr auf ihren Antagonisten liegen.

Als nächstes setzt sich der Lehrer hinter den Schüler, der weiterhin in seiner Position verharrt. Mit der rechten Hand drückt der Lehrer die rechte Beckenseite des Schülers in Richtung Schenkel, während die linke Hand den unteren Brustkorb hält, um seine Beteiligung an der Bewegung zu verhindern. So wird eine geringe Beugung der rechten Beckenseite mit der bloßen Andeutung einer Drehung erzeugt. Der Lehrer muß durch Befragung des Schülers herausfinden, ob diese Bewegung irgend einen Schmerz verursacht.

Nach einigen Wiederholungen wird der Lehrer mit der linken Hand den oberen Teil des Brustkastens nach vorn drücken. Er drückt hinter der rechten Schulter, wobei er mit der rechten Hand den unteren Teil des Brustkastens zurückhält, wie er es vorher mit der linken Hand gemacht hat. Dies wird das Bild einer Rumpfbeuge vervollständigen. Das System wird sich jetzt der Bewegung nicht mehr widersetzen, weil ein größeres Augenmerk auf die vordere Seite gerichtet ist. Andererseits wird durch dieses Manipulon eine Drehung im oberen Teil des rechten Rumpfs erzeugt, die schon bald über den ganzen Rumpf hin genutzt werden kann.

Wenn der Lehrer merkt, daß der Schüler nun die rechte Schulter und den oberen Teil des Thorax nach vorn bewegen und den unteren Teil zurücklassen kann, oder anders, daß die Möglichkeit einer solchen Drehung vom Schüler erkannt wird, kann er die rechte Hand von den unteren Rippen zum Becken bewegen und vor den rechten großen Trochanter plazieren. Mit der rechten Hand wird das Becken festgehalten, während die rechte Schulter wie vorher ein wenig nach vorn gedrückt wird. Schließlich läßt sich die rechte Hand für die Rückkehrbewegung gebrauchen, so daß der Druck, der die Schulter vorbewegt, mit dem Zurückziehen des Beckens alterniert.

Nach einigen Wiederholungen kann nun die gleichzeitige Bewegung möglich sein, nämlich die Schulter vorzubewegen und das Becken zurückzuziehen. Dies läßt sich zusammenfassen durch ein einschränkendes Manipulon, das nicht nur die Rumpfdrehung betont, sondern auch die vergrößerte Distanz zwischen Schulter und Hüftgelenk. Eine bedeutendere Veränderung kann an der rechten Seite der falschen Rippen eintreten. Hier kann man eine stärkere Beteiligung an den Atembewegungen feststellen. All diese Bewegungen sind schwach, sanft und niemals schnell.

Der Krampf in den Rückenstreckmuskeln steht in Verbindung mit dem Krampf der Streckmuskeln der Schenkel (der Gesäßmuskeln). Diese Verbindung läßt sich leicht erkennen, wenn man sich die Bewegungsmuster ansieht, in denen beide Muskelgruppen zusammenarbeiten, etwa dann, wenn man sich vorbeugt, um etwas vom Boden aufzuheben. Der Synergismus der Gesäßmuskeln und der Rückenstreckmuskeln ist wohlbegründet. Konsequenterweise wird hier eine Klärung der Muster nützlich sein, die mit dem Gebrauch des Hüftgelenks zu tun haben.

Der Schüler befindet sich in der gleichen Position wie vorher. Der Lehrer sitzt mit Blick auf die Knie des Schülers. Die Schenkel des Schülers liegen rechtwinklig zum Rückgrat und die Waden rechtwinklig zu den Schenkeln. Die linke Hand des Lehrers stützt von unten das rechte Bein des Schülers nahe des Knöchels und hebt es leicht an. Hierbei wird das rechte Knie fortlaufend vom linken gestützt (Abb. 31). Daraus ergibt sich in der Tat eine Drehung des rechten Schenkels um sich selbst. Es wäre gut möglich, daß dem Lehrer auffällt, wie der Schüler bei diesem Anheben des Knöchels unwillkürlich „hilft". Und wenn man das Bein wieder senkt, kann das Wadenbein einfach wie erstarrt in der Luft hängen. Der Muskel, der diese kaum bewußte Reaktion erzeugt, läßt sich leicht feststellen. Man legt dazu die rechte Hand auf den Bereich zwischen Hüftknochen und Darmbeinspitze. Der Lehrer fühlt, wie sich dieser Muskel anspannt (der mediale Gesäßmuskel). Nun kann er den Schüler auffordern, die Kontraktion fallenzulassen: „Laß jetzt die Ferse runter! Laß sie herunterfallen!" Nur so wird der Muskel entspannt sein, obwohl er sich beim nächsten Anheben durch den Lehrer erneut anspannen kann.

Der Lehrer wird bemerken, daß sich gleichzeitig mit der Anspannung des medialen Gesäßmuskels die Muskeln auf der rechten Seite anspannen, die Becken und Brustkasten verbinden. Dafür gibt es natürlich mechanische Gründe. Wenn das Becken

Abb. 31

das Bein in der Luft halten muß, dann muß es sich mit dem Rest des Körpers (dem Brustkasten) verankern. Dies ist der gleiche, oben erwähnte Synergismus, der nach Kontrolle unterer Ebene agiert. Eine Art, diese Situation zu klären und mögliche Alternativen zu präsentieren, ist die Einleitung anderer Manipulonen. Sie sollten den Synergismus beenden und die Kontrollebene steigern. Der Gebrauch distaler Bewegungen – das distalste Teil wird verbal benannt – und die gleichzeitige Steuerung des arbeitenden Muskels durch Berührung des Lehrers, tragen ebenfalls zur Steigerung der Kontrollebene bei.

Tritt die Anspannung des medialen Gesäßmuskels recht deutlich hervor, sollte man die rechte Hand des Schülers ablegen, um die Aktivität der Muskeln zu steuern. Der Schüler kann ein Aufblähen dieses Muskels feststellen, auch wenn der Lehrer den Knöchel nur unmerklich berührt, so als wolle er ihn anheben. Die Einsicht, die der Schüler dadurch gewinnt, kann dazu beitragen, mühelos Kontrolle über das Hüftgelenk zu bekommen. Wenn der Schüler den *Berührungssinn als Feedback* nutzt, kann er schließlich die vorher verzerrte propriozeptive Information dieses Bereichs wahrnehmen.

Mit dieser Klärung kann sich auch die Verankerung von Becken und Brustkasten verringern, was eine verfeinerte Kontrolle über die Kreuzmuskeln bedeutet. Dies kann wichtig sein, wenn man bedenkt, daß die Rückenstreckmuskeln weniger zugänglich sind für bewußte Kontrolle. Die Auflösung der Verankerung des Bekkens versetzt auch die Rippen in die Lage, bereitwilliger und vollkommener an der Atmung teilzunehmen (s. den Absatz über das Atmen in Kapitel 5). Wir sollten an dieser Stelle darauf hinweisen, daß die Rückenstreckmuskeln die Rippen von außen bedecken und sie bei Verkrampfung davon abhalten, auszubrechen und somit auf die Atmung einzuwirken. Andererseits können verbesserte Atembewegungen verhindern, daß diese Streckmuskeln sich anspannen.

Eine der Sitzungen, die man bei Schmerzen im Rückgrat durchführt, in der Reihenfolge vielleicht die dritte oder vierte, ist Sitzung 6, die in kniender Position verläuft.

Der simultane Spasmus der Beuge- und Streckmuskeln des Rumpfs drückt die Wirbel näher aneinander. Dieser Druck kann einige Male so stark sein wie der Druck, der normal auftritt, wenn der Körper sich in aufrechter Stellung befindet. Verstärkter Druck der Wirbel gegeneinander tritt gewöhnlich auf, wenn ein schwerer Gegenstand aufgehoben wird, oder wenn plötzlich kraftvolle Bewegungen gemacht werden, Springen, Laufen usw. Dies geschieht meistens nur über eine kurze Zeitspanne. Wenn dagegen solch ein verstärkter Druck ununterbrochen weitergeht, dann werden ihm die Bandscheiben nicht standhalten können. Bekannt ist, daß Schmerz im Rückgrat mit Bandscheibenschaden zusammenhängt. In manchen Fällen deutet einiges darauf hin, daß beide sich gegenseitig bedingen.

Der untere Lumbalbereich bietet außergewöhnlich große Probleme. Verstärkter Druck preßt die Bandscheiben zusammen, so daß sie an einigen Stellen hervortreten und die Enden des Ischiasnervs berühren. Diese Nervenenden kommen aus dem Rückenmark und tauchen zwischen den Wirbeln auf. Eine vortretende Scheibe befindet sich dann ziemlich nah an solch einem Nervenende. Verschiedene Schädigungsgrade dieser Nervenenden können im Bein eine Anzahl von Situationen wie Taubheit, starken Schmerz und Bewegungsschwäche hervorrufen.

In so einem Fall können ähnliche Manipulonen wie die bereits erwähnten zum Zuge kommen. Sie müssen jedoch vorsichtiger und feiner angelegt sein. Ein Fortschritt wird sich hier wahrscheinlich erst nach längerer Dauer einstellen. Die Einschränkungen bei Fällen mit medizinischem Hintergrund treffen hier noch verstärkt zu. Man muß bedenken, daß die äußeren Schichten des Nervs oder vielleicht sogar der Nerv selbst beeinträchtigt oder zu einem gewissen Grad geschädigt sein können, so daß sogar kleine Bewegungen, wo die störenden Agenzien die Störung berühren, Schmerz verursachen können. Es ist wichtig, daß man dem Schüler hilft, statische Positionen zu finden, in denen der Schmerz nachläßt, und es somit zu einer Möglichkeit kommt, die gestörten oder irritierten Stellen zu heilen. Der Schüler sollte angewiesen werden, keine schmerzverursachenden Bewegungen oder Übungen einzuleiten, weil dadurch die Störungen nur verschlimmert würden.

Es ist so, daß eine Bandscheibe, auch eine gebrochene, immer noch etwas von ihrer Elastizität behält, so daß der verminderte Druck zwischen den benachbarten Wirbeln einen Rückzug des vorstehenden Teils auslösen kann. Der wichtige Punkt dabei ist, daß der Schüler lernt, durch größere Kontrolle über bestimmte Muskeln den Spasmus loszuwerden, womit sich die Wahrscheinlichkeit verringert, daß das spastische Muster erneut auftreten kann.

In bezug auf Schmerz im unteren Rückenbereich wird hin und wieder gesagt, ein Wirbel befinde sich „an der falschen Stelle". Der Spasmus der Rückenmuskeln hält die Wirbel nicht in der richtigen Stellung und verhindert, durch verstärkte Reibung, ein leichtes Zurückkehren an die eigentliche Stelle. Funktionaldynamisch gesehen gibt es nicht etwas wie eine exakt bestimmte und festgelegte Position zweier benachbarter Wirbel, die sich aufeinander beziehen. Vielmehr gibt es kontinuierlich mögliche relative Positionen im Einklang mit den potentiellen Bewegungen, an denen diese Wirbel beteiligt sein können. Die verschiedenen Bewegungen der Wirbelsäule, wie Beugung, Streckung, seitliche Beugung und Drehung, bilden stets die Gesamtsumme der winzig kleinen Bewegungen, die zwischen jedem Paar benachbarter Wirbel auftreten. Je weniger die Wirbel gegeneinander gedrückt werden, desto leichter sind diese Bewegungen auszuführen. Anders gesagt, besteht dann für die Rückenmuskeln die beste Situation, wenn sie ohne exzessiven Tonus sind. Man sollte annehmen – und dieses geschieht auch in der Praxis –, daß mit der Senkung dieses Tonus ein fehlplazierter Wirbel bei den verschiedenen Bewegungen der Wirbelsäule, die unter normalen, leichten Umständen auftreten, seine Position mühelos wiedererlangen wird.

6. Neuro-motorische Beeinträchtigung.

Wir wollen uns an dieser Stelle nicht allzu umfangreich mit dem Problem der Rehabilitierung neurologisch Geschädigter befassen. Allerdings müssen wir uns die Methoden, mit denen die funktionale Integration diese Probleme angeht, einmal ansehen. Trotz der immensen Vielfalt der Probleme können sie in einer großen Anzahl solcher Fälle hilfreich sein.

Fälle, in denen das ZNS geschädigt ist, ordnet man normalerweise ein nach der Krankheit, dem Verlauf oder dem Ereignis, das vermutlich diesen Schaden verursacht hat – etwa Hirnlähmung, Polio, Schlaganfall, Verletzungen des zentralen oder peripheren Nervensystems und viele andere mehr.

Solange die Lernfähigkeit erhalten bleibt, d. h. solange das ZNS die Möglichkeit hat, seine Funktionen zu ändern und zu verbessern, besteht die Möglichkeit, in einen solchen Lernprozeß helfend einzugreifen.

Zuerst sollte der Zustand der Fähigkeiten der Person untersucht werden. Von hier aus sollte man schrittweise vorgehen und nicht sofort auf ein Endresultat zielen, das womöglich überhaupt nicht zu erreichen ist. Nur wenn der Schaden tatsächlich gering ist, darf man erwarten, daß die Person zu einer vollständigen Rehabilitation kommt. Einige Fälle wird es geben, bei denen sich eine einschneidende Verbesserung erzielen läßt. In anderen Fällen wird die Verbesserung gering sein und langsam vonstattengehen.

Die wahre Bedeutung solch eines Lernprozesses liegt nicht im Erreichen eines endgültigen Ziels, sondern in der Tatsache, daß der Person neue Möglichkeiten für Lernen und Verbesserung eröffnet werden.

Eine Person, bei der einige Funktionen beschädigt oder gestört sind, befindet sich in einem Zustand der Regression. Das bedeutet, daß das ZNS und die ausführenden und wahrnehmenden Teile des Systems funktionieren, daß aber die beeinträchtigten Teile auf einer früheren Entwicklungsstufe arbeiten. Jemand, der in vielen Funktionen gestört ist, neuro-motorisch oder anders, atmet noch, er kann schlucken und husten, könnte Kopf und Augen bewegen und die Glieder auf mehr oder weniger differenzierte Weise bewegen. So ein Zustand kommt einer Regression auf eine frühere Entwicklungsstufe gleich, zumindest was die beeinträchtigten Teile des Systems angeht.

Ist der Schaden Folge eines Ereignisses im Erwachsenenleben, Schlaganfall oder ähnliches, dann werden die im späteren Leben erworbenen Fähigkeiten mehr erleiden, als die vererbten oder die, die man im früheren Leben erwarb und somit tiefer in das System „eingeprägt" sind. Liegt z. B. eine teilweise Störung in der Funktion einer der Hände vor, dann können die verbleibenden Funktionen undifferenziert sein und als ungelenke Bewegungen auftauchen, während die differenzierten und feineren Bewegungen der Finger stärker beeinträchtigt sein können.

Ist der Schaden kongenital, wie bei Hirnlähmung, dann werden die behinderten Lernprozesse normaler Entwicklungsstufen denen einer früheren Stufe ähnlich sein, zumindest was die beeinträchtigten Funktionen betrifft.

Es gibt noch einen anderen bedeutenden Fall von Regression, der im wahrsten Sinne zentral ist. Nämlich, wenn jemand die schockierende Erfahrung macht, daß Fähigkeiten, auf die er sich bisher verlassen konnte, nun nicht mehr existieren, dann zieht er sich allein auf die Handlungsmuster zurück, die ihm am sichersten und wohlvertrautesten erscheinen. Manchmal bedeutet das, daß die Person bestimmte Muster aufgibt, die überhaupt nicht in Mitleidenschaft gezogen waren.

B. L., ein junger Mann Ende zwanzig, litt an einer Virenerkrankung, die in seinem ersten Lebensjahr einen kleineren Schaden im ZNS verursacht hatte. Daraus entwickelte sich eine Parese (eine Teillähmung) auf der rechten Seite. Das rechte Bein und der rechte Fuß hatten nicht ihre volle Entwicklung erreicht, sie waren kürzer und kleiner als linkes Bein und linker Fuß. Er konnte sein

Knie nicht ganz strecken und mußte leicht hinken. Rechter Arm und rechte Hand, beide erheblich kleiner als links, schienen gelähmt zu sein – sie wurden starr und eng am Körper gehalten, wobei der Ellbogen leicht gebeugt und das Handgelenk fortwährend gekrümmt waren. Die rechte Hand und den rechten Arm benutzte er überhaupt nicht, außer zum Tragen leichter Gegenstände zwischen Oberarm und Ellbogen. B.L. schien ein äußerst intelligenter Mann zu sein, und andere Fähigkeiten schienen bei ihm nicht in Mitleidenschaft gezogen worden zu sein.

Die auffälligste Störung, die ich im Verlauf der ersten Untersuchungen entdeckte, war die Rigidität in B.L.'s rechter Schulter. Er konnte die Position, in der der Ellbogen konstant gehalten wurde, nicht ändern. Nur nach Klärung der Möglichkeiten für leichtere Rumpfbewegung und Bewegung des Brustkastens wurde das rechte Schulterblatt etwas beweglicher. Von Zeit zu Zeit mußte ich zu Rumpf- und besonders zu Atembewegungen zurückkehren, um sicherzustellen, daß das Element erhöhter Beweglichkeit assimiliert wurde.

Also zog ich, wenn die Beweglichkeit des Schulterblatts dieses zuließ, den Ellbogen nach vorn, so daß ich am Ende den rechten Handrücken nah an die linke Wange legen konnte. Zuerst half ich bei einer Vorwärtsbewegung des Kopfes. Als er das erste Mal die Berührung der Hand auf dem Gesicht verspürte, ließ er den rechten Unterarm leicht um sich selbst drehen, so daß er sich schließlich mit der Handfläche unterhalb des Kinns berühren konnte (Supination des Unterarms).

Mit beiden Händen hielt ich seine rechte Hand und seinen Kopf als eine Einheit und drehte sie in beide Richtungen (eine undifferenzierte Bewegung). Nun konnte ich seinen Kopf loslassen (B.L. lag dabei auf dem Rücken) und eine ähnlich zirkuläre Bewegung mit dem Arm ausführen, den ich an Ellbogen und Handgelenk hielt (differenzierte Bewegung). Wieder brachte ich die Hand an sein Gesicht, zuerst wie vorher den Handrücken an die linke Wange und dann (wiederum durch Supination), die dieses Mal leichter gelang, die Handfläche. Nun hielt ich das Handgelenk an seiner Wange fest und drehte seinen Kopf mit meiner anderen Hand ein wenig nach links und ein wenig nach rechts, so daß die Finger an verschiedenen Stellen über sein Gesicht strichen. Diese

Bewegungen machte ich mit äußerster Vorsicht. Dazu gehörte auch, daß B. L. seine Finger entspannte, so daß sie seinem Gesicht nicht weh tun konnten.

Nach und nach wechselte ich hinüber, ich ließ den Kopf statisch und bewegte die Hand nach links und rechts (relativ zugeordnete Bewegungen). So stellte sich heraus, daß seine rechte Hand nach vielen anderen Stellen seines Gesichts greifen konnte, ohne daß man mit Kopfbewegungen dabei helfen mußte.

Als ich für einen Augenblick wieder die Hand dort plazierte, wo er sie die ganze Zeit gehalten hatte, und anfing, sie wieder an sein Gesicht zu bringen, tauchte die Rigidität wieder auf. Wieder brachte ich seine Hand zurück an sein Gesicht. Wie anfangs half ich, indem ich das Schulterblatt bewegte. Nun bat ich B. L., er solle mir erlauben, seine Hand von seinem Gesicht zu nehmen und sie *augenblicklich* wieder zurückzulegen. Nach einigen Versuchen wurde diese Bewegung im Schultergelenk durch Einbeziehung der Scapula leichter und gewann einen größeren Umfang.

B. L. gab hinterher zu, dieses sei das erste Mal gewesen, daß er die Berührung seiner rechten Hand auf dem Gesicht gefühlt habe.

Man sieht, zu welch frühen Entwicklungsstufen man sich zurückbewegen muß (frühe Kindheit), um bestimmte Funktionen wertvoll wieder einzusetzen. Wichtig ist auch, daß die Berührung des Gesichts durch die Hand nicht nur die Bedeutung einer primären, primitiven Bewegung hat, die auf einer bestimmten Entwicklungsstufe notwendig ist, sondern daß sie außerdem eine Intimität sich selbst gegenüber auslöst, die sich angenehm erfahren läßt. Man fühlt sich „wie zu Hause".

Eine andere wichtige Tatsache ist, daß die Unfähigkeit, ein distales Teil wie die Hand zu bewegen, die Person zu Anspannung im entsprechenden proximalen Teil veranlaßt. Diese Anstrengung mag möglich sein, doch gleichzeitig ist sie vollkommen wirkungslos im Hinblick auf die ursprüngliche Intention. Außerdem verwischen und behindern diese proximalen Anstrenungen mit ihrer resultierenden Starre die Entdeckung möglicher Differenzierungen in den schwächeren distalen Muskeln. Dies gewinnt dort besondere Bedeutung, wo die anvisierten Muster niemals präsent waren und erst erzeugt und in die Bewegungsmuster des Schülers integriert werden müssen. Zu Anfang ist man nicht in der Lage, sich solch ein Muster vorzustellen oder es zu repräsentieren. Dies war bei B.L. der Fall. Er konnte sich nicht vorstellen, was es bedeutete, eine differenzierte Bewegung mit seiner rechten Hand und seinen rechten Fingern zu erzeugen.

Damit diese Art der Entdeckung spielerisch vor sich gehen kann, wie es gewöhnlich im Laufe der Entwicklung eines Kindes auftaucht, muß man der Person helfen, die konstante proximale Anstrenung als notwendige Vorbereitung in großem Umfang zu reduzieren.

Auf so eine Situation trifft man häufig bei Fällen neuromotorischer Schädigung. Gewöhnlich läßt sich so eine Aufgabe der proximalen Anstrengung nicht leicht erreichen. Man braucht bei diesem Menschen in der Tat einen Wandel der *Attitüde hinsichtlich seiner Absicht zu handeln.* Mit anderen Worten, die Person muß erkennen, daß verschiedene Handlungsmuster, die in seiner Erfahrung unklar, verwischt oder gar nicht existent sind – z.B. die Finger für verschiedene Handlungen unabhängig zu gebrauchen oder eine Abspreizung des Daumens – *spielerisch* und *mit winzig kleinem Aufwand* gesucht werden müssen. Größere Anstrengungen werden dabei ausgeschaltet. Sie würden die verfeinerte Unterscheidung, die zur Programmierung feinerer Bewegung nötig ist (Weber-Fechnersches Gesetz), behindern. Bloße Willenskraft, auf ein Ziel gerichtet, das normalerweise mit Muskelanspannung verbunden ist, behindert somit den Lernprozeß und sollte aufgegeben werden.

Die Art, wie die Beweglichkeit im Handgelenk erreicht wurde, nachdem ein konstanter starr gebeugter Zustand vorlag, unterstreicht ein wichtiges Prinzip. Die Tatsache, daß die Streckmuskeln von Handgelenk und Fingern kontinuierlich unaktiv waren, beraubten die Flexoren jeglicher Hemmung (erinnern wir uns an die reziproke Hemmung von Antagonisten). Die kontinuierlich arbeitenden Beuger waren folglich kurz und starr. Ein anderer Aspekt dieser Situation war, daß die kontinuierliche Aktivierung der Beuger eine kontinuierliche Hemmung der Streckmuskeln bewirkte. Dies hatte B.L. davon abgehalten, auch die geringste Fähigkeit zur Aktivierung zu nutzen. Wie schon erwähnt, drehte ich B.L.'s rechten Unterarm um die eigene Achse, während seine Hand den Kopf berührte. So umging ich den verzerrten Antagonismus zwischen den Beugern und Streckmuskeln im Handgelenk. Andererseits lieferte das sehr ungewöhnliche doch äußerst dramatische Gefühl, daß Hand und Gesicht einander berührten, einen neuen Kontext, in den er die mögliche Streckung des Handgelenks einbeziehen konnte.

Ein zusätzliches Element war hier, daß die Supination des Unterarms – begonnen in der Position, in der der Handrücken die Wange berührte, wenn er die Bewegung mit gekrümmtem Handgelenk und Fingern machte – die Finger direkt und unangenehm gegen das Gesicht gedrückt hätte. Die instinktive Abwehr gegen solch eine Möglichkeit, die natürlich von unterer Ebene kontrolliert ist, diente somit einem positiven und konstruktiven Zweck (diese Abwehr bestand in einer leichten Streckung des Handgelenks und der Finger, um ein Kratzen des Gesichts zu vermeiden). Die Entspannung der Beuger stoppte die Hemmung der Streckmuskeln, oder verringerte sie zumindest. Dadurch wurde der Weg für einen möglichen Gebrauch der Strecker geöffnet.

Pronation und Supination des Unterarms diente auch in anderen Situationen zur Veränderung des Kontexts von Beugung und Streckung. B. L. lag auf dem Bauch, sein Gesicht war nach links gedreht und seine rechte Hand lag am Körper an. Nachdem ich sichergestellt hatte, daß sich die rechte Schulter vom Tisch anheben ließ, hob ich mit einer Hand leicht seinen rechten Ellbogen und mit der anderen drehte ich seinen rechten Unterarm vor und zurück über sein Becken. Schließlich gelang es mir mühelos, seinen Unterarm auf Gürtelhöhe über seinen Rücken zu legen und „spielte" dann weiter mit der Pronation-Supination des Unterarms, wobei ich die Möglichkeit von Beugung und Streckung untersuchte. Dabei wurden B. L.'s Finger entspannt und leicht biegsam.

Als ich B. L.'s rechte Hand in die Hintertasche seiner Hose steckte, wobei die Handfläche einmal in die eine Richtung und einmal in die andere zeigte, war das für ihn eine Offenbarung. War die Aufgabe der Spastizität erst einmal unzweifelhaft, konnte ein ähnlicher Untersuchungsweg mit der Hand vor dem Körper probiert werden.

In der Zwischenzeit mußte ich mich mit einem weiteren Aspekt von B. L.'s uneffizienter Art, sich zu organisieren, befassen. Weil bestimmte Gelenke fortdauernd in einer leicht gebeugten Haltung geblieben waren (Knie, Hüftgelenke und rechter Ellbogen), hatte sich der wirksame Gebrauch des Skeletts nicht klar genug entwikkelt (s. Kapitel 5). Das Gefühl, daß Kräfte sich selbst mit Hilfe des Skeletts übermitteln konnten, war B. L. nicht vertraut genug gewesen – weder in seinen Beinen, etwa beim Stehen, noch in seinem rechten Arm, wenn er ihn für Druck oder zur Stütze des Körpers genutzt hätte. Darüber hinaus schien das rechte Ellbogengelenk von der Struktur her unzulänglich, und es zeigte sich, daß die vollkommene Streckung des Ellbogengelenks aus diesem Grund unmöglich war. Dies war ein treffendes Beispiel einer unzulänglichen strukturellen Entwicklung, die in Verbindung mit funktionaler Unzulänglichkeit stand.

Ein Zustand des beeinträchtigten reziproken Antagonismus, wie er bei Beugung-Streckung des Handgelenks existierte, tauchte auch bei Beugung-Streckung des rechten Ellbogens in Verbindung mit Bizeps und Trizeps auf.

Gewöhnlich wird der wirksame Gebrauch des Skeletts schon sehr frühzeitig im Leben erlernt, nämlich dann, wenn man zum ersten Mal eine aufrechte Haltung einnimmt und bei den ersten Versuchen, etwas von sich wegzudrücken. Es war nun notwendig, B. L. durch leichten Druck seiner Füße mit diesem Gefühl vertraut zu machen. Er lag auf dem Rücken. Hierbei verglichen wir die rechte und linke Seite. Mit dem rechten Arm hatte B. L. größere Schwierigkeiten, nicht nur aufgrund der strukturellen Unzulänglichkeit im Ellbogen. Ich bat ihn z. B., daß er sich, während ich vor ihm saß, sich leicht vorbeugte und mich mit seiner rechten Hand, die ich zwischen meinen eigenen Händen festhielt, wegzudrücken. Er tat das Gegenteil: Er lehnte sich leicht zurück und zog mich zu sich heran. Er hatte mich nicht mißverstanden, er wußte, was er tun sollte; mit der linken Hand gelang ihm das ohne Mühe. Der *Entschluß, eine Anstrengung zu machen*, brachte ihn dazu, anstatt der Streckmuskeln seine Beugemuskeln zu gebrauchen. Wie immer lag die Lösung natürlich darin, die Intention, etwas unter Anstrengung tun zu wollen, fallenzulassen. Um dieses zu fördern, hielt ich seine Hand mit meinen eigenen Händen vor meinem Körper. Dabei war er leicht nach vorn gebeugt. Ich sagte ihm ich würde mich langsam näher zu ihm hinbewegen. Das einzige, was er tun solle, sei, herauszufinden ob er ohne Anstrengung die bestehende Distanz beibehalten könne. Diese Idee schien eher in B.L.'s Leistungsbild verkörpert zu sein, und er lernte nach und nach, seinen Trizeps zu gebrauchen und die Beugung des Ellbogens zu unterlassen; er lernte, anders ausgedrückt, seinen Arm in einer willkürlichen Handlung zu strecken.

Im folgenden erkannte B.L., daß mit einer leichten Streckung des Ellbogens die Anspannung im Trizeps verringert wurde, wodurch er sich nach vorn beugen und wirksamer drücken konnte. Die einzigen Muskeln, die er weiterhin anspannen mußte – und dies war für ihn kein Problem – waren die Rumpfmuskeln. Nach und nach stellten sich mehrere Muster skelettaler Ausrichtung ein und erwiesen sich als effizient und leicht durchführbar.

Ich gab B.L. einen Besenstiel in die Hand. Er lag auf dem Rücken und hielt den Stiel über seinem Bauch. Ich bat ihn, den Stock über den Kopf zu heben. Dies geschah auf zweierlei Art: Einmal mit den Ellbogen auf dem Tisch an beiden Seiten des Körpers, das andere Mal mit angehobenen Ellbogen. Ich bat ihn, mit seiner gesunden linken Hand nicht mehr zu tun, als mit der rechten, so daß die Bewegung symmetrisch verlaufen konnte. So lenkte ich seine Aufmerksamkeit davon ab, verstärkt mit der linken Hand auszugreifen. Er sollte nämlich beginnen, diese Handlung bewußt zu steuern, indem er linke und rechte Hand miteinander verglich. Schließlich hatte sich die Streckung im rechten Arm verbessert.

Es kamen weitere Variationen hinzu. Etwa, den einen Arm über den anderen zu legen, beide Arme gleichzeitig in entgegengesetzte Richtung zu bewegen und den Stock links und rechts in unterschiedlicher Höhe zu bewegen.

Die durch den Stock ausgelöste motorische und sensorische Verbindung zwischen beiden Händen und Armen, sowie die Beteiligung beider Arme am gleichen Bewegungsmuster, halfen dabei, das Bild des rechten Arms in Aktion zu etablieren.

Ich benutzte den gleichen Stock, um eine Verfeinerung der Handlungen von Handfläche und Finger zu erreichen: B.L. hielt im Sitzen mit beiden Händen den Stock über dem Schoß. Ich bat ihn, den Griff der einen Hand leicht zu lockern, so daß die andere den Stock ein wenig durch die Öffnung der Finger schieben konnte.

Dann mußte wieder die erste Hand zugreifen und den Stock durch die andere gleiten lassen, die dann wieder ihren Zugriff lockerte und den gleichen Vorgang wiederholte. Dies geschah abwechselnd mit beiden Händen. Der Stock wurde ein paar Zentimeter zur einen und dann zur anderen Seite bewegt. Bei dieser Spielerei mit dem Stock mußte jede Hand abwechselnd zugreifen und lockern, ohne dabei mit den Fingern eine merkliche Bewegung zu machen. Gleichzeitig bewegten sich beide Fäuste näher aneinander heran und wieder voneinander weg, indem sie den Stock abwechselnd wegschoben und ergriffen.

Wir sollten darauf hinweisen, daß von B.L. hier keine sogenannte abstrakte Bewegung erwartet wurde, sondern vielmehr realitätsbezogene Handlungen.

Der Stock diente noch einigen anderen Zwecken. B.L. setzte sich und hielt den Stock vertikal zwischen den Knien. Dabei „erklommen" seine Hände den Stock ein paar Stufen und „stiegen" dann wieder hinab. Oder der Stock wurde mit beiden Händen horizontal vor dem Körper gehalten. B.L. hob ihn hoch und legte ihn in seinen Nacken. Bei einem anderen Versuch wurde der Stock in eine Hand genommen – wir begannen mit der linken – und über den Kopf gebracht, so daß er diagonal den Rücken berühren konnte. Dann reichte B.L. nach hinten und faßte mit der anderen Hand den Stock nahe des Beckens. Durch diesen Zugriff beider Hände wurde der Stock so verschoben, daß er auf seinem Rücken nach oben und unten rutschte, oder nach links und rechts.

Mit einem kürzeren und dünneren Stock (etwa anderthalb Zentimeter Durchmesser) in seiner Rechten sollte B.L. damit in verschiedene Richtungen zeigen, verschiedene Stellen damit berühren oder gerade Linien oder Kreise ziehen. Auf diese Weise versuchte er sich an willkürlichen Bewegungen seines Handgelenks.

Mit dem gleichen Ziel gab ich B.L. in die rechte Hand eine Röhre aus Karton, etwa zweieinhalb Zentimeter Durchmesser. Er mußte nun durch die Röhre auf verschiedene Gegenstände sehen, die ich ihm zeigte. Dies erforderte einen weiteren Grad an Verfeinerung und Kontrolle. Erstens durfte er mit der Röhre sein Auge nicht verletzen, und zweitens sollte er zu einer besseren Ausrichtung kommen, wenn er mit der Röhre auf einen bestimmten Punkt zielte.

B.L. lernte, wie er die Finger beider Hände ineinander verschränken konnte, er lernte, sie über den Kopf zum Nacken hin zu bewegen. In dieser Position ließen sich leicht die Bewegungen der Ellbogen, aufeinander zu und voneinander weg, untersuchen und ausprobieren.

Ich habe hier nur zum Teil von der Arbeit mit B.L. gesprochen. In der Hauptsache wollte ich gewisse prinzipielle Punkte deutlich machen. Tatsächlich nahm B.L. an etwa zwanzig Sitzungen teil, die sich über einen Zeitraum von zwei Jahren erstreckten. Sie waren jedoch in drei intensive, kurze Perioden eingeteilt. Seine Gehweise wurde viel ausgeglichener und gerader. Wenn er ohne Hast ging, war sein Hinken kaum noch wahrzunehmen. Beide Schultern wurden weit und standen ziemlich symmetrisch, und sein rechter Arm ging beinahe ganz frei herab. Der Gebrauch der rechten Hand war ganz gewährleistet, und er spielte weiter damit und versuchte die nach den Richtlinien unserer Sitzungen entwikkelten Möglichkeiten. Aus dieser Beschreibung wird deutlich, daß B.L. schon einige Bewegungen von sich aus erzeugen sollte. Dies war tatsächlich auch der Fall, doch war meine Hilfe, wenigstens zu Beginn, bei vielen Bewegungen noch notwendig, und ich wendete entsprechende Manipulonen an.

Ein letzter Fakt, den wir erwähnen müssen: B.L.'s rechter Ellbogen ließ sich mit fortschreitenden Sitzungen bedeutend weiter strecken als zu Anfang. Dies beweist, daß sich eine Verbesserung oder Berichtigung des strukturellen Mangels durch verbesserte Funktion erreichen läßt. Die strukturelle Verzerrung hatte womöglich mehr mit weichem Gewebe als mit den Knochen zu tun, und diese paßten sich der eingeschränkten Funktionsweise des Gelenks an. Durch eine Änderung der Funktionen paßten sich die weichen Gewebe (Knorpel und interstitielle Gewebe) an und ließen im Gelenk einen größeren Bewegungsumfang zu.

Später brachte mir B.L. einen Dankesbrief, den er mit der rechten Hand geschrieben hatte. Der gleichen Hand, die so viele Jahre über nur ein nutzloses Anhängsel seines Körpers gewesen war.

Aus der Unzahl von Problemen im weiten Feld neurologischer Beeinträchtigung möchte ich für ein paar zusätzliche Anmerkungen zwei auswählen, nämlich *Spastizität* und *unkontrollierte Bewegungen.*

Spastizität ist die gleichzeitige Aktivierung eines antagonistischen Muskelpaares, das von unterer Ebene kontrolliert wird. Oftmals ist besonders die untere Ebene dabei das, was in der Neurophysiologie das extrapyramidale System genannt wird. Manchmal ist die Möglichkeit, zu Kontrolle höherer Ebene zu kommen, gering, und in manchen Fällen scheint sie unmöglich zu erreichen. Hin und wieder passiert es, daß man Spastizität für kurze Zeit vermindern kann, doch dann wird eine leichte Reizung einer der beteiligten Muskeln (oder eine Reizung, die scheinbar nicht damit zusammenhäng) wieder die Spastizität auslösen und sie mit voller Kraft zurückbringen. Kann man die spastische Reaktion durch Aufhalten oder wenigstens durch Verzögerung unter Kontrolle bekommen, zeigt es sich, daß man erfolgreich den cortico-spinalen Trakt genutzt hat und den extrapyramidalen Trakt, wenn auch nur vorübergehend und zeitweilig, umgehen kann. Dies heißt jedoch auch, daß man optimale Situationen aufsuchen sollte, die einen in die Lage versetzen, dies wieder und wieder zu tun. Der Kanal, der die Hirnrinde mit der sogenannten allgemeinen Bahn verbindet, wird wiederholt benutzt und so „ausgetreten" sein. Das vergrößert folglich die Wahrscheinlichkeit, daß seine Funktion etabliert werden kann.

Die oben beschriebenen optimalen Situationen werden sich natürlich von Fall zu Fall unterscheiden, doch oft lassen sie sich durch Bewegungen erreichen, die anders sind, als die Bewegungen mit dem spastischen Paar der Antagonisten, wie z. B. das linke Wadenbein um die eigene Achse zu drehen, im Fall von Spastizität, die das Knie zwingt, gerade zu bleiben (der erste Teil der schematischen Sitzung 5).

Es sollte klar geworden sein, daß bei ernsthafterer Schädigung des ZNS die Behandlung von Spastizität und anderen funktionalen Störungen in der Tat äußerst schwierig sein kann.

Manchmal scheint es, als stehe die spastische Begradigung des Beins absolut nicht in Beziehung zu den Motiven oder Funktionen, für die das Bein normalerweise begradigt wird (Streckung um sich zu stützen, oder sich durch Streckung aufs Bein stellen und in dem Augenblick angemessenen Gebrauch vom Skelett machen, so daß man Halt verspürt).

Bei der normalen Funktionsweise des Beins spielt das Gefühl der Berührung an den Fußsohlen (der erste Teil des Beins, der den Boden berührt) eine offensichtliche Rolle. Das Gefühl der Berührung an der Fußsohle ist ein wichtiges Bestandteil im Muster, wirksam zu stehen und zu gehen. Diese Verbindung des Berührungsgefühls mit antigravitätischen Mustern etabliert sich wahrscheinlich sehr früh, vielleicht sogar phylogenetisch. Bei Spastizität eines oder beider Beine wird diese Rolle gewissermaßen ausgeschlossen. Es gibt eine Möglichkeit, dieses Element von den antigravitätischen Notwendigkeiten im System des Schülers zu isolieren. Der Schüler legt sich auf den Arbeitstisch und man erzeugt das, was man einen künstlichen Boden nennen könnte.

Der Schüler liegt auf dem Rücken, seine Beine sind ausgestreckt, und die Fußsohlen reichen knapp über die Tischkante (die Knöchel sind dabei möglichst durch eine weiche Rolle gestützt). Der Lehrer sitzt am Fußende und berührt mit einem weichen, flachen Brett aus Holz, dickem Karton oder auch Styropor, das etwas größer ist als die Fußsohle selbst, vorsichtig verschiedene Stellen auf der Sohle. Am besten beginnt man mit dem distalsten Teil des Fußes, was in der kinästhetischen Wahrnehmung des Schülers der kleine Zeh ist. Fast ohne ihn zu bewegen, berührt ihn der Lehrer mit dem Stück Karton, bewegt dieses Stück auf der Oberfläche der Fußsohle vor und zurück und beteiligt dabei nach und nach auch den vierten Zeh. Während sich das Brett rotierend auf die plantale Oberfläche zubewegt, kann es die Zehenspitze (oder die der beiden letzten Zehen) verlassen und diese bei der Rückkehrbewegung erneut berühren.

Wenn die Zehen, was normal ist, nach oben gekrümmt oder dorsiflekt sind, kann es passieren, daß diese spielerische Handlung, die Andeutung eine Stütze zu geben und sie dann langsam wieder zurückzuziehen, eine besondere Reaktion auslösen wird: Der Zeh (oder die Zehen) wird sich mit dem zurückweichenden „Boden“ nach unten bewegen, er folgt ihm, um nicht den Berührungskontakt zu verlieren. Diese uralte Reaktion ist in der Erfahrung des Schülers gewissermaßen vollkommen neu, weil sie niemals (oder doch nicht in letzter Zeit) abgelaufen ist. Zudem ist dies eine äußerst sanfte Bewegung in einem Glied, das nur heftige Bewegung und große Anstrengung erfahren hat.

Diese Art der Berührung und „Spielerei" beteiligt nach und nach alle Zehen, und während man sich über die plantale Oberfläche dreht, beteiligt sie die gesamte Fußsohle. Tut man dies mit Geschick, wird dieser künstliche Boden auch Biegung im Knöchel und Eversion des Fußes auslösen. Anders gesagt, das Bein bereitet sich aufs Stehen vor, es wird stimuliert durch etwas, das als Boden wahrgenommen wird.

Wenn der Schüler anschließend eine aufrechte Haltung einnimmt, hat dieses alte-neue Bestandteil antigravitätischer Muster eine Chance, integriert zu werden.

Wir sollten darauf hinweisen, daß der Gebrauch eines künstlichen Bodens, den wir hier kurz beschrieben haben, recht langsam vor sich geht. Geschieht das auch mit dem anderen Fuß und danach mit beiden gleichzeitig, dann braucht man eine vollständige Sitzung dafür.

Unkontrollierte Bewegungen können mit einer Vielzahl neurologischer Störungen zusammenhängen. Es gibt verschiedene Arten unkontrollierter Bewegungen, etwa Tremor verschiedener Art, klonische Bewegungen, die einen unkontrollierten Wechsel von Beugung und Streckung schaffen, oder athetotische Bewegungen. Letztere sind ungeordnete Bewegungen, die hauptsächlich bei den Gliedmaßen, Kopf und Gesicht auftauchen und keinem besonderen Zweck dienen.

Genau wie Spastizität schließen auch die unkontrollierten Bewegungen den cortico-spinalen Trakt aus. Und einer der Wege, der Gehirnrinde wieder zu ihrem Recht zu verhelfen, besteht darin, Bereiche oder Zusammenhänge zu finden, in denen willkürliche Handlungen sich des motorischen Systems bedienen können, um das extrapyramidale System zu umgehen. Man muß für den Schüler willkürliche Handlungsmuster, die von den gleichen Körperteilen ausgeführt werden, die die unkontrollierten Bewegungen erzeugen, entdecken und vorschlagen. Diese Muster können in mancher Hinsicht den unkontrollierten Bewegungen ähneln, doch sollten sie sich zumindest in einem Aspekt unterscheiden. Man folgt z. B. der Bewegung des Schülers und ändert das Tempo, macht sie z. B. langsamer und stumpft so eine mögliche ruckartige Bewegung ab; oder man führt eine langsam rhythmische statt einer nicht rhythmischen Bewegung aus, oder man verändert leicht die Richtung.

All diese Handlungen können das „Interesse" der Gehirnrinde (des somato-sensorischen Cortex und des intentionalen Cortex) anregen und die notwendigen Bestandteile für cortikale Kontrolle und Programmierung vermitteln.

Manchmal reicht es aus, sich mit einem kleinen Teil des motorischen Systems zu befassen, wie etwa einer Hand oder einer speziellen Handbewegung, und der Beruhigungsprozeß wird sich über die Körperteile ausdehnen, und andere unkontrollierte Bewegungen werden sich gleichfalls beruhigen. So wird Gebrauch von der Fähigkeit des ZNS gemacht, die *Erregungsebene* in ihren verschiedenen Teilen *auszugleichen.*

Der Leser hat vielleicht bemerkt, daß immer wieder eine bestimmte Strategie auftaucht, besonders bei Behandlung neuromotorischer Schädigung: die Strategie, den Schüler mit der notwendigen oder fehlenden Komponente zur Schaffung eines Handlungsmusters zu versorgen, das mangelhaft oder nicht vorhanden ist. Manchmal ist diese Komponente nichts anderes als ein bestimmtes Element innerhalb des ZNS-Reaktionsmusters, das bereits im System fest eingeprägt ist. Die Situation muß so angelegt sein, daß diese Reaktion entstehen kann. In anderen Fällen wird die Komponente vom Lehrer direkt als Hilfsbewegung vermittelt, oder als hemmender Part eines gewissen bestehenden Musters oder einer sinnlichen Information, die Teil des schließlich auftretenden Musters sein wird.

Die neuen Muster sollten zu willkürlichen (von höherer Ebene kontrollierten) Bewegungen führen und als solche die reflexiven oder andere von unterer Ebene kontrollierten Mechanismen umgehen.

Trotz gewisser Verallgemeinerungen hinsichtlich der Technik, denen der Leser in diesem Kapitel begegnet ist, sollten wir erneut betonen, daß der Hauptakzent bei der funktionalen Integration auf dem vorurteilslosen Zugang des Lehrers zu jedem Schüler liegt. Allgemeine Richtlinien sollten den Lehrer nicht davon abhalten, andauernd die individuellen Merkmale und besonderen Bedürfnisse des einzelnen Schülers im Auge zu behalten.

11. Zusätzliche Richtlinien für den zukünftigen Lehrer der Funktionalen Integration

Die erste Sitzung einer Folge von Behandlungen beginnt mit der Befragung des Schülers. Der Schüler beschreibt seine Beschwerden oder Probleme, falls diese vorhanden sind; der Lehrer wird natürlich fragen, wie lange diese Probleme bestehen, und was bis zum jetzigen Zeitpunkt dagegen unternommen wurde. Es soll Klarheit darüber herrschen, ob medizinische Behandlung stattgefunden hat, und ob diese noch andauert. Wichtig sind auch alle Informationen über chirurgische Eingriffe oder schwerere Verletzungen in der Vergangenheit. Kurz, der Lehrer muß klarstellen, daß er es hier nicht mit einem klinischen Fall zu tun hat, sondern daß der Schüler vom medizinischen Standpunkt aus ein gesunder Mensch ist. Ein Mensch, der sich im Augenblick unter medizinischer Beobachtung befindet oder ärztlich behandelt wird, sollte nicht als Schüler zugelassen werden, es sei denn, der behandelnde Arzt gibt seine Zustimmung.

Man sollte erklären, daß der Schüler hier keine „Behandlung" erfährt und keine irgendwie geartete „Kur" erfahren soll. Vielmehr sollte der Schüler erkennen, daß er hier etwas über Verhaltensweisen, Bewegungsmuster und Arten von Bewegungen erfahren soll, die sich mit größerer Effizienz und Bequemlichkeit ausführen lassen. Der Lehrer sollte den Schüler darüber in Kenntnis setzen, daß alle eventuell auftretenden Veränderungen eben nicht ein direktes Ergebnis der Sitzungen sind (die ja in der Tat als Lektionen anzusehen sind), sondern nur Ergebnis der Einsichten darstellen, die während dieser Lektionen gewonnen wurden. Schließlich, daß diese Lektionen helfen können, andere Verhaltensweisen als die gewohnten zu schaffen.

Nach solch einem kurzen verbalen Austausch kann die erste Sitzung beginnen. Wir nehmen an, der Lehrer hat bereits eine Vorstellung, wie er die Sitzung beginnen will und mit welcher Position. Das hängt davon ab, was er inzwischen über die Person weiß und was ihm visuell aufgefallen ist.

Der Schüler bleibt in bekleidetem Zustand. Das beste ist hier leichte und weiche Kleidung. Nur die Schuhe werden ausgezogen, damit das Liegen auf dem Tisch bequemer ist. Dieser Punkt ist wichtig, denn jede Sitzung sollte in der Atmosphäre normaler kommunikativer Interaktion zwischen zwei Menschen verlaufen. Man sollte jede nur mögliche Peinlichkeit und jede Assoziation mit medizinischer Untersuchung oder Behandlung vermeiden.

Weil der Lehrer bis jetzt noch nicht mit dem Grad der Sensibilität des Schülers vertraut geworden ist, beginnen die Erkundungen äußerst vorsichtig und reserviert und in Bereichen, wo sie keine Abwehrreaktionen auslösen können, auch wenn diese nicht offensichtlich präsent sind. Der Lehrer sollte jeden Eindruck über soziales Heranwachsen, Status, Alter und alle anderen besonderen Charakteristika, die auf die Sensibilität des Schülers einwirken können, berücksichtigen. Auch das Geschlecht des Schülers spielt eine Rolle. Der Lehrer muß sich der sozialen, kulturellen oder individuellen Bedeutung bewußt sein, die entsteht, wenn ein Mensch einen anderen berührt. Es ist bekannt, wie unterschiedlich Menschen den Begriff „Intimbereich“ definieren können.

Der Lehrer sollte keine Stelle berühren, die der Schüler auf irgendeine Art als intim ansehen könnte. Untersuchende Manipulonen beginnen deshalb an Stellen wie dem Rücken oder zwischen den Schultern (wo im übrigen die Erkundung ohnehin notwendig ist) und werden dann auf notwendige und logische Art ausgedehnt. Andererseits gibt es Stellen, deren Berührung der Lehrer streng umgehen wird.

Die Anwesenheit einer dritten Person bei einer Sitzung sollte nur mit Zustimmung des Schülers erlaubt werden. Auf strukturelle Mängel oder Gebrechen, die der Lehrer während einer Sitzung feststellt, sollte er den Schüler nicht hinweisen, es sei denn, dieses ist für eine faktische Erklärung unumgänglich.

All diese Anmerkungen beruhen auf der Notwendigkeit, beim Schüler ein Gefühl von Vertrauen und Sicherheit zu schaffen, so daß man die Aufmerksamkeit auf die kinästhetischen Wahrnehmungen verlegen kann. Dieses ist der erste Schritt zur Schaffung einer Lernsituation.

Die Dauer einer Sitzung sollte fünfundvierzig Minuten nicht überschreiten. Man muß jedoch bedenken, daß für ältere Menschen oder jemanden, der Schmerzen verspürt, auch schon diese Zeitspanne zu lang ist.

Solange keine besonderen Gründe vorliegen, etwas anderes zu tun, sollten zwischen den Sitzungen ein oder zwei Tage verstreichen. Der Schüler sollte Zeit und Gelegenheit haben, alles unbeschwert erproben und sich an besondere Veränderungen, die womöglich eingetreten sind, gewöhnen zu können.

Der Lehrer sollte den Vorschlag machen, die Folge der Sitzungen zu unterbrechen, wenn entweder das Hauptziel erreicht ist, oder wenn abzusehen ist, daß der Schüler keine weiteren Fortschritte mehr machen wird.

Wir werden uns hier nicht über das legale Recht eines Menschen unterhalten, einen anderen zu berühren. Andererseits setzt das *moralische* Recht, einen anderen Menschen zu berühren, die Harmlosigkeit dieser Berührung voraus. Mit anderen Worten, man muß sich absolut sicher sein, daß man der anderen Person keinen Schaden zufügen wird. Besteht auch nur der geringste Zweifel, sollte man ganz zurückstecken und überhaupt nichts tun. Funktionale Integration will auf dem Lehrwege etwas vermitteln, und wenn man annimmt, dieses Lehren wird aus irgendeinem Grund nicht zustande kommen, dann sollte man damit aufhören oder von vornherein nicht damit beginnen.

Wenn wir von der Harmlosigkeit einer Berührung sprechen, wollen wir dabei ein Motto der medizinischen Profession beachten, der auch auf andere Berufe zutreffen könnte. Mit Sicherheit trifft er auf die funktionale Integration zu: *Primum non nocere.* Was bedeutet: Das erste Prinzip lautet, richte keinen Schaden an.

Natürlich macht die Sanftheit, mit der die Manipulationen ausgeführt werden, diese nicht nur zu einem Werkzeug des Lehrers, wie es schon reichlich bisher vorgeführt wurde, sondern sie sichert auch ihre Harmlosigkeit. Allerdings sollte man die funktionale Integration als machtvolles Instrument sehen, kann sie doch dem Schüler plötzlich Möglichkeiten eröffnen, auf die seine Struktur nicht vorbereitet ist. Einen Schüler mit zerbrechlicher Struktur sollte man, hat er einen gewissen Grad an Bewegungsfreiheit oder einen gesteigerten Bewegungsumfang erreicht, davor warnen, diese neu gewonnenen Fähigkeiten sogleich auszunutzen. Er soll es eher allmählich geschehen lassen.

Ohne daß er es will, sieht sich der Lehrer manchmal einem medizinischen Problem gegenüber. Vielleicht hat der Schüler vergessen, am Anfang von einem gesundheitlichen Problem zu berichten, das z. B. seine Herztätigkeit o. ä. betrifft, weil er diese Tatsache für die Zwecke dieser Art von Sitzungen als irrelevant ansah. In so einem Fall sollte der Lehrer die Lektion sofort abbrechen und die Sitzungen nicht fortführen, bis er im Besitz der vollständigen und ausdrücklichen Genehmigung durch den behandelnden Arzt ist.

Sollte der Schüler eine ärztliche Diagnose erwähnen, dann muß das nicht heißen, daß der Lehrer irgendeine Art von Diagnose stellen sollte. Dies nicht nur deshalb, weil nur ein Arzt berechtigt ist, Diagnosen zu stellen, sondern auch und wichtiger noch, weil es der Lehrer bei der funktionalen Integration niemals mit einer statischen Situation zu tun hat, die nach einer festgelegten Benennung oder Kategorie verlangte, sondern vielmehr mit einem Lernprozeß, bei dem sich die relevanten Begriffe dyadisch verhalten: bewußt-unbewußt, wirksam-unwirksam, klar-unklar, willkürlich-unwillkürlich, differenziert-undifferenziert, gewohnt-ungewohnt. Jedes dieser Paare bezeichnet die beiden Extreme einer bestimmten funktionalen und dynamischen Dimension im „Raum“ menschlichen Handelns. Jede menschliche Handlung *findet ihren Platz* innerhalb dieses multi-dimensionalen Raums, und die funktionale Integration betont ausdrücklich, daß dieser Platz nicht unbedingt *festgelegt* ist – daß mit einem Wechsel des Platzes die *Qualität* der Handlung zunimmt.

Teil V
EINIGE ERLÄUTERNDE FALLGESCHICHTEN

12. Die Geschichte von Hanochs Rückkehr zur Flöte*

E pur, si muove!
Galileo

Ein Mensch, der in eine traumatische Situation (physischer und/ oder emotioneller Art) geworfen wird, kann diese in manchen Fällen überwinden – sei es allein oder durch fremde Hilfe – unter der einen Bedingung, daß er sich selbst kühl und „objektiv" betrachtet, seinen tatsächlichen Zustand und all seine zur Verfügung stehenden Möglichkeiten. Dieses war der Fall bei Hanoch Tel-Oren, dem ersten Flötisten des Sinfonieorchesters von Jerusalem. Hanoch Tel-Oren überlebte am 11. März 1978 einen terroristischen Überfall, bei dem er seinen vierzehnjährigen Sohn verlor und selbst ernsthaft verletzt wurde. Seine Geschichte ist in zweierlei Hinsicht außergewöhnlich: einmal seine persönliche Geschichte, mit dem ihr eigenen Gewicht und ihrer Tragik, und die spezifischere Geschichte seiner nachfolgenden Rehabilitation, die unter beinahe spektakulären Umständen mit Hilfe der funktionalen Integration erreicht werden konnte. Natürlich sind beide Aspekte untrennbar miteinander verbunden und bedingen sich gegenseitig.

Hanochs schwerste Verletzung wurde verursacht durch eine Gewehrkugel, die seinen rechten Arm etwa zwei oder drei Zentimeter oberhalb des Ellbogens durchschlug, dabei zwar nicht den Knochen traf, jedoch den medialen Nerv fast vollständig zerstörte.

Die Chirurgen gaben ihr bestes. Blutgefäße und Muskeln wurden wiederhergestellt, mit einer Hautverpflanzung schloß man die Wunde (dabei wurde Haut vom Schenkel entnommen), und der Unterarm wurde geschient, damit keine Bewegung im Hand-

* Zuerst veröffentlicht in *Somatics*, Vol. 2, No. 3 (1979).

gelenk entstehen konnte. Ein weiterer Eingriff sollte ein paar Wochen später stattfinden. Damit sollten die gerissenen Enden des Medialnervs wieder geflickt werden. Das Vorhaben wurde schließlich aufgegeben, weil die leichten Bewegungen, die Hanoch zwei Wochen, nachdem ich meine Arbeit mit ihm begonnen hatte, machen konnte, darauf hinwiesen, daß irgendwelche Nervenimpulse doch durchkommen konnten.

Als ich Hanoch eine Woche nach dem Unglück im Krankenhaus besuchte, sagte mir der Chirurg, man hätte es soeben geschafft, seinen Arm zu retten. Ob er ihn gebrauchen könne? „Nun, da bestehen sehr geringe Hoffnungen. Auf jeden Fall wird er niemals mehr Flöte spielen können. Wir haben ihm diesbezüglich auch keinerlei Hoffnung gemacht.“ Hanoch selbst hörte sich da schon optimistischer an. Er sagte, er warte darauf, aus der Klinik entlassen zu werden, damit wir unsere Arbeit fortsetzen könnten. Die unumstößliche Grundlage seiner Hoffnung war, daß er in den vorangegangenen Monaten eine Serie wöchentlicher Sitzungen in Funktionaler Integration mit mir durchgeführt hatte; (zum Zweck der „allgemeinen Besserung“); außerdem wußte er von einer anderen Flötistin, die eine Verletzung des linken Radiusnervs erlitten hatte und, vor anderhalb Jahren, nach Arbeit mit mir in vollem Umfang spielen konnte.

Anfang Mai, sieben Wochen nach der Verletzung, wurde Hanoch aus der Klinik entlassen und kam mich besuchen.

Sein rechter Daumen, Zeige- und Mittelfinger, waren in ihrer Funktion allesamt äußerst stark geschädigt. Er konnte sie überhaupt nicht krümmen, doch wenn sie passiv gekrümmt wurden, war er in der Lage, sie wieder zu strecken. In diesen Fingern fehlte das Gefühl auf der Hand- und den Seitenoberflächen vollkommen. Er hielt seinen Arm gebeugt, den Ellbogen im rechten Winkel, der Unterarm war umgedreht und das Handgelenk steif. Die motorischen und sensorischen Funktionen, die der Medialnerv gestützt hatte, schienen vollends verloren gegangen zu sein. Hanochs Gemütsverfassung schien kontrolliert, doch es war offensichtlich, daß er brennend darauf wartete, einen tatsächlichen Fortschritt zu erkennen.

Noch etwas anderes war wichtig dabei: Seine rechte Schulter war angespannt und steif. Hals und Kopf wurden verkrampft gehalten, und ein leichter Anstieg der bereits bestehenden Skoliose der Rückenwirbel war erkennbar.

So ein Zustand ist leicht erklärt: Aufgrund des frustrierenden Gefühls, unter solchen Umständen unfähig zu sein, versucht man dieses durch exzessive Anstrengung zu überwinden und will auf diese Weise (wenn auch nicht vollkommen bewußt) die auffallende und fehlende Effizienz ausgleichen. Werden diese exzessiven Anstrengungen wiederholt, so entstehen veränderte Bewegungsmuster, die die Teile des Systems strecken, die weniger oder überhaupt nicht in Mitleidenschaft gezogen worden sind. Diese veränderten Bewegungsmuster können sehr leicht an die Stelle der ersteren treten, was die Beziehung zwischen der tatsächlich ausgeführten Handlung und ihrer kinästhetischen Repräsentation angeht; anders gesagt, man glaubt zu sehen, daß man eine bestimmte Handlung ausführt, während man in Wirklichkeit etwas ganz anderes tut. (Versuchen Sie, Ihr Ohr zu bewegen, und in dem Augenblick, wo Sie glauben, es sei Ihnen gelungen, schauen Sie in den Spiegel, um zu sehen, was für Grimassen Sie statt dessen machen.) Zum zweiten können diese verzerrten Bewegungsmuster noch die geringsten Möglichkeiten zur Regenerierung ausschalten.

Natürlich war dies mein erstes Anliegen bei der Arbeit mit Hanoch. Durch vorsichtige Manipulationen mußte ich ihm das Gefühl vermitteln, daß er eine ganze Menge noch bestehender Anspannung in Rumpf und Schultergürtel aufgeben konnte. Ich verdeutlichte ihm auch noch die offenbare Tatsache, daß diese zusätzlichen Anstrengungen, zu denen er durch seine Situation gezwungen wurde, nun wirklich keinem konstruktiven Zweck dienten. Ich mußte tatsächlich hin und wieder an diesen Punkt zurückkehren, bis Hanoch lernte, dieses „instinktive" Bestreben zu kontrollieren, nämlich die Anspannung zu größeren proximalen Muskeln zu lenken und so die Zweckdienlichkeit der Handlung zu ändern.

Diese Tendenz läßt sich als Folge der Regression erkennen, der das System unterworfen wird, fällt es plötzlich unter einen Zustand eingeschränkter Möglichkeiten. Die Regression führt auf eine frühere Stufe der individuellen Entwicklung zurück, in diesem Fall zu einer Stufe, die der Stufe *vorangeht*, auf der verfeinerter, geschickter Gebrauch von Händen und Finger erlernt wird; eine Stufe, in der Differenzierung und Kontrolle größerer und proximaler Muskeln erlernt wird. Nun mußte Hanoch erneut auf diesen Lernprozeß zugeführt werden, was einerseits dadurch gefördert wurde, daß sein Zentralnervensystem intakt war und „wußte, wie" es die entsprechenden efferenten Impulse erzeugen mußte, wenn es entsprechendes afferentes (sensorisches) Feedback empfing. Andererseits gab es da die besorgniserregende Einschränkung durch die unterbrochenen Nervenfasern (Axone), die sich immer noch *distal regenerieren sollten* – dies schloß sowohl *motorische* als auch *sensorische* Fasern ein.

Wäre es nicht möglich, Hanoch zu helfen, der Regenerierung der abgetrennten motorischen Nervenfasern zu *folgen* und augenblicklich klare und *differenzierte* efferente (motorische) Impulse durch die Fasern zu leiten? Könnte nicht möglicherweise die Erzeugung solcher Impulse durch das bewußte Gehirn das Wachstum des Nervs stimulieren und vorantreiben? Man durfte auf diese Fragen keine fertigen Antworten erwarten.

Indem ich eine mögliche Regenerierung der Axone von der Stelle der distalen Unterbrechung zum Sitz der *myoneuralen Verbindungen* der verschiedenen Neuronen annahm, mußte ich auch voraussetzen, daß Funktionen, die Muskeln beanspruchten, deren myoneurale Verbindungen *näher* an der Bruchstelle lagen, sich früher wieder erholen würden. Nach dieser Überlegung lagen alle *motorischen* Funktionen (sowie ihre korrespondierenden Muskeln), die vom Medialnerv gefördert und somit durch die Lesion beeinträchtigt wurden, in einer genau bestimmten *Abfolge* zu erwartender Heilung: *1.* die Pronation des Unterarms (Pronator-teres-Muskel), *2.* die Krümmung des Handgelenks (Palmaris longus Flexor carpi radialis), *3.* Krümmung von Zeige- und Mittelfinger (Flexor digitorum sublimis und profundus), *4.* die Krümmung des Daumens (Flexor pollicis longus), *5.* eine weiter verstärkte Pronation des Unterarms (Pronator quadratus), *6.* Abduktion und Opposition des Daumens und Beugung der Knöchel durch intrinsische Handmuskeln (Abductor pollicis brevis, Flexor pollicis brevis, Opponens pollicis, Lumbricales).

Die sensorischen Nervenfasern schaffen afferente Bahnen für *a.* Impulse der Haut zum Gehirn, die die Gefühle von Berührung,

Schmerz und Temperatur/Hitze vermitteln; *b.* Impulse von den Muskelspindeln (Streckrezeptoren); und *c.* propriozeptive Impulse aus den Sinnesorganen in Sehnen und Gelenken, die kinästhetische Wahrnehmungen übermitteln.

Die Heilung der *sensorischen* Funktionen konnte für später erwartet werden als die der motorischen Funktionen, und zwar aus folgenden Gründen: die größere Entfernung, die die regenerierenden Axone zurücklegen müssen, etwa bis zu den Fingerspitzen; eine mögliche Degenerierung des vorstehenden Nervenendes (im Rückenmark); die Tatsache daß die afferenten Impulse in den distal liegenden Sinnesorganen erzeugt werden müssen, so daß solche Impulse nicht übermittelt werden, bevor das Axon die Verbindung herstellen kann.

Weil neuro-motorische Funktion und mehr noch neuro-motorisches Lernen von entsprechendem sensorischen Feedback abhängen, mußte Hanoch lernen, alternative, substitutive sensorische Kanäle als Bahnen der Rückkopplung zu nutzen, bis die regulären Sinneskanäle schließlich eingreifen konnten. Auf diesen Punkt werde ich noch im Verlauf zurückkommen.

Entsprechend der oben genannten zu erwartenden Heilungsabfolge legte ich mein Augenmerk (und auch Hanochs) auf die Pronation des Unterarms. Eine passive Bewegung (ich leitete die Bewegung des Unterarms ein, in der Erwartung, hier nicht auf Widerstand zu treffen) stellte sich als kaum durchführbar heraus, da eine starke Opposition der antagonistischen Muskeln bestand.

Es ist bekannt, daß mit *Aktivierung* eines bestimmten Muskels die *Hemmung* seines Antagonisten einhergeht (Prinzip reziproker Hemmung). Diese Funktion wird zentral kontrolliert (durch neurale Bahnen, die vom Gehirn kommen) und peripher kontrolliert (durch Verbindungen mit dem „ventralen Horn" des korrespondierenden Rückenmarksegments).

In unserem Fall beraubte die Untätigkeit bestimmter Muskeln ihre Antagonisten der Hemmung, doch die verstärkte Aktivierung dieser Antagonisten blockierte nun reziprok, durch Hemmung, jede Möglichkeit, daß Impulse die beeinträchtigten Muskeln erreichen konnten. Wir mußten einen Weg finden, die Supinatoren zentral zu hemmen.

Die Schwierigkeit, der Hanoch auf dieser Stufe begegnete,

bestand darin, die Beugung im Bizeps aufzugeben (die als Flexor des Ellbogens und als starker Supinator agierte). Hanoch lag mit dem Rücken auf einer waagerechten Oberfläche, seine Arme lagen am Körper, und ich legte den rechten Unterarm in eine vertikale Position (der Ellbogen ruhte dabei auf der Oberfläche) und drehte ihn langsam und wiederholt um die eigene Achse. Dabei verstärkte ich auch leicht die Supination und vermittelte so das Gefühl, ich selbst würde die Handlung des Bizeps ausführen, ich würde *meine Anstrengung* anstelle der seinen setzen. In dem Augenblick, da ich fühlte, daß Hanoch die Bewegung mit Leichtigkeit geschehen ließ, fügte ich (gleichzeitig mit der Pronation) eine leichte Ellbogenstreckung mit leichter Dorsiflexion im Handgelenk hinzu, wie wenn man die Handfläche nach unten dreht und gleichzeitig mit dem Daumen wegdrückt. Schließlich konnte ich diese letzte Bewegung ohne Vorbereitung machen und ihn damit „überraschen".

Eine andere Methode, seine Kontrolle über den Bizeps zu steigern, sah so aus: Hanoch mußte lernen, den Brachialis-Muskel (ohne den Bizeps!) bei leichter Beugung des Ellbogens zu gebrauchen, so daß die Beugung von der Supination getrennt werden konnte. Zu Anfang war dies schwierig wegen der starken Adhäsionen zwischen dem äußeren Teil des Brachialis und der vernarbten Stelle, die die Wunde bedeckte. Schließlich entwickelte sich dieses Problem zu einem Vorteil, weil Hanoch das *Bild* der Anspannung dieser Narbe zur Schulter hin nutzen konnte. Dies war äquivalent zur Aktivierung des Brachialis ohne den Bizeps oder zur Beugung des Ellbogens ohne Supination.

An diesem Punkt legte ich seinen rechten Unterarm über den Bauch (er lag auf dem Rücken), und während ich von unten mit dem Daumen gegen die linksseitigen falschen Rippen drückte, sollte er wiederholt den Unterarm über den Bauch rollen lassen, dadurch daß er sich *vorstellte*, er würde den kleinen Finger anheben oder strecken. Diese Bewegung wurde eingeleitet durch die korrespondierenden Streckmuskeln (Extensor carpi ulnaris, Extensor digit minimi), doch ließ sie den Pronator zum Synergisten werden, und das Bild, den kleinen Finger anzuheben, änderte sich nach und nach in das Bild einer Unterarmpronation. Schließlich (zwei Wochen nach Beginn unserer Arbeit), wurde die Pronation

Wirklichkeit. Der erste deutliche Fortschritt war gemacht.

Inzwischen hatten wir schon mit Funktionen begonnen, die sich daraus ergeben sollten. Die Bewegungen im Handgelenk waren etwas schmerzhaft (vielleicht, weil es in der ersten Zeit im Krankenhaus ruhiggestellt werden mußte), und deshalb versuchten wir sie nur schrittweise und äußerst vorsichtig. Schließlich legte sich diese Sensibilität im Handgelenk, und jetzt waren aktive Bewegungen in diesem Gelenk bereits integriert.

Die Krümmung von Zeige- und Mittelfinger mußte (nach den gleichen Überlegungen) durch verstärkte Kontrolle und Entspannung der antagonistischen Streckmuskeln vorbereitet werden. Ich erwähne die Arbeit an diesem Bereich nur kurz. Nachdem ich Hanochs rechten Arm horizontal gestützt hatte (außer Handgelenk und den Fingern, die herabhingen) und bis zu einem gewissen Grad gebeugt hatte, tippte ich mit einem meiner Finger von unten leicht gegen jeden seiner Finger, bis er diesen zurückfallen lassen konnte und ihn nicht mehr gestreckt halten mußte.

Eine differenzierte Kontrolle über die Extensoren wurde erreicht, als Hanoch auf dem Bauch lag und seine rechte Hand an den Körper gelegt war (mit der Handfläche nach oben). Er mußte nun mit leichtem Druck seine Fingernägel gegen die Tischoberfläche bringen (dies geschah mit Hilfe der Streckmuskeln). Ich untersuchte jeden Finger einzeln, bis er sie alle nach unten gedrückt hatte. Nun mußte er zulassen, daß ich im Wechsel jeden Finger anhob, ohne daß aber der Druck der anderen Fingernägel nachlassen durfte. Unterdessen prüfte ich alle Finger. Indem ich ihn darauf aufmerksam machte, lernte Hanoch, die Bewegung zu kontrollieren und zu koordinieren. Nach einiger so gearteter Arbeit konnte ich einen etwas verstärkten Tonus in den Flexoren ausmachen, und nach und nach war Hanoch in der Lage, die Flexion zu erzeugen, wenn auch nicht mit den distalen Phalangen von Zeigefinger und Daumen.

Die Adduktion des Daumens (die Bewegung, den Daumen näher zum Zeigefinger zu bringen) war möglich, doch durch die fast ununterbrochene Aktivierung der Extensoren des Daumens und des Abductor-pollicis-longus-Muskels (der Muskel, der den Daumen auf Ebene der Handfläche von den anderen Fingern wegzieht) ziemlich behindert. Alle an diesen Handlungen beteiligten Muskeln sind nicht durch den Medialnerv belebt, ihnen schien sogar ihre normale Koordination zu fehlen. Das carpo-metacarpale Daumengelenk, das im Normalfall zahlreiche Bewegungen zuläßt (ein sogenanntes Sattelgelenk), wurde angestrengt in einer Stellung gehalten, die zu radialer Abduktion neigte. Indem ich die proximale Spitze des ersten Metacarpal-Knochens zur Mitte hin drückte, zeigte ich Hanoch, daß er die angestrengte Abduktion aufgeben und beginnen konnte, die Adduktoren zu gebrauchen. Das war, zumindest passiv, der erste Schritt zur Opposition des Daumens. Dann erzeugte ich die Bewegung simultan mit Beugung und Streckung des Handgelenks, sowie mit Pronation und Supination des Unterarms. Nun konnte Hanoch beginnen, den Daumen auf die anderen Finger zu richten.

Um die Funktion des Abductor pollicis brevis (des Muskels, der den Daumen rechtwinklig von der Ebene der Handfläche wegzieht) zu erweitern, wandte ich folgendermaßen die Methode der relativ zugeordneten Bewegung an: Hanoch lag auf dem Rücken, sein rechter Unterarm und Handfläche lagen flach auf dem Brustkasten, der Daumen lag unter dem Zeigefinger. Er sollte seine ausgestreckten vier Finger zusammen mit der Handfläche anheben, dabei aber Daumen und Unterarm bis zum Handgelenk weiter auf der Brust lassen. Das *Bild* dieser Bewegung ließ sich sehr leicht in eine Handlung übertragen, und durch die Erkenntnis, daß diese Bewegung in der Tat eine Veränderung des Winkels zwischen Daumen und Handfläche ausmachte, konnte die Abduktion stattfinden.

In den darauffolgenden Wochen hielt Hanoch die meiste Zeit über ein Stück starrer, leichter Röhre aus Plastik, die ich ihm gegeben hatte, in der rechten Hand (3 cm Durchmesser und 20 cm Länge, mit einer rauhen Oberfläche). Er hielt sie mit Ringfinger und kleinem Finger, die beide gekrümmt waren und versuchte, die anderen Finger darüber zu beugen und dabei jede Bewegung zu nutzen, die er mit dem Daumen bereits ausführen konnte (etwa, zwischen Daumen und Zeigefinger die Röhre in verschiedene Richtungen zu drehen).

Er mußte auch seine Handfläche flach auf einen Tisch oder auf sein Gesicht legen, die Finger dabei gerade oder leicht gekrümmt, und mit jeder Fingerspitze längs und transversal „Kratz“bewegungen machen, ohne die anderen Finger zu bewegen; außerdem bat ich ihn, beide Handflächen aneinander zu legen, so daß jeder Finger sein symmetrisches Gegenüber berührte, und die korrespondierenden Fingerpaare auf Ebene der Handfläche und über diese Ebene hinaus zu bewegen.

Einige der vorangegangenen Techniken sind wichtig bei dieser Methode. Es wurde bereits erwähnt, daß wirksame Steuerung motorischer Aktivität von afferentem sensorischem Feedback abhängt. Bei jeder willkürlichen (zielorientierten) Aktivität macht „negatives" Feedback es möglich, daß jeder Mißklang zwischen einer bereits ausgeführten Handlung (oder einer, die soeben ausgeführt wird) und ihrem angestrebten Ziel ausgewertet werden kann. Durch diese Information können die Effektoren diesen Mißklang *abmindern.*

In Hanochs Fall waren so gut wie alle neu hinzugewonnenen Bewegungen *visuell* gesteuert (die propriozeptiven und Berührungsgefühle fehlten immer noch). Ohne auf seine Finger und Daumen zu schauen, war er sich nicht sicher, ob und wie weit die Bewegung gereicht hatte. Wenn er jetzt aber Handflächen und Finger beider Hände berührte, oder die Finger beider Hände ineinander verschränkte, oder mit den Fingern der sensorisch geschädigten Hand sein Gesicht berührte, erweiterte er seinen visuellen Kanal durch einen alternativen, substitutiven sensorischen Kanal. Die *Haut* seines Gesichts oder seiner linken Hand „erzählten" ihm von den Bewegungen seiner rechten Hand und der Finger. Es war an der Zeit, die Flöte wieder aufzunehmen.

Der rechte Daumen spielt eine große Rolle, bei der Ausrichtung der Flöte, er stützt sie von unten her. Der kleine Finger ist an der Ausrichtung des Instruments ebenfalls beteiligt, obwohl er die meiste Zeit auf eine der Klappen drückt (was beim Greifen der meisten Töne erforderlich ist). Den Unterarm in Pronation legen sich die anderen drei Finger auf ihre entsprechenden Klappen, wovon jede einen eigenen „Triller-Schlüssel" hat. Dies sind die kleinen, schlanken Hebel, die sich an der linken Seite in der Mitte zwischen den eigentlichen runden Klappen befinden.

Weil Hanoch den Daumen noch nicht in volle Opposition bringen konnte und auch nicht in der Lage war, die distalen Phalangen von Zeige- und Mittelfinger zu krümmen, fand er heraus, daß anstelle der Fingerspitzen die mittleren Phalangen der anderen drei Finger die Klappen halten konnten. Doch er konnte alle Klappen erreichen (anfangs bestand eine Schwierigkeit mit dem Zeigefinger), und wir mußten nur die Löcher in den Zentren der drei zirkulären Klappen mit Korkstücken abdichten. Diese Löcher werden beim normalen Spiel durch das Herunterdrücken der Klappen mit den entsprechenden Fingern geschlossen. Dieser vorübergehende Kunstgriff hat die Qualität des Instruments nicht sonderlich herabgesetzt.

Zwei ernsthafte Schwierigkeiten mußten nun unmittelbar beseitigt werden. Erstens, wenn der Griff von einer Note zur nächsten erfolgte, kam es vor, daß die zwei oder drei Finger der rechten Hand ihre Klappen *gleichzeitig* drücken (oder loslassen) müssen; anderenfalls würde ein störender Zwischenton entstehen. Zweitens, in Situationen, wo der Zeigefinger seine Klappe einige Zeit kontinuierlich drücken mußte, rutschte er kaum wahrnehmbar nach rechts und berührte den naheliegenden „Triller-Schlüssel" – was wiederum einen störenden, unerwünschten Klang produzierte.

Hanoch reagierte auf die zweite Situation mit einer verächtlichen Grimasse. Es war klar, daß ihn das fehlende Berührungsgefühl zu keiner Kontrolle kommen ließ. Ich sagte: „Laß dich nicht aus der Fassung bringen durch diese Klänge. Zur Zeit sind sie die einzigen Informationsquellen darüber, wie sich diese Finger beim Kontakt mit der Flöte verhalten. Nimm sie als Hinweis, wie du die Bewegungen der Finger auszurichten und zu koordinieren hast."

Und so lieferte der *Gehörsinn* einen alternativen, substitutiven Feedback-Kanal für die motorischen Funktionen der Finger. Dadurch konnte er von der Erzeugung getrennter, diskreter Töne (Staccato) zu gebundenen Tönen (Legato) kommen.

Ich entwarf eine Anzahl von Übungen, die Hanoch mit der Flöte machen sollte. Dadurch sollte er lernen, mit den verletzten Fingern weniger Kraft anzuwenden (er tat dies, weil er sich nicht sicher war, ob er die Klappe richtig heruntergedrückt hatte) und seine Behendigkeit durch Alternieren leichter und „schwieriger" Griffe zu verbessern. Zu diesen Übungen gehörten punktierte Rhythmen (hier wird ein vorgegebener Griff nur sehr kurz gebraucht), kleine Gruppen von drei oder vier Tönen, die in Folge sehr schnell hintereinander gespielt werden, schnelle Tonleitern (diatonisch und chromatisch), die in einer gezackten Art gespielt werden (vier ansteigende Töne, drei fallende usw.) und andere Übungen.

Als Anfang Juli, weniger als vier Monate nach dem Ereignis und zwei Monate nachdem wir unsere Arbeit begonnen hatten, Hanoch mehr als eine Stunde die Noten aller Art von Musik las (wobei ihn jemand auf dem Piano begleitete), erkannte er, daß er trotz allem, was ihm passiert war, sich nun auf dem richtigen Weg befand – er hatte soeben gehört, wie er *Musik machte.*

In den folgenden Monaten gab es ständig Verbesserungen. Der Berührungssinn regenerierte langsam von proximalen kutanen Nervenbelebungen im Unterarm, die sich distal weiterarbeiteten; die distalen Phalangen von Fingern und Daumen ließen sich krümmen; die Finger*spitzen* könnten schließlich leicht die Klappen der Flöte erreichen; Hanoch bereitete sich auf seine Rückkehr in die Konzertsäle vor. Daneben konnte er bereits wieder schreiben, er konnte Messer und Gabel benutzen und Auto fahren.

Als Hanoch am 20. März 1979, knapp ein Jahr nach dem Vorfall, auf die Bühne des vollbestzten Jerusalemer YMCA-Auditoriums trat, für ein Konzert mit Kammermusik von Bach, gab ihm das Publikum, das über seinen Fall unterrichtet war, stehende Ovationen, bevor überhaupt das Konzert begonnen hatte. Der Musikkritiker der *Jerusalem Post* erklärte in der Ausgabe vom 22. März 1979:

> Tel-Oren zeigte meisterliches Können. Er regulierte seine Klangfülle, um den Gesang zu beflügeln und der Sängerin nicht in die Parade zu fahren. Für uns war es eine überschwengliche menschliche und musikalische Erfahrung, diesen ausgezeichneten Musiker nach dem schrecklichen terroristischen Überfall wieder vollkommen hergestellt zu sehen und ihm zuzuhören. Hanoch Tel-Oren wurde wohlverdiente herzliche Aufmerksamkeit zuteil.

13. Wie läßt sich die Ausführungsfähigkeit verbessern?*

Es gibt eine Anzahl von Möglichkeiten, physische oder intellektuelle Funktionen eines Menschen als gestört zu betrachten. Einmal gibt es die offensichtlichen Fälle, die medizinische Behandlung erfordern, mit der man einen vorgegebenen Zustand lindern, behandeln und heilen kann. Doch davon sehr verschieden sind die Fälle der eigentlich „gesunden" Menschen, die allerdings deutlich unterhalb ihrer inhärenten Fähigkeiten funktionieren, mißt man sie einmal an gewissen Normen der Ausführung.

An einem typischen Fallbeispiel möchte ich schildern, wie die Feldenkrais-Methode der Funktionalen Integration bei der Verbesserung der allgemeinen Qualität menschlicher Funktionsweise helfen kann. Diese Darstellung gilt gleichzeitig auch als Einführung in Theorie und Praxis dieser Methode.

Ganz besonders möchte ich mich mit dem Fall einer Frau befassen, bei der ein offensichtliches Bedürfnis vorlag, bei sich die Ausführung bestimmter Funktionen zu verbessern – wie es bei Sportlern, Musikern, Schaupsielern, Tänzern und anderen Darstellern häufig der Fall ist.

Am häufigsten werden solche Personen versuchen, die Ebene ihrer Darstellung zu verbessern, indem sie angestrengte Versuche unternehmen, es besser zu machen – indem sie sich mehr anspannen, ihre „Willenskraft" einsetzen oder repetitive Übungen zu Hilfe nehmen. All das geschieht in der Hoffnung, bei einer tatsächlichen Vorführung oder einem Wettbewerb würde sich das Ergebnis schließlich einstellen.

---

* Zuerst veröffentlicht in *Somatics*, Vol.; No. 2 (1977).

Es ist wichtig, daß man sich der philosophischen Vorausetzungen, die diesen allgemeinen Annahmen zugrunde liegen, bewußt ist. Es handelt sich um Voraussetzungen, die unserer westlichen Kultur und unseren Erziehungsgewohnheiten eigen sind. Wir hören, wie der Lehrer, der Ausbilder oder Trainer sagt: „Imitiere ein Vorbild, arbeite hart, sei ernsthaft dabei, trainiere deine Willenskraft und deine Ausdauer, versuch' es immer und immer wieder – anders schaffst du es nicht.“ Die zugrundelegenden religiösen Überzeugungen würden sich hier etwa so anhören: „Du bist ein Sünder und wirst Belohnung nur durch harte Arbeit erlangen; die Strafe, die du jetzt erfährst, besteht darin, daß dein ganzes Leben aus einem unerbittlichen Prüfungsvorgang besteht, der deine andauernde Selbstopferung fordert.“

Obwohl diese Ansicht vorherrscht, ist das Resultat einer solchen Denkweise zumeist enttäuschend: nur wenige Menschen sind jemals in der Lage, durch repetitive Anstrengung ihre allgemeinen Fähigkeiten erfolgreich zu verbessern. Dieses Mißlingen hat verschiedene Gründe:

1. Vom funktionalen Standpunkt aus wiederholt man dabei immer und immer wieder das gleiche wohlvertraute Muster. Zur Verbesserung jedoch gehört etwas ganz anderes: eine Veränderung unserer Funktionsmuster.

2. Eine bewußte Veränderung eines Musters bedeutet unausweichlich Lernen: Entscheidung und Unterscheidung zwischen einigen möglichen Bewegungs- und Handlungsmustern, Wahrnehmung geringer Abweichungen und Einzelheiten – es bedeutet auch, in der Lage zu sein, diese verschiedenen Möglichkeiten auszuwählen und mit ihnen weiterzuarbeiten.

3. Um winzige Unterschiede muskulärer Muster erkennen zu können, muß man die allgemeine propriozeptive sensorische Reizung verringern – die Muskelanspannung muß auf ein Minimum gesenkt werden. Dies steht in Einklang mit dem wohlvertrauten Weber-Fechnerschen Gesetz aus der Physiologie. Es besagt, daß die Schwelle der Sensibilität gegenüber Veränderungen der sensorischen Reizung Teil der allgemeinen bereits bestehenden Reizung ist.

Halte ich z. B. ein 20 Pfund schweres Gewicht mit den Händen, würde ich wahrscheinlich keinen Unterschied feststellen, wenn jemand dem Gewicht ein weiteres halbes Pfund (also $1/40$) hinzugäbe; doch würde ich nur 10 Pfund tragen, dann würde mir eine Gewichtsveränderung um ein halbes Pfund ganz bestimmt auffallen. Auf die gleiche Weise zerstört der gesteigerte Muskeltonus, erzeugt durch Anstrengung der Willenskraft, irgend eine Handlung bis zur Erschöpfung zu wiederholen, die Möglichkeit, innerhalb muskulärer Muster geringe Veränderungen zu unterscheiden und unterlaufen so den Lernprozeß.

4. Der Gebrauch der Willenskraft (Anstrengung) beinhaltet psychologisch gesehen den Vergleich der augenblicklichen Darstellungsebene eines Menschen mit einem idealen Darstellungsziel, das noch nicht erreicht wurde. Offensichtlich bedeutet Wiederholung des gleichen Musters, daß nachfolgende Wiederholungen nur wenig Verbesserung versprechen. Deshalb ist man frustriert, und diese Frustration, kombiniert mit der verstärkten Erwartung, man würde versagen, kann leicht einen Angstzustand herbeiführen. Die körperliche Komponente des Angstsyndroms wurde zum ersten Mal in *Body and Mature Behavior* angemessen beschrieben. Die wesentliche Aussage lautet, daß Angst zur Hemmung der Streckmuskeln und Überaktivierung der Beugemuskeln führt. Man kann sich leicht vorstellen, was dieser eingeschränkte Bewegungszustand für einen Langstreckenläufer oder einen Konzertpianisten bedeuten würde.

5. Neurologisch gesehen, erzeugt Wiederholung eines bestimmten Bewegungsmusters eine ausgetretene Bahn, über die efferente Impulse durch die entsprechenden Synapsen gelangen können. Diese Wiederholungen verringern die Wahrscheinlichkeit, daß alternative Muster auftreten; das eine Muster wird zwanghaft, und somit besteht im Zusammenhang einer bestimmten Aktivität keine andere Möglichkeit mehr.

Diese Analyse liefert uns einen augenscheinlichen Schluß. Wenn wir jemandem aus dieser mißlichen Lage helfen wollen, muß folgendes geschehen: das Subjekt muß lernen, den allgemeinen Muskeltonus (vielleicht hauptsächlich in den Beugern) zu reduzieren, damit alternative Bewegungsmuster wahrgenommen werden können. Das Subjekt kann nun die vielversprechendsten Muster auswählen und hat dabei stets ein gesteigertes Verständnis dieses Ablaufs. Das gibt dem Subjekt erhöhte Bewußtheit und Lernfähigkeit, einerseits mit reduzierter Anspannung, andererseits mit größerer Effizienz.

Doch läßt sich dieses erreichen? Um die technische Seite der Feldenkrais-Methode und einige der ihnen zugrunde liegenden Überlegungen zumindest teilweise zu schildern, stelle ich den Fall einer Pianistin vor. Ich werde die besondere, jedoch nicht ungewöhnliche Art beschreiben, wie sie sich ans Instrument setzte und spielte, und wie die Methode der funktionalen Integration ihr erlaubte, ihre allgemeinen Bewegungsmöglichkeiten zu verbessern. Der Bericht schildert einige der manipulativen Abläufe aus vier halbstündigen Sitzungen.

M. J., siebzehn Jahre alt und Klavierschülerin am Konservatorium, war bereits bei studentischen Konzerten aufgetreten. Ihr Lehrer bestürmte sie, mehr für die Behendigkeit ihrer Finger zu tun, ihr Tempo und ihre Spielweise zu verbessern. In den vorangegangenen Monaten hatte sie Schmerzen im rechten Unterarm und im Handgelenk bekommen. Sie tauchten beim Klavierspiel und beim Schreiben auf. Auch zuvor hatte sie schon hin und wieder ein unbehagliches Gefühl und Schmerz im Nacken verspürt. Außerdem neigte sie dazu, schnell außer Atem zu geraten.

Ein Arzt, den sie konsultierte, riet ihr, eine gewisse Zeit mit dem Klavierspiel aufzuhören und sich so viel Ruhe wie möglich zu gönnen. Als ihr Klavierlehrer davon hörte, schlug er vor, sie solle es mit der Feldenkrais-Methode der Funktionalen Integration versuchen.

Als ich sie zum ersten Mal sah, war mein erster Eindruck, daß ihre Schultern leicht zurück und nach oben gezogen waren, daß sich ihr Kopf dabei nur sehr geringfügig bewegte und der Rumpf so gut wie gar nicht; das Brustbein war gesenkt und die unteren Thoraxwirbel, sowie die korrespondierenden Rippen standen leicht zurück. In sitzender Haltung waren ihre Hüftgelenke in stumpfem Winkel gebeugt, so daß das Becken sich nach hinten senkte. Es bestand keine Lordose im Lumbalbereich, und die Bauchmuskeln waren angespannt.

Zuerst untersuchte ich gewisse Basisfunktionen des neuromotorischen Systems, von denen ich drei besonders erwähnen möchte:

1. Die Funktionen der Wirbelsäule. Es war fast so, als funktio-

niere ihre Wirbelsäule wie ein fast unbiegsamer Stock, der Becken und Kopf miteinander verband. Deshalb verliefen ihre Körperbewegungen so, daß sie primär die Glieder in Bezug zum Rumpf bewegte; es gab keine Bewegung, die die Distanz und räumliche Beziehung zwischen Schultergürtel und Becken veränderte.

Das Selbstbild eines Menschen wird von der besonderen Haltung und den Bewegungen gebildet, die dem persönlichen Muster der motorischen Funktionen entsprechen. In M. J.'s Fall war dieses ein wenig wie das Bild einer Küchenschabe. Das Bild mußte sich in ein „Katzen-Image" verwandeln, damit sie die Wirbelsäule verstehen und als eine elastisch verbundene Folge individueller Wirbel gebrauchen konnte, die Beteiligung der beweglichen Rumpfteile und des Kopfs bei Gliederbewegungen nicht nur zuließ, sondern sogar verlangte.

In M. J.'s Fall war der Rumpf steif, da eine gleichzeitige und kontinuierliche Aktivierung von Extensoren und Flexoren des Bekkens bestand (Rücken- und Bauchmuskeln). Dies verhielt sich in scharfem Kontrast zum normalen und wünschenswerten reziproken Muster eines alternierenden Gebrauchs antagonistischer Muskeln. Dieser Zustand war eingetreten, ohne daß sich das Subjekt dessen sonderlich bewußt war.

Ich sollte noch einmal darauf hinweisen, daß die Aktivierung eines agonistischen Muskels eine hemmende Wirkung auf den Antagonisten hat und umgekehrt. Der neutrale Mechanismus, der diesen Funktionen zugrunde liegt, ist extra-cortical und kann außerdem gestört sein, wie Beispiele von Hypertonie und Spastizität zeigen.

2. Die Funktionen der Schulterblätter. Die Schulterblätter blieben bei den Armbewegungen nicht nur bewegungslos. Das Subjekt hatte darüber hinaus tatsächlich nur die vageste Vorstellung, wo diese lagen und welche Bewegungsmöglichkeiten ihnen gegeben waren. Als ich die untere Spitze der rechten Scapula berührte, sagte sie: „Was ist das für ein harter Buckel da über meinen Rippen? Sonst ist es da immer empfindlich, und manchmal tut es weh."

Es gab drei Paare von antagonistischen Muskeln, die eine Beeinträchtigung der Handlung ihres alternierenden Reflexes aufwiesen, wie ich weiter oben erwähnt habe: die Muskeln, die die

Scapula hoch und nieder schieben; die, die sie nach innen und außen schieben; und die, die sich um das Schultergelenk drehen. Natürlich konnte so ein Zustand den Armbewegungen nur zuwiderlaufen; weil der Bewegungsbereich eingeschränkt war, mußte sie automatisch mehr Anstrengung für ihre Bewegungen aufbringen, um den Widerstand der Muskeln zu überwinden, die die Schulterblätter festhielten.

Funktional gesehen, ließ sich in der undifferenzierten Bewegung des steifen Rumpfs, sowie der Schultern und Schulterblätter deutlich ein Zusammenhang zwischen diesen beiden Situationen erkennen. Die Aktivierung der Rückenstreckmuskeln mit dem Latismus dorsi- und Serratus posterior-Muskel geschah gleichzeitig und nicht eben synergetisch: daher kam es zu Komplikationen. Die Möglichkeit einer Differenzierung dieser diskreten Muskeln erfüllte einfach nicht das, was Karl Pribram „das Leistungsbild" genannt hat.

3. Die Funktionen des Brustkorbs. Die basischen Bewegungsmuster, die eine Beteiligung der Rippen erfordern, sind Beugung und Krümmung des Rumpfs, sowie die Atmung. Beuge- und Krümmbewegungen waren bei M. J.'s Rumpf gehemmt, und weil die großen Muskeln um die Rippen den Rumpf kontinuierlich „hielten", hatten die Rippen nur wenig Gelegenheit, an der Atem-Handlung teilzunehmen. Das auffallendste war, daß die Bauchmuskeln, vor allem auf der rechten Seite, gespannt waren und die falschen Rippen in einer bestimmten Entfernung vom Becken hielten.

Obwohl die spezifische Reihenfolge der Manipulationen zu umfangreich wäre, um sie hier darzustellen, zeigen die allgemeinen Verfahren, die wir in diesen Sitzungen durchführten, zwei Ziele der Funktionalen Integration. Das erste Ziel besteht darin, das Zentralnervensystem vom überflüssigen Muskeltonus zu befreien, dessen sich das Subjekt nicht bewußt ist. Dies geschieht dadurch, daß der Lehrer die Anstrengung dieser Muskeln übernimmt.

Beispiel: Das Subjekt liegt auf der linken Seite, die Knie sind bequem angezogen. Ihren rechten Ellbogen hielt ich in vertikaler Stellung über dem Schultergelenk und drückte mit meiner anderen Hand die rechte Scapula hinter der Achselhöhle nach unten, so daß sie in Richtung der Wirbelsäule über die Rippen gleiten konnte. Indem ich die Anstrengung von Rhomboideus-, Serratus posterior- und Latissimus dorsi-Muskel übernahm, kam ich zu einer Reaktion „loszulassen". Die antagonistischen Muskeln (Serratus anterior und pectoralis) konnten dann über die ursprüngliche Position der Scapula zurückziehen. Nun war es möglich, den Ellbogen leicht zur Kopfseite zu senken, wobei die untere Spitze der Sacpula mit der Bewegung leicht nach oben ging.

Diese Reaktion hat ihren Ursprung im motorischen Cortex: Das Subjekt war sich der Veränderung bewußt und begann nach und nach mit ökonomischem Kraftaufwand, die Bewegung selbst auszuführen. Nach einigen Wiederholungen konnte sie diese als bewußtes, gewolltes Bewegungsmuster erfahren. Das bedeutete, sie hatte nun gelernt, ihren Arm auf funktional integriertere Art zu gebrauchen.

Ich sollte auch erwähnen, daß bei diesen Manipulationen der Dehnreflex in den antagonistischen Muskeln erzeugt wurde, womit die Scapula sich vom Rückgrat wegbewegen konnte.

Eine ähnliche Reaktion erhielt ich, als das Subjekt auf dem Bauch lag. Ich übernahm die Anspannung der spinalen Streckmuskeln, indem ich die Insertionen und Ursprünge näher aneinander brachte. Dies geschah auf beiden Seiten entsprechend, indem ich eine Handfläche aufs Becken und die andere auf die mittleren Rippen legte, wo sie sich leicht vorwölbten, und wo die Extensoren gespannt und seilartig waren. In dieser Position drückte ich beide Hände aneinander und hielt Rippen und Becken in dieser proximalen Stellung.

Nach einer Weile merkte ich, wie der Widerstand zunahm. D.h., die gestützen Streckmuskeln hatten ihre Arbeit eingestellt, wodurch nun die Bauchmsukeln in die entgegengesetzte Richtung dieser Position arbeiten konnten. Sobald diese Reaktion auftrat, ließ ich los und die Rippen hoben sich, ungehindert durch die darüber liegenden Rückenmsukeln, plötzlich an. M.J. machte spontan einen tiefen Atemzug.

Das Subjekt lag auf dem Rücken, und ich nutzte die neue Freiheit der Rückenmuskeln, indem ich den Schultergürtel leicht anhob (von hinten drückte ich die Scapulae nach oben oder hob leicht den siebten Halswirbel an). So übernahm ich etwas von der

Anstrengung der Bauchmuskeln, indem ich Ursprünge und Insertionen näher aneinander brachte. Sobald sich die Bauchmuskeln entspannten und aufhörten, die Schulter mitanzuheben, konnte ich das verstärkte Gewicht der Schultern unter meinen Händen spüren. In diesem Augenblick geschah das unausweichliche: Weil die unteren Rippen nun frei waren, machte M. J. einen spontanen tiefen Atemzug. So erkennt das Zentralnervensystem, daß ein verändertes Bewegungsmuster als sicher und angenehm empfunden wird.

Das zweite Ziel der Funktionalen Integration ist, das Zentralnervensystem zu lehren, die Skelettstruktur als hauptsächliche Bahn zur Fortpflanzung größerer Kräfte zu gebrauchen und die Muskeln frei die Bewegungen in die exakte Richtung und die Winkel zu steuern, die erforderlich sind. Das heißt etwa, daß wir im Stehen oder im Sitzen darauf vertrauen können, daß uns die Skelettstruktur aufrecht hält und zwar mit einem Minimum an Muskelspannung. Auf diese Weise stehen mehr Muskeln für willkürliche Bewegungen zur Verfügung.

Wenn man mit der Hand drückt oder schlägt, sollten Handgelenk, Ellbogen und auch Schulter gestreckt sein, damit die Arbeit von den großen Rumpfmuskeln übernommen wird. So wandert die meiste Kraft durch die Armknochen, die diese Kraft leicht unterstützen und übermitteln können. Weil er schwächer ist, kann der Streckmuskel des Ellbogens die Kraft, die im Stärkeverhältnis von den verschiedenen Muskeln geteilt werden sollte, nicht wirksam genug stützen und übermitteln.

Bei diesem Beispiel ergab sich folgende Manipulation: Das Subjekt lag auf dem Rücken, die Knie waren gebeugt und die Füße ruhten auf dem Tisch. Ich legte den Kopf so, daß ich ihn leicht in Richtung des Beckens drücken konnte. Die Druckrichtung verlief durch die Wirbelsäule, so daß niemals das Gefühl eines Schubs auftreten konnte (gleiten in rechtem Winkel zur Druckrichtung). Die Kraft dieser Manipulation wandert hauptsächlich senkrecht durch die Wirbelfacetten. Weil die einzige Muskelhandlung hier in Kontraktion besteht, kann keine bewußte oder unbewußte Muskelanspannung entlang der Wirbelsäule diese senkrechte Bewegung verhindern. Indem ich so den Kopf drückte und eine rhythmische Bewegung von Druck und Lockern einleitete, sorgte ich dafür, daß die Arbeit der Rumpfmuskeln vom Skelett selbst übernommen wurde. Nachdem bereits erwähnten Prinzip wurden die Rumpfmuskeln von ihren unbewußten und unnötigen Aufgaben befreit.

Sobald das Becken des Subjekts begann, auf den Druck reagierend zu wiegen, ließ ich den Kopf los. Wieder erfolgte ein tiefes Atmen. Als ich sie in eine sitzende Stellung brachte, die Füße befanden sich dabei am Boden, zeigte sie die gleiche Ausrichtung des Beckens: Der Kopf wurde hoch gehalten, die Wirbelsäule bog sich ohne Anspannung der Rückenmuskeln, das Brustbein wurde beim Atmen leicht angehoben, die Schultern waren weich und leicht – und sie zeigte ein freudiges Lachen auf ihrem Gesicht.

Folgende Ergebnisse: M. J. begann nun, mit mehr Effizienz Klavier zu spielen und mit neuem Selbstvertrauen. Der Schmerz in ihrem Arm verschwand vollständig, sie ermüdete beim Spielen nicht, und sie machte schneller Fortschritte als vorher.

Schluß: Ich habe versucht zu zeigen, wie einem Menschen geholfen werden kann, daß er die Hemmungen erkennt, die seinem Leistungsbild innewohnen. Diese Hemmungen, sowie ihre Dynamik lassen sich vom neuro-motorischen, vom kinästhetischen (die unmittelbare Bewußtheit, welche Bewegungen möglich und welche unmöglich sind) und vom funktionalen Standpunkt aus betrachten. Die funktionale Denkweise hilft einem, alternative Muster der Selbstorganisation zu erfahren und bietet somit die Freiheit zu wählen und gesteigerte Lernfähigkeit. Dies kann sich durch Steigerung der Bewußtheit eines Menschen hinsichtlich dessen, was er tut, ergeben.

14. Anmerkungen über Schmerz, Funktion und Struktur*

Die Anzahl der Menschen, die an Schmerz und Gebrechen leiden, die durch fehlerhafte Funktionsweise des neuro-motorischen Systems verursacht wurden, ist höchstwahrscheinlich beträchtlich. „Fehlerhafte Funktionsweise" bedeutet nicht nur Wirkungslosigkeit bei zielorientierter Arbeit, sondern auch eine Funktionsweise, die *unangemessen zu der Struktur* der ausführenden Teile ist. Zu diesen ausführenden Teilen zählt natürlich das Zentralnervensystem mit seiner effektiven Kapazität und Anpassungsfähigkeit, sowie die verschiedenen Körperteile: Knochen, Gelenke, Muskeln, in welchem Gesundheitszustand auch immer. Teile der unmittelbaren Umgebung, die für eine besondere Handlung relevant sind, sollte man ebenfalls zur Struktur zählen, wenn man sich mit Unzulänglichkeit der Funktion befaßt. Wann immer Muskelanspannung oder Energieausstoß (Energie im rein physikalischen Sinn) nicht dazu führen, daß eine Handlung abläuft, kann das Ergebnis nur sein, daß Gelenke, Muskeln und Sehnen angegriffen bzw. durch Reibung oder Quetschung beschädigt werden. Dann kommt es oft zu Schmerz, vor allem wenn das Muster wiederholt wird.

Jede Unzulänglichkeit der Struktur-Funktion-Beziehung läßt sich *vom funktionalen Ende* des Problems aus mit Hilfe der Feldenkrais-Methode der Funktionalen Integration effektiv behandeln.

Die Frage „Was ist hier bei mir nicht in Ordnung?" wird bei der Feldenkrais-Methode abgewandelt in „Was mache ich hier falsch?" Anders gesagt, jemandes Kontrolle über die eigenen Handlungen

* Zuerst veröffentlicht in *Somatics*, Vol. 3, No. 2(1981).

müssen zu einer höheren differenzierten und verfeinerten Ebene mit größerer Anpassungsfähigkeit und Effizienz entwickelt werden.

Zur Verdeutlichung dieser Methode hier ein einfaches Fallbeispiel.

D.S., eine Frau von etwa fünfzig Jahren, klagte über starken Schmerz im rechten Knie. Sie konnte das Knie nicht weiter als bis zum rechten Winkel beugen und hatte Schwierigkeit, es beim Gehen oder Stehen gerade zu halten. Eine ausführliche medizinische Untersuchung, der sich D.S. einige Tage vorher unterzogen hatte, ergab, wie sie mir sagte, es lägen keine pathologischen Befunde im rechten Knie vor. Beiläufig zeigte mir D.S. die Röntgenbilder, die man von beiden Knien gemacht hatte. Was mich bei Betrachtung dieser Röntgenaufnahmen überraschte, war die sonderliche Stellung der rechten Fibula: Im Gegensatz zur linken, schien der Kopf der rechten Fibula von vorn medial verschoben (nach innen, hinter die Tibia), so daß die überlappenden Teile von Fibula und Tibia beim rechten Knie größer erschienen als beim Linken. Auf den lateralen Fotos schien der Kopf der linken Fibula mit der Tibia ausgerichtet zu sein, während der Kopf der rechten Fibula etwa 7 mm nach hinten (über die Tibia) „herausstoch".

Da die Untersuchung durch den Arzt keine Befunde ergeben hatte, – woraus für ihn ersichtlich war, daß keine *strukturellen* Mängel vorlagen – nahm ich an, es sei bei D.S. die *Funktions*weise, die der Verbesserung bedurfte.

Zusätzlich zu diesem Bild war der rechte Bizeps femoris (die äußere Kniesehne) gespannt und reagierte auf Tasten mit Schmerz. D.S. war erstaunt, als wir bald herausfanden, daß sich der Tibialis posterior in ähnlichem Zustand befand: angespannt und Schmerzreaktion bei Berührung. Dieser Muskel, dessen unterer Teil genau hinter der Tibia an der Innenseite des Beins liegt, gebrauchte D.S. synergetisch mit dem Bizeps, wodurch sich ihre verzerrte Art von Beinhaltung und -bewegung ergab.

An dieser Stelle sollten einige Überlegungen über die Funktionen von Knie und Kniegelenk zur Sprache kommen.

Die Bewegungen im Kniegelenk kennen neben der offensichtlichen Beugung und Streckung des Knies eine Beindrehung um die eigene Achse (mit gebeugtem Knie natürlich), die Innendrehung, die hauptsächlich über den Popliteus-Muskel erfolgt und die Außendrehung, die durch den Biceps femoris erfolgt. Letzterer Muskel, der am Fibula-Kopf sitzt, dreht nicht nur Tibia und Fibula im Kniegelenk, sondern verschiebt auch den Fibula-Kopf zum Rücken der Tibia. Die Bänder, die diese beiden Knochen verbinden, lassen normalerweise eine recht umfangreiche Bewegung zu. Das Vorschieben des Fibula-Kopfs geschieht mit den Peronäalmuskeln, deren Hauptfunktion die Eversion des Fußes ist (Drehung der Fußsohle nach außen). Als einer der Kniesehnenmuskeln ist der Biceps femoris an der Kniebeugung beteiligt. Diese Funktion bekommt bei vielen Menschen ein solches Übergewicht, daß die Beindrehung eine rudimentäre, undifferenzierte Bewegung bleibt, die einige Menschen nicht einmal ausführen können.

Bei den Funktionen der Knie sollte man nicht nur die Bewegungen im Gelenk untersuchen, sondern auch die Rolle betrachten, die das Knie im Leistungsbild des Schülers bei Bewegungen einnimmt, bei denen die Kniestellung im Raum verändert wird, etwa wenn das Knie vom Rumpf weggedreht wird (was tatsächlich eine Bewegung im Hüftgelenk bedeutet). Jemand, der z. B. Schmerz im Knie verspürt, will nicht, daß sich sein Knie bewegt, auch nicht ohne die Bewegung im Kniegelenk (wie Links-Rechts-Bewegung des Knies bei angezogenen Beinen im Sitzen oder in der Rückenlage); statt dessen wird sich die Person um das Hüftgelenk versteifen. Der Lehrer der Funktionalen Integration kann der Person vorschlagen, die Schwierigkeiten im Kniegelenk durch leichte Bewegungen benachbarter Gelenke zu kompensieren – Hüftgelenk und Knöchelgelenk – und dann helfen, diese Veränderungen mit motorischen Funktionen anderer Körperteile zu integrieren. Eine solche Kompensierung kann die Anspannung, die auf dem Kniegelenk liegt, verringern und somit Verbesserung schaffen.

Kommen wir zum Fall von D. S. zurück. Ich werde einen Teil der Manipulationssequenzen beschreiben, die im Einklang mit den Prinzipien der funktionalen Integration und nach vorangegangener Analyse erfolgten:

Erste Lektion: D.S. legte sich auf einer gepolsterten Bank auf den Bauch, sie bekam eine weiche Stütze unter die Knöchel, um ihr ein sicheres Gefühl im Knie zu vermitteln – sie sollte nicht denken, es gegen irgendeine „Gefahr“ schützen zu müssen. Ich hielt ihre Zehen und beugte und streckte leicht die Knöchel, zuerst den linken, dann den rechten. Nichts unerwartetes konnte dem „schlimmen" Bein passieren, da die gleichen Bewegungen bereits im „guten" Bein erfahren wurden. Zusätzlich war ein Vergleich der Gefühle in beiden Beinen der erste Schritt zu erhöhter Bewußtheit dessen, was „da" war.

Nach und nach begann ich, rechts und links die Ferse zu drehen, bis eine Drehung im Hüftgelenk zustande kam, dabei jedoch kaum Bewegung im Kniegelenk auftrat. Auf jeder Stufe dieses Vorgangs wartete ich, um zu sehen, ob D. S. genug Sicherheit erfuhr (oder vielleicht neugierig war), etwas von ihren Abwehrmustern um das Knie und anderswo aufzugeben. Erst dann erlaubte ich mir fortzufahren und sie auf eine weitere Lernstufe zu führen. Da der Tonus einiger Muskeln verringert worden war, konnte ich durch Anheben des Knöchels eine leichte Kniebeugung versuchen. Ich bat sie, der Streckung leicht nachzugeben, indem sie den Fuß „fallen ließ", obwohl ich diesen stützte. Nachdem sie diese geringfügige Kontrolle über die Kniesehnen (einschließlich des Bizeps) gewonnen hatte, drehte ich das Bein, hielt es im erträglichsten Winkel gebeugt, zuerst ohne Veränderung des Knöchelgelenks und dann kombinierte ich die Innendrehung mit der Eversion des Fußes – genau das Bewegungsmuster, das sie bis jetzt vermieden hatte.

Um ihre Bewußtheit des neuen Musters voranzutreiben, ließ ich sie ihren eigene Bizeps femoris tasten (an der Sehne nicht weit hinter dem Kniegelenk) und bat sie, sich meinem Versuch, die Ferse nach außen zu drehen (eine Innendrehung des Beins) zu widersetzen, oder mich das Bein drehen zu lassen, um es dann selbständig zurückzubringen. Als sie erkannte, daß sie *diesen* Muskel für diese Handlungen benutzte, erzeugte sie tatsächlich ein neues Bewegungsmuster mit folgenden Komponenten: efferente (nach außen führende, motorische) Nervenimpulse, afferente (eingehende, sensorische) Nervenimpulse und eine Kontrollebene, die ihr freie Wahl ließ, das Muster auszuführen oder nach Belieben einzustellen.

Das gleiche wurde dann wiederholt, als D. S. mit rechtwinklig angezogenem rechtem Knie auf der Seite lag. Dieses Mal konnte ich ihr helfen durch ein Rollen des Beins auf dem Tisch, vor und zurück, diese Bewegung mit der Beckenbewegung zu integrieren, nachdem sie Hüftgelenk und lumbales Rückgrat etwas entspannt hatte.

Zweite Lektion (Zwei Tage später): D. S. mußte sich in Rückenlage auf den Tisch legen. Die Knie angezogen, die Fußsohlen auf dem Tisch und die Beine leicht gespreizt. Der rechte Fuß ließ die Andeutung einer Inversion erkennen (die Fußsohle nach innen gedreht), und der Knöchel verschob sich entsprechend nach außen. Ich „half" ihr, durch zwei simultane Verfahrensweisen diese Neigung leicht zu übertreiben: Mit einer Hand drückte ich den Knöchel von innen nach außen, um die Inversion des Fußes zu verstärken, während ich mit der anderen Hand den Fibula-Kopf gegen das Becken drückte (durch Greifen des äußeren Beinteils unterhalb des Knies), um die Außendrehung des Beins zu verstärken. Indem ich dies als eine Bewegung ausführte, übernahm ich etwas von der Anstrengung des Biceps femoris und des Tibialis posterior. Nach einigen Wiederholungen ergab sich verminderter Muskeltonus. Nun, da ich immer noch diese Bewegung erzeugte, verlagerte ich den Akzent schrittweise auf die „Rückkehr"-Phase und versuchte die *Eversion* des Fußes, bis sich die ganze Fußsohle auf dem Tisch befand und der Knöchel leicht nach innen drückte. Ich versuchte auch, die *Innendrehung* des Beins zu vervollständigen, indem ich den Fibula-Kopf vom Becken weg bewegte. D. S. konnte plötzlich fühlen, daß ihr Fuß sicher auf dem Tisch plaziert und daß es möglich war, ohne Muskelanspannung nach unten gerichtetem, rechtwinklig zum Tisch verlaufendem Druck gegen das Knie standzuhalten. Das bedeutet, sie konnte sich auf die Knochenstruktur verlassen.

Man sollte betonen, daß die Fähigkeit eines Menschen, die Knochenstruktur so auszurichten, daß sie die Übermittlung recht großer Kräfte (und des Körpergewichts) übernehmen kann, immer von effizienter Funktionsweise abhängt. Ist man bei so einer Ausrichtung angelangt, dann wird diese unmittelbar als angenehm und wohltuend empfunden, sie vermittelt ein Gefühl von Macht und erfordert keine Muskelanstrengung.

Ich zeigte D. S. auch, daß sie, wenn sich das Bein in dieser nach innen gerichteten Stellung befand, ihr Knie leicht bis zum äußersten beugen konnte, wobei die Ferse die Hinterbacke berührte. Innerhalb von Monaten geschah dies bei ihr zum ersten Mal ohne

Schmerz. Als nächstes kam die Streckung des Knies, zusammen mit dem Schließen des Gelenks. D.S. lag immer noch auf dem Rücken, doch jetzt waren ihre Knie gestreckt. Ich vermittelte ihr ein Gefühl der Ausrichtung des Skeletts, indem ich leicht gegen die Fußsohle (zuerst die eine, dann die andere) drückte, wobei der Knöchel leicht nach außen gerichtet war, und sie dann losließ. Ich führte diese Druck-und-Lockerungs-Bewegung fort, bis das Bekken, der Brustkasten und schließlich der Kopf allesamt sich im Rhythmus meines Drucks wiegten. Nach und nach wurde die Atmung leichter. Beim Aufstehen konnte D.S. erkennen, daß sie sich immer noch in der gleichen Ausrichtung wie in der Rückenlage befand. Nun konnte sie recht beschwerdelos gehen, so als würde sie gleiten, offenbar ohne Anstrengung. Der Schmerz im rechten Knie war beinahe vergessen.

Zwei weitere Sitzungen wurden durchgeführt, um die neu erlernten (oder vielleicht wiedererlernten) Handlungsmuster zu festigen, obwohl dieses kaum nötig war.

Die Kausalkette der Ereignisse, die zu einem Schmerzempfinden führen, ist in den meisten Fällen schwer zu bestimmen. Meistens scheint eine solche Analyse unmöglich. Das ist deshalb so, weil diese Ereignisse auf einer Anzahl vorhergehender Fakten beruhen und ein Glied zahlreicher vor-etablierter Verhaltenssequenzen sein können. Über die „Schmerzursache“ zu reden, würde eine krasse Vereinfachung bedeuten, es sei denn, man hat es mit sehr offensichtlichen Fällen zu tun.

Trotzdem dürfen wir in dem hier beschriebenen Fall annehmen, daß der Fibula-Kopf, so wie er in seiner fehlplazierten Stellung gehalten wurde, auf die weichen Gewebe, die ihm bei der Beugung des Knies begegneten, einwirkte und somit Störung, Entzündung und Schmerz verursachte. Auch die anderen Beschwerden schienen hauptsächlich funktionalen Charakter zu haben.

Im Bereich von Struktur und Funktion hilft der Praktizierende der Funktionalen Integration dem Schüler beim Erlernen von Ausrichtung und Verbesserung der neuro-motorischen Funktion. Die Körperstruktur und ihre unmittelbare Umgebung schaffen den Rahmen für diese Funktionsweise, setzen ihre Grenze oder schaffen die Bedürfnisse für ihre Ausrichtung. Schmerz ist oftmals ein Anzeichen falscher Funktionsweise, und ist dies der Fall, wird jede Methode, die sich nur den strukturellen Symptomen widmet, geringere Erfolgsaussichten haben.

15. Betrachtungen über den kreativen Prozeß*

Der psychologische Aspekt des kreativen Prozesses ist von je her ein faszinierendes Thema, und es gab eine ganze Reihe von Versuchen, die daran beteiligten Mechanismen deutlich zu machen. Gewöhnlich denkt man bei kreativen Prozessen an künsterlische Kreativität, doch oft sind sie genau so auch bei technologischen Erfindungen und mathematischer Forschung im Spiel. Letztere schließt vielleicht nicht nur Erfindung und Entwicklung neuer Zweige der Mathematik ein, sondern auch das Feld der Problemlösung selbst. Viele Menschen sind der Ansicht, dies sei ein Thema, das man auf dem Lehrwege vermitteln könne. Ein Anzeichen dafür liegt in der Tatsache, daß die Heuristik zur Zeit eine Wiedergeburt erlebt - wie *How to Solve It*, ein herausragendes Buch von G. Polya beweist.**

All diese Vorgänge und noch eine Menge andere, die im alltäglichen Leben auftauchen, lassen sich gut unter dem Begriff „kreativer Prozeß" zusammenfassen, auch wenn dabei die gewöhnliche und zuweilen leicht beschränkte Bedeutung dieses Begriffs leicht erweitert wird. Als gemeinsamen Faktor haben sie den Erfindungsgeist des Menschen, der diesen Prozeß aktiv durchführt – der „Schöpfer" - der die Fähigkeit besitzt, ein neues, möglicherweise einzigartiges Verhaltensmuster zu schaffen; eine Situation bis zum äußersten zu steigern; einen Gedanken oder ein Gefühl auf einzigartige Weise auszudrücken; oder neue Materialkombinationen einzugehen und den Prozeß als eine Methode zu nutzen, auf eine besondere Frage eines korrespondierenden Handlungsfeldes Antwort zu geben.

---

* Zuerst veröffentlicht in *Somatics*, Vol. 1, No. 4 (1978).
** Princeton: Princeton University Press (1971).

Es gibt immer einen Weg, das Ergebnis eines solchen Prozesses auszuwerten. Die Auswertung kann nicht nur jemand außerhalb des Schöpfungsprozesses vornehmen, sie kann auch vom „Schöpfer“ selbst *während* des Schöpfungsvorgangs unternommen werden. Wenn wir bei diesem letzten Beispiel aufzeigen können, wie so eine Auswertung vor sich geht und nach welchen Kriterien sie abläuft, dann haben wir einen großen Schritt zum Verständnis des am schwersten zu erfassenden aller Vorgänge getan: des Schöpfungsvorgangs.

Als Beitrag dazu möchte ich bestimmte Prozesse der Feldenkrais-Methode der Funktionalen Integration untersuchen, die in diesem erweiterten Sinn als „kreativ“ gelten können. Der Grund, daß ich die Funktionale Integration wähle, ist, daß der Lehrer sich bei diesem Prozeß seiner/ihrer Aktivität äußerst bewußt ist, weil es das Ziel dieser Methode ist, dem Subjekt so viel Information wie möglich über seine/ihre neuro-motorische Organisation zu vermitteln. Ein zweiter Grund ist, daß die funktionale Integration in ihren besten Momenten die heuristische Herausforderung der Suche nach den effizientesten Bewegungsmustern für jede/n Einzelne/n annimmt. Dies ist ein Vorgang, der jeder menchanischen oder standardisierten Technik entgegenläuft.

Anfangs möchte ich eine kurze Beschreibung der Funktionalen Integration geben. Im weiteren Verlauf sollen ein paar der Beschreibungen die interessanten Wege, nach denen diese Methode arbeitet, deutlich machen.

Funktionale Integration läßt sich als eine Methode der Körpermanipulation definieren, durch die der Lehrer dem Subjekt eine Bewußtheit des neuro-motorischen Systems in den Begriffen eines festgelegten Vorrats an Bewegungsmustern vermittelt, die gewohnheitsmäßig benutzt und gewöhnlich vermieden werden, und es somit der Erfahrung neuer, alternativer Bewegungsmuster versorgt, die assimiliert werden können. Als „Material“ stehen dem Lehrer der Körper des Subjekts, sowie die typischen Wege, nach denen das Subjekt ihn nutzen kann, zur Verfügung – nämlich die besonderen Gegebenheiten, nach denen das Zentralnervensystem des Subjekts in das motorische System und die Art, wie es auf Reize reagiert, „verkabelt“ ist. Um mit dem ZNS zu kommunizieren, benutzt der Lehrer seine sensorischen Kanäle und die des

Subjekts, wie Berührung und Sicht, doch primär den kinästhetischen Kanal, durch den wir Körperstellung, Bewegung und Muskelanspannung erkennen können. Weil bei der Funktionalen Integration so gut wie nicht gesprochen wird, sind die „Wörter" dieser nonverbalen Sprach-Kommunikation die Bilder der Bewegungsmuster.

Ich werde die Diskussion auf diese „Bilder" beschränken und diese Prozesse nicht neurologisch beschreiben. Tatsächlich ist eine neuro-physiologische Beschreibung der Vorgänge bei der Funktionalen Integration bisher nicht versucht worden. Auch wohl aufgrund der geringen Menge an Forschungsergebnissen auf neuronaler Ebene, der Vorstellungs- und Lernprozesse im allgemeinen, obwohl einige bedeutende Schritte unternommen wurden, letztere zu untersuchen.

Funktionale Integration ist am nützlichsten und am notwendigsten bei Menschen mit Problemen in der neuro-motorischen Koordination, welche Ursache dafür auch vorliegen mag. Oder bei Menschen, die gesteigerte Effizienz ihrer Funktionsweise benötigen.

„Wir handeln und bewegen uns nach unserem Selbstbild." Dies ist die zentrale Aussage in Moshe Feldenkrais' Buch *Awareness Through Movement.* Wenn wir uns dabei auf die neuro-motorische Funktionsweise beschränken, so bedeutet das, daß es einen Set an Bewegungsmustern gibt, die ein Mensch ausführen und begreifen muß, daß er sie ausführt. Zusätzlich können bestimmte Abwehrmechanismen vorliegen, die zumindest auf unbewußter Ebene diese Person davon abhalten, verschiedene Bewegungsmuster des typischen Sets auszuführen. D. h., es gibt neuro-motorische Wachtposten oder Anti-Muster, die sich gegen Ausführung bestimmter Handlungen sträuben – „Das bin nicht ich!" „So was kann ich nicht machen!" „Ich bin zu alt, zu erwachsen, zu kultiviert, ernsthaft, schwach, langsam, steif, um das zu tun!"

Im folgenden möchte ich diesen Punkt näher erläutern: Nehmen wir den Fall eines Menschen, der ohne sich zu begradigen aus der sitzenden Position erhebt, so daß er leicht nach vorn gebeugt steht, mit rundem Rücken, eingezogenem Brustkasten und einer leichten Krümmung in den Hüftgelenken. Ist dies die charakteristische Haltung, dann ist es extrem schwierig, jemanden *mit Wor-*

ten davon zu überzeugen, daß er in Wirklichkeit viel größer ist, als es aussieht. Normalerweise ist man sich nicht bewußt, daß die Bauchmuskeln angespannt und verkürzt sind, und daß höchstwahrscheinlich auch andere Flexor-Muskeln, wie die der Schenkel und die Sternokleido-Mastoidei, ebenso angespannt sind. Um das Bild zu vervollständigen, tragen die Rückenstreckmuskeln das Körpergewicht, sie verhindern, daß es zusammenfällt und beteiligen so fast alle großen Muskeln des Körpers, die Haltung zu bewahren, so daß andere Muskeln zur gleichen Zeit keine nützlichen Bewegungen mehr ausführen können. Meistens wird so eine Person über Müdigkeit, Rückenschmerzen, Schwäche in den Beinen, Atemnot und allgemein über mangelnde Vitalität klagen.

Auf welche Weise verschafft sich ein Set von Bewegungsmustern wie dieses eine dominante Stellung im Körper? Einige Bewegungsmuster sind offensichtlich vererbt: Sie sind phylogenetisch mit dem ZNS „verkabelt" (wie Schlucken, Atmen, Saugen). Andere sind bewußt und werden frei gewählt; viele Menschen sind der Ansicht, die meisten ihrer Bewegungsmuster seien überlegt gewählt. Doch es gibt noch einen dritten Weg, diese Muster anzunehmen. Es gibt erlernte Muster, die durch Erziehung ontogenetisch aufgenommen werden, durch Nachahmung, Gewohnheit oder Zwang – Muster, die mehr oder weniger automatisch ausgeführt werden. Mit „Zwang" meine ich nicht nur Zwang durch die Außenwelt, sondern auch durch die Art, wie wir auf Unbehagen, Streß oder Schmerz reagieren; durch instinktive Kontraktion bestimmter Muskeln *als Abwehrmechanismus*, der durch Wiederholung gewohnheitsbildend sein kann.

Will jemand das festgelegte Repertoire der Bewegungsmuster eines Menschen beeinflussen oder vielleicht ändern, dann begegnet er normalerweise zwei Situationen: *1.* Zuallererst haben wir es mit einer Situation zu tun, in der einige zuvor – und vielleicht recht wirksam – benutzte Muster aus einer Anzahl von Gründen, derer sich das Subjekt nicht bewußt ist, gehemmt wurden. Sehr oft haben wir es hier mit einem Fall zu tun, den Feldenkrais als „Körpermuster der Angst" beschrieben hat. Hier muß der Lehrer helfen, das zuvor benutzte Muster wieder einzusetzen, es sei denn, es liegen augenscheinliche physiologische Gründe vor, die dieses verhindern, z.B. Verletzung oder Trauma. Man läßt das Subjekt erkennen, daß diese Muster durchführbar, wohltuend und bereichernd sind – typischerweise ist dies die „Oh, ja!"-Erfahrung. *2.* In der zweiten Situation muß man dem Subjekt neue Bewegungsmuster beibringen, die zuvor nicht existierten oder nach funktionalen oder peripheren Verletzungen funktional verloren gingen. In diesem Fall lernt das Subjekt ein altes Muster nicht neu, sondern lernt und entdeckt etwas neues über den Körper und seine Möglichkeiten: dies ist das „Aha!"-Erlebnis.

In jedem Fall ist die praktische Verfahrensweise die gleiche, weil man sich der gleichen Lernkapazität des ZNS des Schülers zu bedienen hat.

Wir wollen mit dem oben beschriebenen Fall fortfahren: Ein Mensch mit Überaktivität der Flexoren und gehemmten Extensoren. Der Lehrer bittet diese Person, sich auf die Seite zu legen. Die Knie werden bequem angezogen, eine leichte Stütze liegt unter dem Kopf. Bequemlichkeit ist eine der wichtigsten Voraussetzungen; sie ermöglicht dem Subjekt, winzig kleine Veränderungen in Bewegungsmustern, die vom Lehrer nicht verbal „vorgeschlagen" werden, zu erkennen und zu differenzieren.

Der *erste Schritt* könnte sein, diese Bequemlichkeit zu verstärken, indem man die hart arbeitenden Flexoren des Bauchs in ihrer Anstrengung unterstützt. Der Lehrer kann dies durch leichten Druck des Beckens des Subjekts in diagonale Richtung (von hinten) tun, so daß die rechten Bauchmuskeln verkürzt werden und sich diese Muskeln leicht lockern können und das Becken leicht zurückkommen kann, möglicherweise über die ursprüngliche Position hinaus. Oder der Lehrer kann den Brustkasten diagonal (von hinten) drücken und den gleichen Effekt erzielen wie vorhin. Der Lehrer könnte auch beide Bewegungen gleichzeitig erzeugen und denselben Effekt erzielen, oder könnte die Schulter (oder die Wirbelsäule nahe der Schulter) oberhalb des Schlüsselbeins in Richtung zum Becken drücken, es rhythmisch lockern, bis das Becken im gleichen Rhythmus zu wiegen beginnt. Weitere Möglichkeiten: Der Lehrer könnte hinter dem Subjekt sitzen, rechts die falschen Rippen mit einer Hand festhalten und das Becken mit der anderen Hand vorsichtig nach vorn drücken; oder er könnte das gleiche wie oben tun, dabei aber nicht die Rippen, sondern das Schulterblatt nach vorn drücken. All diese Manipulationen können zu einer Senkung des Muskeltonus im Abdomen führen, vorausgesetzt, sie vermitteln dem Subjekt ein *Gefühl der Sicherheit* – d.h., ein Gefühl, daß diese Manipulationen hilfreich sind und die gewohnten Bewegungsmuster nicht direkt bedrohen.

Welche dieser Manipulationen sollte der Lehrer benutzen und in welcher Reihenfolge? Man könnte denken, dies ließe sich ganz nach Belieben tun, doch unglücklicherweise würde solch eine Tüftelei das Subjekt verunsichern oder gar verärgern. Der erfahrene Lehrer wählt auf der Grundlage der anfänglichen Abtastungen und visuellen Beobachtungen die Bewegungen aus, die zum Ziel führen. Dies kann jedoch von Subjekt zu Subjekt variieren, denn was zum Ziel führt, ist das, was Rigidität zur Flexibilität hin verändert. Vom Atemanhalten bis zur Beteiligung der Rippen an der leichten Atmung und vom Widerstand gegen eine neue Bewegung bis dahin, wo diese zugelassen und bereitwillig vorgezogen wird. Konstante Beobachtung und Bestätigung dessen, was zum Ziel führt und was nicht, muß die gesamte Sitzung hindurch erfolgen.

Die Senkung des Tonus der Bauchmuskeln erhöht ebenfalls die Möglichkeit, die Qualität anderer Funktionen zu verbessern, z.B. Rumpfkrümmung, Wölben des Kreuzes und Atmung unter Beteiligung der Rippen. All dies wurde bisher durch die Kontraktion der Bauchmuskeln gehemmt. Diese neuen Bewegungen sind eine weitere Verstärkung und Konsolidierung des Wandels, der bereits stattgefunden hat. Sie integrieren diesen Wandel in erweiterte Bewegungsmuster.

Die *nächste Stufe* der Arbeit: Die Person befindet sich in der gleichen Position wie vorher. Der Lehrer übt von hinten in gemeinsamer Konvergenz Druck gegen das Becken und die rechten Rippen aus, oder drückt, umgekehrt, das Kreuz in eine Divergenz von Becken und Brustkasten. Oder der Lehrer drückt das Becken am rechten Hüftgelenk nach unten und zurück und streckt den rechten Arm hoch und nach vorn. Der Lehrer kann diese beiden Bewegungen abwechselnd (Wiegen) oder simultan (Krümmung des Rückgrats) ausführen; er kann den Kopf leicht in Richtung der Wirbelsäule ziehen und dann lockern (so daß das Becken anfängt zu wiegen). Es gibt hier noch weitere Möglichkeiten.

Auch hier läßt sich über die Auswahl der Manipulationen und

ihre Abfolge wieder sagen: *Der Lehrer ist sich kontinuierlich der Reaktion des Systems der Person bewußt und paßt seine Handlungen den Reaktionen der Person an.*

In manchen Fällen findet man eine *dritte Stufe* - eine Zusammenfassung der Erfahrung, die das Subjekt soeben gemacht hat. Feldenkrais nennt diese dritte Stufe einen *clé de voûte* oder einen „Grundpfeiler". In unserem besonderen Fall können die Manipulationen so ablaufen: Das Subjekt befindet sich in der gleichen Position wie vorher, der Lehrer stützt - von unten - den Wirbel (oder die Wirbelgruppe), die der stützenden horizontalen Fläche am nächsten liegt, so daß *1.* die Krümmung des Rückgrats leicht verstärkt wird, *2.* die seitliche Krümmung der Wirbelsäule nach unten (verursacht durch die Stellung des Subjekts) leicht begradigt wird, und *3.* die Distanz zwischen den rechten falschen Rippen und dem Hüftknochen vergrößert wird. Somit kann das Subjekt durch die Stütze im Rückgrat die „vorgeschlagene" neue räumliche Körperorientierung fühlen, eine Orientierung, die eine Anzahl von Bewegungsmustern verstärkt und begünstigt. Jetzt kann dem Subjekt bewußt werden, daß das, was „vorgeschlagen" wird, im Prinzip vielleicht nur eine winzig kleine Veränderung der Haltung ist. Doch handelt es sich hierbei um eine Veränderung, die sich direkt auf die verschiedenen Lebensfunktionen auswirkt.

Wir wollen nun zurückkehren zur Definition des „kreativen Prozesses". Wir erkennen, daß die Arbeit der funktionalen Integration als kontinuierliche, kreative Abfolge auszuwertender Reaktionen auf sensorisches Feedback erfolgt, das vom Lehrer-Schöpfer wahrgenommen wird. Die Arbeit wird fortlaufend gesteuert durch ein: „Wird *dies* das Subjekt vielleicht erfreuen?" „Hat das Subjekt verstanden, was bisher getan wurde?" „Führt es zum Ziel oder nicht?" Kurz, der Beweis für ein neues Muster liegt in seiner Arbeitsweise. Das Resultat des Prozesses kann als *Antwort auf eine Frage oder ein Problem, das mit dem Subjekt zu tun hat*, verstanden werden. Dieser Antwort ist sich der Lehrer zu Anfang vielleicht nicht vollkommen bewußt, doch die Bewußtheit stellt sich als letztendliches Ergebnis dieses Vorgangs ein.

Ich glaube, die gleiche Situation taucht auch bei anderen kreativen Prozessen auf: in der Einstellung des „Schöpfers" gegenüber dem „Material", in der Art der Handlung und im Vorgang kontinuierlicher Prüfung des Ergebnisses über den gesamten Prozeß hindurch. Das Ergebnis des Prozesses erfährt der Schöpfer als Antwort auf eine Frage oder ein Problem. Manchmal kann eine Frage einzig und allein aus dem Grund gestellt werden, daß man eine Antwort darauf erhält. Dies ist, bewußt oder unbewußt, bei den meisten Kunstschöpfungen der Fall.

Bibliographie

Bateson, Gregory, Steps to an Ecology of Mind. New York: Ballantine, 1975.

Gailliet, Rene, M. D. Scoliosis, Diagnosis and Management. Philadelphia: F. A. Davis, 1975.

Hanna, Thomas. The Body of Life. New York: Knopf, 1980.

Feldenkrais, Moshe: Abenteuer im Dschungel des Gehirns. Der Fall Doris. 1981, Inselverlag.

Feldenkrais, Moshe: Bewußtheit durch Bewegung. Der aufrechte Gang. 1978. Suhrkamp.

Feldenkrais, Moshe. Body and Mature Behavior. London: Routledge and Kegan Paul, 1949; New York: International Universities Press, 1950; New York: Universities Press, paperback, 1970.

Feldenkrais, Moshe: The Elusive Obvious. Cupertino, California: Meta Publications, 1981.

Scientific American, September 1979.

Raum für Notizen und Adressen

Raum für Notizen und Adressen

ALTERNATIV LEBEN

10303

10301

10304

10302

10300

10305

GOLDMANN